Como Conviver com a Hipertensão

Saiba como controlar a pressão alta com exercícios, alimentação equilibrada e métodos alternativos

série saúde natural

Como Conviver com a
Hipertensão

Saiba como controlar a pressão alta com exercícios, alimentação equilibrada e métodos alternativos

Dra. Sarah Brewer

PubliFolha

Para Richard, meu marido maravilhoso

Overcoming high blood pressure foi publicado no Reino Unido e na Irlanda em 2008 pela Duncan Baird Publishers Ltd., Castle House, 75-76 Wells Street, 6º andar, Londres W1T 3QH.

Copyright © 2008 Duncan Baird Publishers
Copyright do texto © 2008 Sarah Brewer
Copyright da arte © 2008 Duncan Baird Publishers
Copyright da fotografia © 2008 Duncan Baird Publishers
Copyright © 2009 Publifolha – Divisão de Publicações da Empresa Folha da Manhã S.A.

Todos os direitos reservados. Nenhuma parte desta obra pode ser reproduzida, arquivada ou transmitida de nenhuma forma ou por nenhum meio, sem a permissão expressa e por escrito da Publifolha – Divisão de Publicações da Empresa Folha da Manhã S.A.

Proibida a comercialização fora do território brasileiro.

COORDENAÇÃO DO PROJETO: PUBLIFOLHA
Coordenação editorial: Camila Saraiva
Coordenação de produção gráfica: Soraia Pauli Scarpa
Assistência de produção gráfica: Mariana Metidieri

PRODUÇÃO EDITORIAL: ESTÚDIO SABIÁ
Edição: Silvana Salerno
Tradução: Áurea Akemi Arata
Consultoria: Dr. Hossein Ali, cardiologista do Hospital São Luiz (São Paulo)
Preparação de texto: Paola Morsello
Revisão: Hebe Lucas, Mariana Diniz Mendes, Nina Rizzo
Editoração eletrônica: Pólen Editorial

EDIÇÃO ORIGINAL: DUNCAN BAIRD PUBLISHERS
Gerente editorial: Grace Cheetham
Editora: Kesta Desmond
Gerente de arte: Manisha Patel
Diagramadora: Gail Jones
Tipografia: Allan Sommerville
Ilustrações: Mark Watkinson
Fotografia: Toby Scott, Simon Smith Studios
Produção fotográfica: Mari Mererid Williams
Pesquisa iconográfica: Susannah Stone

Dados Internacionais de Catalogação na Publicação (CIP)
(Câmara Brasileira do Livro, SP, Brasil)

Brewer, Sarah
  Como conviver com a hipertensão : saiba como controlar a pressão alta com exercícios, alimentação equilibrada e métodos alternativos / Sarah Brewer ; [tradução Áurea Akemi Arata]. – São Paulo : Publifolha, 2009. – (Saúde natural)

  Título original: Overcoming high blood pressure.
  ISBN 978-85-7402-966-5

  1. Hipertensão - Obras de divulgação I. Título. II. Série.

08-11190
CDD-616.13206
NLM-WG 340

Índices para catálogo sistemático:
1. Hipertensão arterial : Tratamento : Obras de divulgação : Medicina 616.13206

A grafia deste livro segue as regras do **Novo Acordo Ortográfico da Língua Portuguesa**.

Nota da editora: 1 colher (chá) = 5 ml, 1 colher (sopa) = 15 ml, 1 copo = 250 ml.
As informações deste livro não devem substituir o tratamento médico.
Consulte um médico antes de seguir os conselhos e as orientações desta obra.

PUBLIFOLHA
Divisão de Publicações do Grupo Folha
Al. Barão de Limeira, 401, 6º andar
CEP 01202-900, São Paulo, SP
Tel.: (11) 3224-2186/ 2187/ 2197

Este livro foi impresso em janeiro de 2009 na gráfica Corprint sobre papel offset 120g/m².

sumário

introdução	6
parte 1	**8**
entenda a hipertensão	
o que é pressão arterial?	10
o que é hipertensão?	14
complicações da hipertensão	17
diagnóstico e rastreamento	20
tratamento da hipertensão	22
parte 2	**26**
abordagem natural da saúde	
métodos complementares de tratamento	28
aromaterapia	29
naturopatia	31
fitoterapia	32
homeopatia	36
reflexologia	38
acupuntura	40
ioga	42
chi kung	44
meditação	45
abordagem nutricional do tratamento	46
coma mais frutas e legumes	49
consuma gorduras saudáveis	51
corte o sal	53
siga uma dieta de baixo IG	54
superalimentos para a hipertensão	56
suplementos para a hipertensão	60

mudanças da rotina no tratamento	64
limite a cafeína	65
pare de fumar	66
limite o álcool	67
combata o estresse	68
faça exercícios regulares	69
mantenha um peso saudável	70

parte 3   **72**
programas naturais de saúde

questionário	74
início dos programas	77
programa suave	
introdução ao programa suave	78
planejamento diário do programa suave	82
a sequência do programa suave	98
receitas do programa suave	
café-da-manhã	100
almoço	101
jantar	103
sobremesa	107
petiscos, lanches e bebidas	109
programa moderado	
introdução ao programa moderado	110
planejamento diário do programa moderado	114
a sequência do programa moderado	130

receitas do programa moderado	
café-da-manhã	132
almoço	133
jantar	135
sobremesa	140
petiscos, lanches e bebidas	141
programa força total	
introdução ao programa força total	142
planejamento diário do programa força total	146
a sequência do programa força total	162
receitas do programa força total	
café-da-manhã	164
almoço	166
jantar	168
sobremesa	172
petiscos, lanches e bebidas	173
endereços úteis	174
índice	176
agradecimentos	180

a hipertensão introdução

A hipertensão arterial, conhecida popularmente como pressão alta, é uma doença insidiosa que se apossa da pessoa aos poucos. Um em cada cinco adultos sofre de pressão alta, no entanto, a metade ignora isso, ou seja, um em cada dez adultos tem o problema mas não foi diagnosticado. Esse distúrbio pode criar efeitos sérios a longo prazo, por isso incentive as pessoas que conhece a medir a pressão regularmente.

Ao ser diagnosticada, é importante tratá-la logo, pois a hipertensão acelera o espessamento e o entupimento das artérias, aumentando ainda mais a pressão. Forma-se um círculo vicioso, que, se não for controlado, pode levar a doenças coronarianas, derrame cerebral, prejuízo da visão, problemas renais e circulatórios. Todo o seu organismo pode ser prejudicado por uma condição que por si só não o faz sentir-se mal. E, por ser a hipertensão potencialmente tão perigosa, é importante monitorá-la regularmente e tentar mantê-la abaixo de 130/80 mmHg (ou 13/8).

Embora, de maneira geral, sejam necessários medicamentos para manter a pressão controlada, dietas e mudanças na rotina podem ajudar a baixar a pressão de forma significativa. Em alguns casos, a mudança de estilo de vida evita o uso de medicação. Se você estiver sob tratamento com medicamentos, essas mudanças podem baixar a pressão a tal ponto, que o médico começará a diminuir a dose recomendada.

Este livro fornece todas as informações necessárias para ajudar a manter a pressão arterial em níveis seguros. Sugere mudanças na dieta e na rotina, informa por que o exercício regular é tão importante, os benefícios do relaxamento e revela uma abordagem natural da saúde que funciona. Esses métodos podem ser novos para você, mas fique tranquilo, pois eles se baseiam em pesquisas clínicas sérias. Incluí apenas terapias complementares, suplementos alimentares e abordagens dietéticas que ajudam a controlar a pressão arterial de forma natural e segura.

Como as pessoas são diferentes, nenhuma dieta ou planejamento de rotina vai se adequar a todos os indivíduos. Por esse motivo, criei três abordagens diferentes: programa suave, moderado e de força total; um deles deve servir para você. Para ajudá-lo a verificar qual o plano adequado ao seu caso, responda ao questionário detalhado nas pp.75-76, que apontará a direção correta.

Para os que desejam ir com mais calma, o programa suave introduz os princípios da alimentação saudável, como o corto do carboidratos refinados, a culinária sem sal, o maior consumo de frutas, legumes e peixes, e a diminuição do consumo de carnes vermelhas. Baixas doses de suplementos alimentares também são

sugeridas. O plano suave faz você caminhar e se alongar e introduz abordagens complementares holísticas, como a aromaterapia, a homeopatia, a meditação e a ioga. O programa suave tem o potencial de baixar a pressão em 4/2 até 7/4 mmHg, pelo menos, em 30 dias.

Para os que gostam de desafios maiores, ou os que já seguem uma dieta e rotina relativamente saudáveis, o programa moderado introduz uma variedade maior de grãos integrais, brotos de feijão, sucos de frutas e legumes, e inclui a maioria dos superalimentos que demonstram ter um efeito benéfico sobre a pressão arterial. Sugiro mais doses terapêuticas de suplementos e um programa de exercícios mais intensivo. Além disso, apresento abordagens complementares como o chi kung, a medicina fitoterápica, a reflexologia e técnicas mais avançadas de relaxamento. O programa moderado pode baixar a pressão em 7/4 a 11/5 mmHg, pelo menos, em 30 dias.

Para aqueles que já se alimentam de forma saudável e que são muito ativos fisicamente, recomendo o programa força total. Inclui uma dieta baseada em sete superalimentos, identificados como os que têm os efeitos mais benéficos sobre o sistema circulatório. Também apresento técnicas de naturopatia, acupuntura e relaxamento, como a meditação transcendental. O programa radical consegue diminuir a pressão em 15/8 mmHg, pelo menos, em apenas um mês.

Este livro tem uma abordagem holística e é destinado a complementar o tratamento prescrito pelo médico. Pretende oferecer informações gerais e não substituir o aconselhamento individual do médico ou de outros profissionais de saúde que conhecem as suas necessidades individuais. Nunca deixe de tomar

> **Observe estes símbolos**
> Em todo o livro há quadros que apontam informações úteis, interessantes ou importantes e que trazem estes símbolos (veja abaixo). A seta indica que o quadro contém instruções práticas. O sinal de mais destaca informações adicionais sobre o assunto em discussão, ou sobre a pressão arterial em geral. O ponto de exclamação remete a um aviso ou precaução.

um medicamento anti-hipertensivo por conta própria. Assim que sua pressão começar a cair por conta da dieta e de mudanças de rotina, seu médico ficará feliz em reduzir a medicação, desde que você se mantenha sob cuidadosa supervisão.

As informações deste livro não são indicadas para mulheres que apresentem hipertensão durante a gravidez. Nunca tome suplementos alimentares ou medicação fitoterápica durante a gravidez, a menos que aconselhado por um médico, farmacêutico ou fitoterapeuta qualificado.

Criei um site (em inglês) para acompanhar este livro: www.naturalhealthguru.co.uk, com informações atualizadas, receitas novas e as descobertas de pesquisas mais recentes. Visite o site regularmente, mencione os seus resultados e, o mais importante, compartilhe o seu sucesso.

Entenda a hipertensão A hipertensão ou pressão alta não costuma ser vista como um distúrbio sério. Mesmo tendo recebido o diagnóstico, você pode se sentir saudável. Para entender totalmente a hipertensão, um pouco de conhecimento básico sobre o **funcionamento do coração e dos vasos sanguíneos** pode ajudar muito. Num organismo saudável a pressão oscila durante o dia – processo que é facilitado por sinais nervosos, hormônios e outras substâncias químicas. O **desenvolvimento da hipertensão** significa que, em vez de oscilar normalmente, a pressão se mantém alta o tempo todo. Explicarei os dois **tipos diferentes de hipertensão** e os fatores de risco associados a cada um. Caso seja hipertenso, é importante saber das **complicações a longo prazo**, como doenças cardiovasculares, para tomar medidas preventivas e ficar ciente dos sinais e sintomas precoces. O que fazer quando se recebe um **diagnóstico de hipertensão** depende de quão alta é a pressão – há categorias diferentes que variam do estágio 1 (leve) ao 3 (grave). O médico decidirá se a pressão pode ser controlada por dieta e mudanças no estilo de vida, ou se precisará de medicamentos. Descreverei o **tipo de medicação** que poderá ser oferecido e como o tratamento funciona.

o que é pressão arterial?

Para funcionar, todos os tecidos e órgãos do organismo precisam de suprimentos constantes de oxigênio e nutrientes que são fornecidos pelo sangue e bombeados pelo coração por meio de uma rede complexa de artérias e veias. A pressão com que o sangue viaja pelas artérias é muito importante. Se for alta demais, pode prejudicar ou romper um vaso sanguíneo, ou resultar em sangramento cerebral; a longo prazo, pode prejudicar os órgãos. Se a pressão for muito baixa, não há sangue suficiente para levar oxigênio e nutrientes aos tecidos e órgãos. Se já sentiu pressão baixa ao levantar subitamente, você já sabe que o sintoma principal é a sensação de fraqueza. Isso ocorre porque a pressão arterial está temporariamente baixa demais para levar oxigênio suficiente ao cérebro.

A elevação e a queda da pressão

É útil comparar o fluxo de sangue nos vasos sanguíneos ao fluxo de água num tubo – uma mangueira, por exemplo. A pressão da água pode variar de alta a baixa, dependendo de fatores como o grau de abertura da torneira ou se a entrada da mangueira é comprimida ou se há um bloqueio dentro da passagem. A pressão arterial dentro das artérias sobe e desce de forma parecida. Por exemplo, se o coração bate mais rápido e bombeia mais sangue, a pressão sobe. Se os vasos se contraem ou dilatam, a pressão arterial pode aumentar ou diminuir respectivamente.

A pressão oscila naturalmente no período de 24 horas. É mais baixa durante o sono (por volta de 3 da manhã) e mais alta de manhã, pouco antes de acordar até mais ou menos 11 horas da manhã. Durante as horas de vigília, a pressão sobe e desce, em resposta a diversos fatores. Qualquer mudança no débito cardíaco (quantidade de sangue bombeada

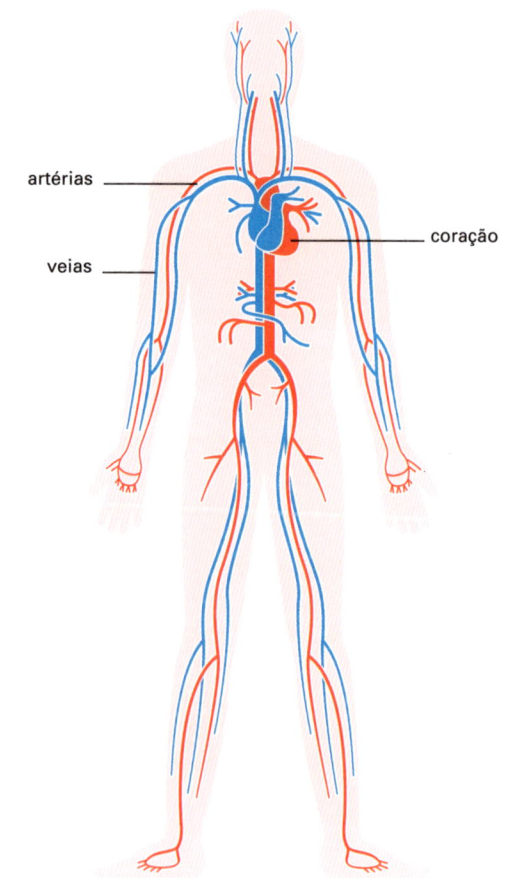

O sistema cardiovascular

O coração, as artérias, as veias e os capilares (minúsculos vasos sanguíneos que ligam as artérias às veias) compõem o sistema cardiovascular. As artérias são vasos fortes e flexíveis que transportam o sangue do coração em pressão relativamente alta. As veias levam o sangue de volta ao coração com pressão menor – têm paredes mais finas e diâmetro maior que as artérias.

pelo coração em um período de tempo determinado) terá um impacto sobre a pressão. Por exemplo, o exercício aumenta o débito cardíaco e eleva a pressão; da mesma forma, a ansiedade, a agitação, a alta temperatura do ambiente, o consumo de alimentos e o fumo. A obesidade aumenta o débito cardíaco e portanto a pressão. Mesmo uma xícara de café pode provocar um aumento temporário na pressão.

Essas elevações na pressão são totalmente normais, fazem parte do ritmo diário do sistema cardiovascular. Mesmo quando você sobe escadas, corre ou se depara com alguns momentos altamente estressantes no dia, o organismo rapidamente leva a pressão de volta ao nível normal. Apenas quando o sistema cardiovascular para de trabalhar adequadamente (devido à idade, por exemplo) é que a hipertensão se torna um problema – em vez de aumentar e descer até um padrão regular, previsível, mantém-se alta o tempo todo, mesmo quando a pessoa está sentada, parada. Esse estado permanente pode prejudicar o organismo e é conhecido como hipertensão (*veja pp. 14-16*).

Entenda a leitura da pressão arterial

Entre cada batida do coração, o órgão repousa brevemente. Durante essa pausa, as câmaras superiores do coração se enchem de sangue e a pressão está no ponto mais baixo – a isto chamamos de diástole. Quase que imediatamente depois, o coração se contrai para bombear o sangue para as artérias. Em consequência, a pressão sobe – o que é conhecido como sístole.

Quando a pressão é medida, o leitor registra dois números que são escritos um sobre o outro: o primeiro é a pressão arterial sistólica e o segundo, a pressão arterial diastólica. A pressão é medida em milímetros de mercúrio, cuja abreviação é mmHg (Hg é o símbolo químico do mercúrio). Assim, se a leitura de pressão arterial for 120/80 mmHg, significa que a pressão sistólica é 120 e a diastólica 80, ou 12 por 8, como se costuma dizer. Essa é a pressão típica de um adulto

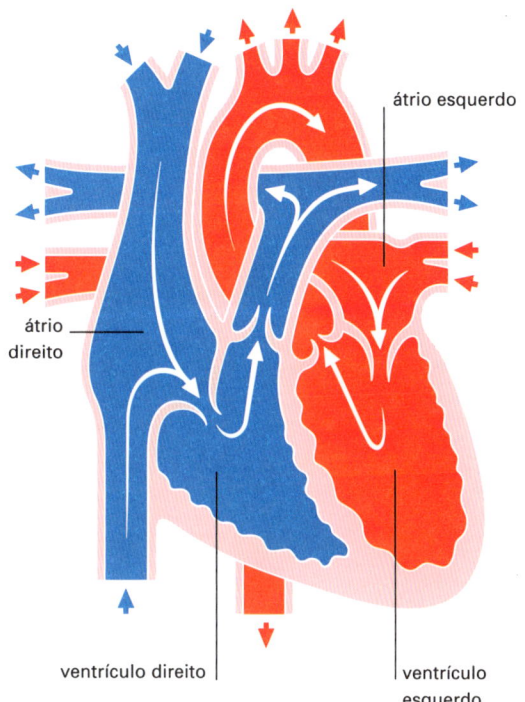

As câmaras do coração
Quando todas as câmaras do coração estão relaxadas, a pressão arterial atinge o ponto mais baixo. Quando as câmaras inferiores do coração (ventrículos) se contraem para forçar o sangue a sair do coração, a pressão está no nível mais alto.

saudável em repouso, embora a pressão de 13/8 também seja considerada aceitável. Veja a **p. 20** para mais informações sobre como medir a pressão.

Quando o coração trabalha muito para bombear sangue no organismo (ao levantar peso ou durante exercícios, por exemplo), é a pressão sistólica que tende a subir. No entanto, quando as artérias envelhecem e perdem a elasticidade (como no caso da hipertensão), é a pressão diastólica que tende a aumentar.

> Estruturas do coração e dos vasos sanguíneos chamadas barorreceptores são importantes no monitoramento da pressão, pois indicam se os vasos estão dilatados.

O controle normal da pressão arterial

Para entender o que há de errado quando se tem hipertensão, é bom saber como a pressão é regulada pelo organismo saudável. Aqui estão alguns dos principais mecanismos:

- Alteração da velocidade e da força com que o coração se contrai, para que mais ou menos sangue seja bombeado na circulação.
- Relaxamento ou contração dos vasos sanguíneos (para mudar a quantidade de sangue que eles mantêm).
- Regulação do volume de sangue na circulação por alteração da quantidade de sal e dos fluidos filtrados pelos rins.
- Regulação do volume de sangue na circulação, provocando sensação de sede, que impele a pessoa a beber água.

Esses mecanismos de controle são regulados em parte por sinais do sistema nervoso central e em parte por hormônios e substâncias correlatas liberadas por várias partes do organismo, inclusive rins, glândulas adrenais e pituitária e coração.

Barorreceptores: os monitoradores da pressão arterial Nas paredes do coração e dos vasos sanguíneos há estruturas chamadas barorreceptores, que têm papel importante no monitoramento da pressão: eles trabalham detectando se os vasos sanguíneos estão dilatados (quanto maior a pressão exercida sobre as paredes dos vasos, mais eles dilatam).

Se a pressão sobe e os vasos sanguíneos se dilatam, os barorreceptores são mais estimulados do que deveriam, acarretando ações em cadeia que fazem a pressão cair: a frequência cardíaca fica mais vagarosa, os vasos se dilatam e a secreção de vasoconstritores diminui. Quando os barorreceptores detectam uma queda na pressão (por exemplo, ao passar da posição deitada para em pé), estimulam um aumento na frequência cardíaca. Também desencadeiam o aumento instantâneo de um hormônio importante, a renina (veja abaixo). Os sinais passam constantemente entre os barorreceptores e o cérebro para manter a pressão em nível normal.

O sistema renina-angiotensina A renina é um hormônio produzido nos rins que é liberado na corrente sanguínea. Ela provoca uma reação em cadeia que culmina com o aumento da pressão. A renina age sobre uma substância do sangue chamada angiotensina. Em consequência, produz a angiotensina I.

A angiotensina I, por sua vez, é rapidamente ativada pela enzima conversora de angiotensina (ECA), formando a angiotensina II. Esta faz as artérias se contraírem rapidamente, elevando tanto a pressão sistólica quanto a diastólica. A angiotensina II é um dos mais poderosos vasoconstritores conhecidos. Um dos suportes principais do tratamento de hipertensão é um grupo de drogas que bloqueiam a enzima conversora de angiotensina, conhecidas como inibidores de ECA (*veja p. 24*). Um outro tipo de droga prescrito para a hipertensão são os betabloqueadores – que, entre outras coisas, reduzem a pressão pela diminuição da secreção de renina no organismo.

Além de fazer as artérias se contraírem, a angiotensina II provoca a sensação de sede (a água aumenta o volume de fluidos no organismo, e portanto a pressão arterial). Também aumenta a secreção de dois hormônios: o antidiurético e a aldosterona, que ajudam a elevar a pressão.

O papel do hormônio antidiurético Também conhecido como vasopressina, é liberado pela glândula pituitária no cérebro quando induzido pela angiotensina II. Age nos rins, diminuindo a produção de urina. Ou seja, mais fluido permanece no corpo, ajudando a elevar a pressão.

O papel da aldosterona Trata-se de um hormônio esteróide secretado pelas glândulas adrenais (suprarrenais). Aumenta a reabsorção de sódio (na troca por potássio) da urina, suor, saliva e sucos gástricos. O processo leva o fluido de volta ao corpo para ajudar a aumentar o volume de sangue e elevar a pressão.

Um motivo raro de hipertensão secundária (o tipo menos comum; *veja p. 16*) é a produção excessiva de aldosterona pelas adrenais, conhecida como síndrome de Conn, ou hiperaldosteronismo primário (HAP).

O papel do hormônio natriurético Este é outro hormônio importante na regulação da pressão arterial. É secretado pelo coração e, diferentemente dos outros hormônios mencionados antes, baixa a pressão, porque inibe a secreção de renina dos rins e aumenta a excreção de sódio e água. Também inibe a ação do hormônio antidiurético da glândula pituitária no cérebro.

Pressão arterial baixa
Algumas pessoas têm pressão baixa demais – condição conhecida pelos médicos como hipotensão. Os sintomas são tontura e desmaios. A hipotensão pode ser provocada por problemas cardíacos, pelo consumo de certos medicamentos e por perda excessiva de fluido no organismo em consequência de diarreia ou sangramento extenso devido a ferimentos.

o que é hipertensão?

Hipertensão é o termo médico para a pressão arterial alta. Quando se é hipertenso, a pressão arterial está sempre alta – mesmo quando se está em repouso. Muitos questionam se as palavras "hiper" e "tensão" indicam uma personalidade nervosa, hiperativa ou tensa. A resposta é negativa: a "hipertensão" se refere estritamente à pressão arterial elevada e não ao temperamento.

Embora quase sempre a hipertensão seja assintomática, pode representar uma séria ameaça à saúde a longo prazo, se não for controlada por mudanças na dieta e na rotina, ou por uma medicação prescrita pelo médico.

Em 90 por cento das pessoas com hipertensão, não se identifica nenhuma causa única aparente. Estas são descritas como tendo hipertensão primária ou essencial. Nos outros dez por cento, descobre-se uma causa identificável – dizemos que essas pessoas são portadoras de hipertensão secundária.

Hipertensão e cicatrização
Um indicador interessante da possibilidade de alguém desenvolver hipertensão é o modo como o organismo forma as cicatrizes. Algumas pessoas produzem uma quantidade excessiva de tecido conjuntivo em resposta a ferimentos, e apresentam cicatrizes grandes e altas. Essas pessoas têm uma tendência duas vezes maior a desenvolver hipertensão do que as que têm cicatrização normal. A relação entre tecido conjuntivo e hipertensão parece ser a angiotensina II (*veja p. 13*); além da elevação da pressão arterial, a angiotensina II estimula a produção de colágeno – proteína fibrosa encontrada no tecido da cicatriz.

Hipertensão primária
A causa exata da hipertensão primária permanece desconhecida, mas acredita-se resultar da interação entre fatores hereditários e gestacionais e estilo de vida.

Fatores hereditários A constituição genética influencia a forma como o organismo controla a pressão arterial. Os genes podem afetar:

- A sensibilidade dos barorreceptores (*veja p. 12*) e do sistema renina-angiotensina (*veja p. 13*).
- A resposta dos vasos sanguíneos aos comandos de dilatação ou contração.
- A forma como os rins excretam o excesso de sódio e de líquidos da circulação.
- A maneira como o aminoácido denominado homocisteína é processado pelo organismo. O metabolismo anormal da homocisteína resulta num aumento da pressão arterial de 0,7/0,5 mmHg nos homens e 1,2/0,7 mmHg nas mulheres para cada aumento de 5 milionésimos por litro nas concentrações de homocisteína circulante. Se o nível de homocisteína aumenta, acelera-se o desenvolvimento da aterosclerose (*veja p. 15*), que também contribui para o desenvolvimento da hipertensão.

Fatores gestacionais Uma dieta inadequada durante a gestação pode afetar a formação do sistema circulatório do embrião em desenvolvimento. Observou-se que os bebês que nascem com baixo peso são mais suscetíveis a desenvolver hipertensão quando adultos. Os pesquisadores perceberam que a pressão arterial sistólica média dos adultos aumenta cerca de 11 mmHg quando o peso no nascimento diminui de 3,4 kg para 2,5 kg. As pressões arteriais mais altas ocorrem em homens e mulheres que nasceram bebês pequenos com placentas grandes. Uma nutrição deficiente durante o início da gestação também afeta o desenho das impressões digitais (que formam arcos, laços e espirais). Adultos com uma espiral têm pressão arterial seis por cento mais alta do que aqueles sem espirais, e a pressão arterial aumenta de acordo com o aumento do número de espirais (o número máximo é dez: dois por dígito), sendo que a maioria das pessoas tem duas ou três.

Fatores relacionados ao estilo de vida Os cientistas agora sabem que o estilo de vida interage com os fatores hereditários, predispondo certas pessoas à hipertensão mais tarde na vida. Tais fatores incluem:

- Tabagismo.
- Consumo excessivo de sal.
- Exagero no consumo de álcool.
- Estresse.
- Sedentarismo.
- Nutrição inadequada.
- Dieta de alto índice glicêmico (*veja p. 54*).
- Obesidade.
- Baixa ingestão de vitaminas B6, B12 e ácido fólico. (Aumenta a possibilidade de desenvolver hipertensão se a capacidade de processar o aminoácido homocisteína for baixa).

A boa notícia é que, mesmo se você tiver predisposição genética ou gestacional à hipertensão, é possível tomar medidas para prevenir ou retardar o seu início – é o que este livro mostrará.

Aterosclerose É o endurecimento e espessamento das artérias que ocorre naturalmente com a idade, mas que é acelerado por vários dos fatores de risco descritos acima. A aterosclerose é a principal causa da hipertensão. À medida que as artérias perdem elasticidade, as paredes se tornam cada vez mais duras e rígidas. Elas também "entopem" – os depósitos de gordura, conhecidos como ateromas, acumulam-se nas paredes das artérias. As artérias endurecidas não conseguem mais se dilatar com eficiência e fazem o fluxo sanguíneo ficar mais lento, pois seu diâmetro fica mais estreito. O efeito combinado é um aumento da pressão arterial diastólica. Por outro lado, a hipertensão

Espessamento das artérias
Quando envelhecemos, as artérias tendem a perder a elasticidade. Não apenas se tornam mais rígidas, mas também ficam mais espessas com os depósitos de gordura. Isso é denominado aterosclerose.

Artéria saudável

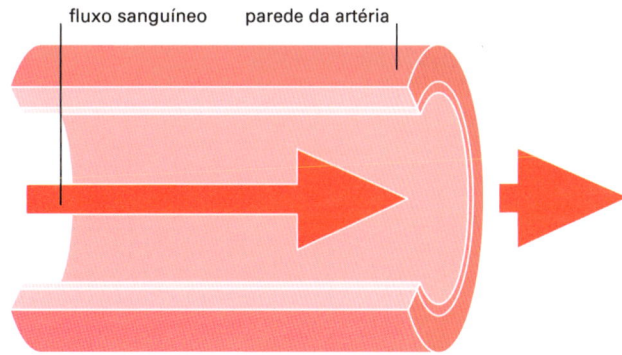

Artéria afetada pela aterosclerose

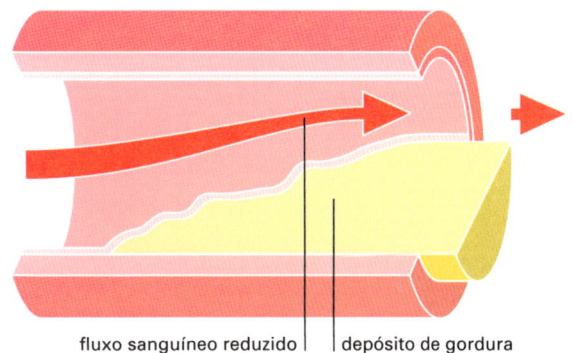

o que é hipertensão?

também pode acelerar a aterosclerose (*veja p. 15*). Isso ocorre devido à tensão excessiva a que as paredes arteriais são submetidas.

Hipertensão secundária
A hipertensão que resulta de uma doença de base é conhecida como hipertensão secundária.

Doença renal Em 80 por cento dos casos de hipertensão secundária, a causa é uma doença renal que impede que os sais e líquidos em excesso sejam filtrados corretamente pelo organismo. Eles se acumulam no organismo, elevando a pressão arterial. Os rins também secretam uma quantidade elevada do hormônio renina (*veja p. 13*), que contribui para o desenvolvimento da hipertensão.

Gravidez Cerca de uma em cada dez mulheres grávidas experimenta um tipo de hipertensão secundária conhecida como pré-eclâmpsia, que geralmente desaparece depois do parto.

Efeito colateral de medicamentos Determinados medicamentos, incluindo alguns remédios de uso corrente, podem causar a hipertensão secundária. Estes incluem antiinflamatórios não esteroidais (ibuprofeno, por exemplo), que podem aumentar a pressão arterial em 5-10 mmHg; associados à pílula anticoncepcional, que, depois de vários anos de uso, aumenta a pressão arterial em média de 2,8/1,9 mmHg; a efedrina (descongestionante nasal); a prednisolona (corticóide de uso oral); os inibidores da monoamino-oxidase (um tipo mais antigo de antidepressivo que provoca o aumento súbito da pressão arterial quando se ingerem alimentos específicos); a carbenoxolona (algumas vezes usada no tratamento de úlceras estomacais), que estimula a retenção de sódio e água.

Causas raras Embora raramente, a hipertensão secundária pode ser provocada pelo seguinte:

- Anormalidades anatômicas (como estreitamento congênito da artéria aorta ou renal).
- Produção excessiva de glóbulos vermelhos (policitemia), que aumenta o volume e a viscosidade do sangue.
- Produção excessiva do hormônio aldosterona (Síndrome de Conn).
- Exposição excessiva a corticoesteróides (Síndrome de Cushing).
- Produção excessiva do hormônio de crescimento (acromegalia).
- Produção excessiva do hormônio paratireóide (hiperparatireoidismo).
- Um tipo raro de tumor das adrenais (feocromocitoma).

Os sintomas da hipertensão
Quando a pressão arterial se eleva temporariamente num indivíduo saudável – durante exercícios, por exemplo – existem poucos, quando há, sintomas (alguns sentem uma pulsação nos ouvidos). Frequentemente a hipertensão não provoca sintomas. Mesmo que eles ocorram, tendem a não ser específicos, tais como dor de cabeça ou urinar com mais frequência durante a noite. Este último ocorre quando a hipertensão está relacionada à retenção de líquidos – ao deitar à noite, o excesso de fluidos é redistribuído e filtrado pelos rins.

Apenas quando a pressão arterial tem um aumento drástico é que se apresentam os sintomas mais específicos, como vertigens, distúrbios visuais ou sangramento nasal esporádico. Por isso é tão importante verificar a pressão regularmente.

> **Nível de homocisteína**
> Um nível elevado de homocisteína está relacionado a danos nas artérias e a um aumento do risco de ataque cardíaco e derrame. Verifique o seu nível de homocisteína.

complicações da hipertensão

Embora a hipertensão seja quase sempre assintomática, é vital tratá-la, pois, sem controle, pode levar a doenças que ameaçam a vida, como problemas renais, doenças nos olhos, problemas coronarianos, derrame e doença vascular periférica. Mesmo que ainda não tenha essas complicações, é importante ficar ciente delas.

Problemas renais

O papel dos rins é filtrar o sangue e livrar o organismo de resíduos na forma de urina. Os rins também mantêm uma quantidade saudável de líquidos e sais minerais no organismo. Com o tempo, a hipertensão pode levar ao endurecimento e espessamento das artérias que suprem os rins. Também pode causar dano aos pequenos vasos sanguíneos no interior dos rins. Como resultado, os rins recebem uma quantidade insuficiente de sangue e podem:

- Começar a encolher (atrofia).
- Funcionar inadequadamente e não filtrar o necessário.
- Perder proteína pela urina (este é um sinal importante do início de muitas doenças renais).

Com frequência, o dano aos rins é assintomático. No momento em que se começam a sentir os sintomas – como inchaço nos tornozelos, falta de ar, coceiras e náusea – os rins já terão perdido uma quantidade significativa de sua capacidade de filtragem. Nesse ponto haverá perda de proteína pela urina. Se o problema continuar, os rins vão progressivamente produzir menos urina, e os resíduos e os líquidos permanecerão no organismo. Os sintomas finais da doença renal incluem inchaço generalizado, perda de peso, vômito e letargia severa.

Em geral, a insuficiência renal é diagnosticada por uma série de exames de urina e de sangue. No início, o problema renal pode ser monitorado com um controle rígido da pressão arterial. Pode ser prescrita uma medicação para reduzir a quantidade de perda de proteína na urina. Durante os últimos estágios da doença renal, o tratamento pode consistir em diálise ou transplante dos rins. A diálise implica a filtragem

Danos aos rins

Se a artéria renal que supre os rins se tornar rígida e estreita, os rins podem sofrer danos devido ao suprimento inadequado de sangue. A pressão arterial alta nos pequenos vasos sanguíneos no interior do órgão também pode danificar as unidades de filtragem do rim – os néfrons.

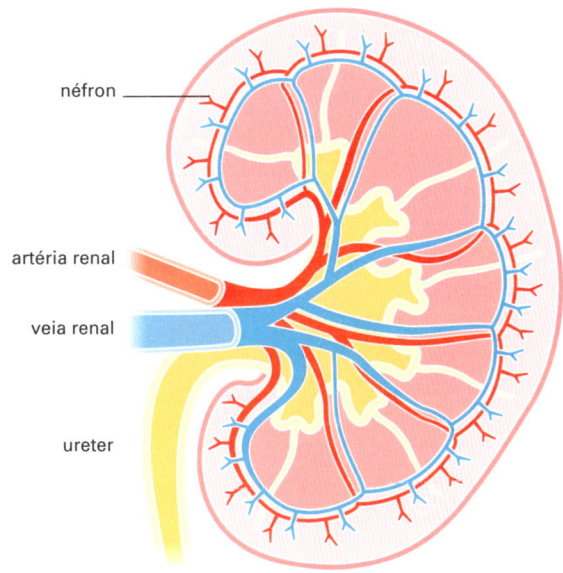

artificial do sangue, algumas vezes com uma máquina de hemodiálise.

Doença dos olhos

Com o tempo, a hipertensão pode provocar dano nos pequenos vasos sanguíneos da retina no fundo dos olhos. Isso é conhecido como retinopatia hipertensiva. Nos estágios iniciais da retinopatia, a visão não é afetada. Entretanto, nos seus últimos estágios, a visão pode ficar reduzida e, em casos graves, ocorre a perda parcial ou total da visão. Em geral, a hipertensão é diagnosticada e tratada antes que se torne tão grave.

As pessoas com hipertensão devem examinar os olhos regularmente, para a verificação de sinais de danos à retina. As mudanças da retina estão divididas nos seguintes estágios de intensidade:

- Grau 1: as artérias da retina ficam espessas e volumosas.
- Grau 2: as artérias comprimem as veias onde se cruzam.
- Grau 3: perda de sangue e líquidos pelas artérias.
- Grau 4: o nervo ótico fica inchado e saliente.

Se houver diagnóstico de transtornos da retina do grau 3, a hipertensão precisa ser controlada com urgência. As mudanças do grau 3 estão associadas a um nível similar de deterioração dos vasos sanguíneos cerebrais – representando riscos de derrame (*veja p. 19*). É possível que a pessoa tenha de permanecer hospitalizada até que a hipertensão seja controlada.

Doença arterial coronariana (DAC)

Com o tempo, a hipertensão pode acelerar o desenvolvimento de uma condição denominada aterosclerose (*veja p. 15*), na qual as artérias se tornam rígidas e estreitas devido aos depósitos de gordura conhecidos como ateromas. (O inverso também pode ocorrer: a aterosclerose pode levar à hipertensão).

Se as artérias coronárias estiverem afetadas pela aterosclerose, o fluxo de sangue para o coração será menos eficiente. À medida que o problema progride, o coração pode receber um suprimento insuficiente de oxigênio, o que pode levar aos sintomas da doença arterial coronariana.

A doença arterial coronariana pode ser tratada tanto com medicamentos quanto por cirurgia. A cirurgia pode incluir a ponte de safena ou a angioplastia coronária. A cirurgia de ponte consiste no enxerto de um vaso sanguíneo de uma outra parte do organismo para desviar o sangue da parte afetada. A angioplastia implica o alargamento da artéria por meio da inserção de um tubo fino na artéria. Um balão na ponta do tubo é inflado dentro da porção bloqueada, sendo depois desinflado e retirado. Os sintomas da doença arterial coronariana são os seguintes:

Danos à retina

A retina é a área do fundo do olho que recebe a luz. Como os outros vasos sanguíneos do organismo, os vasos da retina também são suscetíveis aos danos provocados pela hipertensão. Se o problema não for diagnosticado, pode levar à perda da visão.

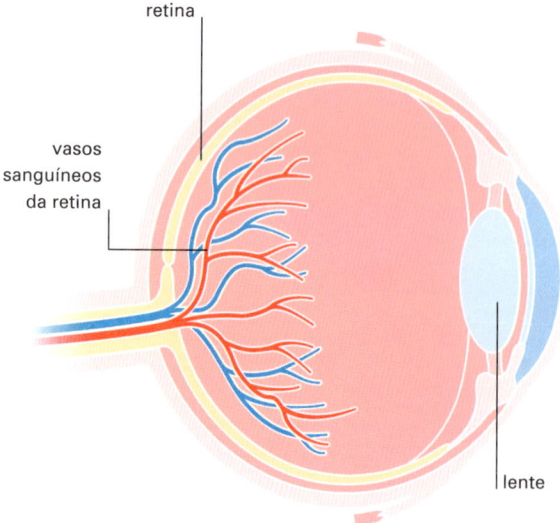

Angina Refere-se a uma sensação intermitente de dor ou pressão no peito. Geralmente ocorre quando se está estressado ou ao fazer esforço. Também pode haver dor no ombro esquerdo ou na parte interna do braço esquerdo.

Ataque cardíaco É uma dor súbita no peito que pode ser acompanhada de falta de ar, palpitação, sudorese, náusea e tontura, e ocasionalmente perda da consciência. Algumas vezes, os sintomas de ataque cardíaco são relativamente leves.

Insuficiência cardíaca O coração, em vez de falhar completamente como o nome desta doença sugere, perde gradualmente a habilidade de bombear o sangue para o corpo. Isso leva ao inchaço das pernas, pés e abdome, à fadiga extrema e à falta de ar.

Acidente vascular cerebral (AVC) ou derrame

Se a aterosclerose afetar o fluxo de sangue para o cérebro, corre-se o risco de ter um coágulo sanguíneo, ou um sangramento no cérebro (como resultado do rompimento de um vaso). Nesse caso, você terá um derrame. O cérebro fica privado de oxigênio e as células da área afetada se danificam ou morrem. Os sintomas do derrame dependem de qual parte do cérebro foi afetada. A visão, a fala, a memória, a audição, o movimento ou o equilíbrio podem ser prejudicados.

O tratamento do AVC consiste no auxílio à recuperação das funções perdidas ou afetadas. Por exemplo, pode-se fazer fisioterapia para recuperar o movimento ou fonoaudiologia para ajudar na fala.

Doença vascular periférica

A doença vascular periférica ocorre quando as artérias das pernas e dos braços se tornam estreitas com os depósitos de gordura, restringindo o fluxo sanguíneo. Como o sangue não flui, diminui a oxigenação dos músculos da perna, especialmente durante atividades

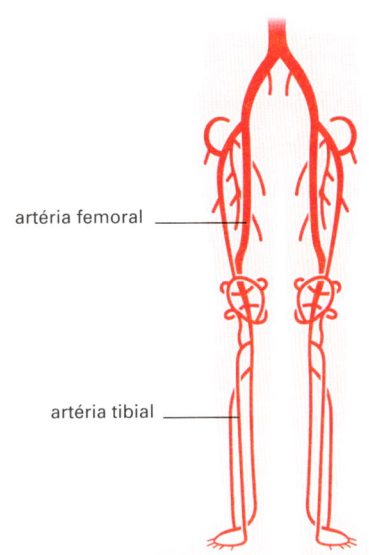

Circulação do sangue nas pernas
As pernas necessitam de um grande suprimento de sangue arterial para fazer os músculos trabalharem adequadamente. Se o fluxo sanguíneo for restringido, os músculos sofrem espasmos, e o movimento é impedido.

físicas, quando a demanda de sangue e oxigênio aumenta. Nos casos graves, caminhar uma distância curta em terreno plano basta para causar cãibras. Em casos muito graves, a dor pode ocorrer mesmo se estiver sentado. A doença vascular periférica é mais provável se você tiver hipertensão e for fumante, ou também se sofre de diabetes.

A doença vascular periférica também pode dificultar ao homem atingir ou manter uma ereção, pois as artérias estreitadas significam que o fornecimento de sangue para o pênis está reduzido.

O tratamento para a doença vascular periférica consiste em medicamentos ou cirurgia – ponte de safena ou angioplastia (*veja p. 18*).

diagnóstico e rastreamento

A pressão arterial pode subir ano a ano; por isso, é importante monitorá-la regularmente. Na medida em que envelhecemos, devemos verificar a pressão; de preferência, anualmente.

A pressão arterial é medida com o uso de um esfigmomanômetro, que é formado por um manguito ligado a um monitor. O manguito é enrolado na parte superior do braço e inflado até certa pressão, que impede o sangue de fluir para a parte inferior do braço. Ao ser desinflado, vagarosamente, o aparelho mede a pressão sistólica e diastólica (*veja p. 11*).

Ao ser diagnosticada a pressão alta, ela será classificada em um dos três estágios. É possível tratar o grau 1 com alteração da rotina, mas os outros dois graus são tratados com medicação aliada à mudança no estilo de vida. Veja pp. 22-25 para mais informações sobre o tratamento.

Hipertensão "de consultório"
O médico geralmente mede a pressão várias vezes antes de diagnosticar a hipertensão. Isso porque a pressão arterial pode estar alta numa ocasião, e não

O que sua pressão arterial revela

pressão arterial	classificação	tratamento
120/80mmHg (12/8)	Ótima	Não é necessário tratamento (no entanto, adote uma rotina saudável).
130/80mmHg (13/8)	Normal	Reavalie em cinco anos e adote uma rotina saudável.
130/80–139/89mmHg (13/8-13,9/8,9)	Pré-hipertensão	Reavalie anualmente (faça tratamento se houver grande risco de doença cardíaca).
140/90–159/99mmHg (14/9-15, 9/9,9)	Hipertensão grau 1 (leve)	Se não houver complicações, diabetes e se for baixo o risco de problema cardiovascular, monitore a pressão arterial a cada dois ou três meses e reavalie o risco de doença cardiovascular anualmente. Se houver complicações, diabetes e grande risco de doença cardiovascular, o tratamento será à base de medicamentos. Em ambos os casos, faça mudanças em seu estilo de vida.
160/100–179/109mmHg* (16/10-17,9/10,9)	Hipertensão grau 2 (moderada)	O tratamento será à base de medicamentos e mudanças no estilo de vida.
180/110mmHg (18/11)	Hipertensão grau 3 (severa)	Trata-se com medicamentos e mudanças no estilo de vida.

* Ou uma pressão arterial diastólica que se mantém igual ou acima de 100 mmHg, apesar de alterações na dieta e no estilo de vida.

em outra – algumas pessoas ficam tão ansiosas com a consulta médica ou ao medir a pressão que a situação leva ao aumento da pressão arterial. Isso é conhecido como "hipertensão de consultório" ou "hipertensão de jaleco". A suspeita de hipertensão de consultório, que pode elevar a pressão sistólica em cerca de 20-30 mmHg, ocorre quando alguém tem a pressão arterial normal quando medida em casa, mas uma leitura elevada na presença do médico.

Se houver dúvidas em relação ao diagnóstico da hipertensão, o médico pode recomendar o monitoramento da pressão arterial por um período de 24 horas, por meio da monitorização ambulatorial da pressão arterial (MAPA). Consiste em um manguito ligado ao monitor por um tubo. O manguito, que fica enrolado no braço durante 24 horas, infla e desinfla a intervalos para medir a pressão arterial.

Rastreamento de complicações

Quando a hipertensão é diagnosticada, o médico vai querer saber se houve o desenvolvimento de alguma complicação associada à pressão arterial alta (*veja pp. 17-19*), como doença coronariana ou problemas dos olhos. Por exemplo, pode procurar sinais de excesso de líquidos no organismo (que pode ser um sinal de insuficiência cardíaca) fazendo pressão na pele dos membros inferiores para verificar se deixa uma depressão. Também vai auscultar o coração e os pulmões usando um estetoscópio. Outros exames que podem ser feitos são:

Exame dos olhos A hipertensão pode causar lesões na retina, o que é denominado retinopatia hipertensiva. Isso pode ser verificado pelo médico examinando os olhos com um instrumento chamado oftalmoscópio. A saúde dos vasos sanguíneos do fundo dos olhos pode fornecer informações úteis sobre a saúde do sistema cardiovascular em geral. Por exemplo, um estudo de 2006 confirmou que a presença de retinopatia está associada ao dobro de risco de ter o coração aumentado e sofrer derrame.

Exame de urina A hipertensão pode afetar os rins. A urina será examinada para verificar a presença de substâncias que possam indicar danos ao rim.

Raios X do tórax A radiografia revela o tamanho e o formato do coração. Também pode detectar insuficiência cardíaca, que é um sintoma da doença coronariana.

Eletrocardiograma (ECG) Mede o ritmo e a atividade elétrica do coração. Pode mostrar o quanto a pressão arterial elevada afetou o funcionamento do coração e se já houve um ataque cardíaco.

Exames de sangue O sangue é examinado para verificar os níveis de gorduras como o colesterol e a triglicérides – altos índices de certas gorduras (*veja p. 51*) aumentam o risco de doença coronariana. O nível do aminoácido homocisteína no sangue também é testado, pois quando elevado causa aterosclerose (*veja p. 15*) e coagulação anormal. Cerca de um em cada 10 ataques cardíacos e derrames podem ser atribuídos à homocisteína elevada, sendo considerado um fator de risco secundário. O sangue também será testado quanto aos níveis de glicose e sais minerais (sódio, potássio e cloreto).

Interpretação dos níveis de homocisteína

nível de homocisteína	nível de risco
6,9 micromol/L	Ótimo (baixo risco)
7-9,9 micromol/L	Risco leve
10-12,9 micromol/L	Risco moderado
13-20 micromol/L	Risco alto
Acima de 20 micromol/L	Risco muito alto

tratamento da hipertensão

O diagnóstico precoce e o tratamento da hipertensão são importantes para reduzir o risco das complicações descritas nas pp. 17-19. Assim que o médico determinar que alguém é hipertenso, ele recomendará inúmeras mudanças no estilo de vida. Dependendo do estágio da hipertensão (*veja p. 20*), também poderá prescrever medicamentos. O tratamento da pressão arterial visa manter a pressão sanguínea sistólica em 140 mmHg ou mais baixa, e a pressão arterial diastólica em 90 mmHg ou mais baixa. Se sofrer ou apresentar um alto risco de doença arterial coronariana (DAC), recomenda-se uma pressão mais baixa – 130/80 mmHg.

Adaptação da rotina

O médico estimulará as seguintes mudanças na dieta e no estilo de vida, ajudando a evitar o tratamento com medicação, ou complementando os efeitos do medicamento para diminuir a pressão, o que talvez permita a redução da dosagem ou do número de medicamentos necessários.

- Consuma no mínimo cinco porções diárias de frutas e legumes frescos (*veja pp. 49-50*).
- Reduza o consumo de gordura prejudicial, como a gordura saturada (*veja pp. 51-52*).
- Reduza o consumo de sal para menos de 6 g de cloreto de sódio ou menos de 2,4 g de sódio por dia (*veja p. 53*).
- Se for fumante, largue o cigarro (*veja p. 66*).
- Limite o consumo de álcool para três doses diárias ou menos se for homem, ou duas doses diárias ou menos se for mulher (*veja p. 67*).
- Encontre estratégias apropriadas que o ajudem a lidar com o estresse.
- Faça exercícios aeróbicos regulares, como uma caminhada rápida, no mínimo 30 minutos por dia, de preferência na maioria dos dias da semana (*veja p. 69*).
- Perca peso, se necessário. Depois mantenha um peso saudável em relação a sua altura (*veja pp. 70-71*).

Tratamento com medicamentos

Se a pressão arterial estiver elevada a ponto de necessitar de tratamento com medicação, o médico escolherá um ou mais medicamentos das seguintes classes. Estas drogas são encontradas na forma de comprimidos ou cápsulas e são conhecidas como anti-hipertensivos.

- Diuréticos tiazídicos.
- Betabloqueadores.
- Bloqueadores dos canais de cálcio.
- Inibidores de ECA.
- Antagonistas da angiotensina II.
- Inibidores de renina.

Monitoramento da hipertensão

Se tiver hipertensão, é importante monitorar a pressão arterial em casa. Monitores automáticos de braço e pulso são tidos como precisos, embora as leituras obtidas sejam tipicamente mais baixas que as obtidas pelo médico – provavelmente por se estar mais relaxado em casa. Uma leitura de 130/80 mmHg em casa é considerada ótima. Se for possível, compre um monitor com recurso de memória para guardar as leituras da mesma hora do dia durante toda a semana. O médico poderá então arquivar a informação.

> O medicamento é um investimento decisivo na saúde futura. Aliado às mudanças no estilo de vida, reduz o risco de condições que ameaçam a vida, como o derrame e a doença cardiovascular.

Como é improvável que a hipertensão faça alguém sentir-se mal no dia-a-dia, pode ser frustrante ter que tomar remédios. Entretanto, a medicação é um investimento decisivo na saúde futura. Aliada a mudanças na dieta e no estilo de vida, reduz o risco de condições que ameaçam a saúde, como o derrame e a doença cardiovascular.

As pessoas sempre perguntam por quanto tempo terão de tomar os anti-hipertensivos. Embora muitas pessoas tenham de tomá-los por toda a vida, nem sempre é assim. Pode-se parar de tomar anti-hipertensivos se não houver complicações da hipertensão, ou se houver sucesso em diminuir a pressão arterial adotando as medidas dietéticas e de estilo de vida da página anterior. Mas é importante que, ao começar a tomar os medicamentos, não se faça nenhuma alteração sem antes consultar o médico. Se o médico decidir que pode diminuir a dose da medicação, ou suspendê-la totalmente, ele diminuirá a dose gradualmente. Isso é necessário para evitar um aumento súbito da pressão.

Acredito que o meio de obter o máximo dos medicamentos anti-hipertensivos é acompanhar a pressão arterial de perto (veja o quadro na página ao lado sobre o monitoramento da hipertensão). Se notar que a pressão arterial não está respondendo a um novo medicamento, ou a um aumento da dosagem, peça para o médico reavaliar o tratamento. Por outro lado, se as leituras em casa revelarem que a pressão arterial está baixando (graças à perda de peso, por exemplo), fale com o médico sobre a possibilidade de diminuir a dose.

Diuréticos tiazídicos Os diuréticos tiazídicos diminuem a pressão pelo aumento da perda de sais minerais e líquidos pela urina. Normalmente agem no espaço de uma ou duas horas após a ingestão. Por isso é preferível tomá-los de manhã e não à noite, para que não precise sair da cama para esvaziar a bexiga.

No começo, perceberá que está urinando com mais frequência que o normal, mas isso desaparecerá após os primeiros dias, pois os diuréticos tiazídicos também favorecem uma leve dilatação das pequenas artérias,

tratamento da hipertensão

> **Hipertensão secundária**
> Se houver suspeita de hipertensão secundária (o tipo menos comum de hipertensão), serão feitos exames para a verificação das possíveis causas, que serão devidamente tratadas. Serão examinados os níveis dos hormônios no sangue que controlam a pressão arterial, como a aldosterona, o cortisol e a renina. Também serão verificados os níveis de substâncias presentes no sangue e na urina que, se elevados, causam a hipertensão. Por exemplo, um nível elevado de ácido vanilmandélico pode indicar um tumor das glândulas adrenais. Também será pedido um ultrassom ou outros exames dos rins – pois a doença renal é a causa de base mais comum da hipertensão secundária.

fazendo os líquidos na circulação se redistribuírem. Altas doses de diuréticos devem ser evitadas, pois podem desequilibrar a relação sódio/potássio. Os diuréticos tiazídicos são frequentemente prescritos para pessoas mais idosas que também sofrem de insuficiência cardíaca. Não devem ser prescritos para pessoas que sofrem de gota, pois podem agravar esse problema.

Betabloqueadores Os betabloqueadores baixam a pressão arterial das seguintes formas:

- Diminuindo o esforço cardíaco, diminuindo a pulsação para cerca de 60 batimentos por minuto e reduzindo a força de cada batimento.
- Reduzindo a sensibilidade dos barorreceptores (sensores da pressão sanguínea das paredes cardíacas e dos vasos sanguíneos; *veja p. 12*).
- Alterando a forma de dilatação e contração dos vasos sanguíneos.
- Bloqueando os efeitos do hormônio do estresse, a adrenalina.
- Diminuindo a secreção da renina, hormônio produzido pelos rins (*veja p. 13*).

Se for preciso suspender os betabloqueadores, em geral a dose é retirada gradualmente, para que a pressão arterial não tenha um aumento súbito (conhecido com hipertensão de rebote). É melhor evitar os betabloqueadores em asmáticos, pois podem desencadear um ataque. Os efeitos colaterais mais problemáticos incluem fadiga, extremidades frias e problemas com as funções sexuais. O betabloqueador é ideal para alguém com angina, ou que já tenha sofrido um ataque cardíaco. Entretanto, em geral há uma certa resistência ao uso dos betabloqueadores para a hipertensão.

Bloqueadores dos canais de cálcio Os bloqueadores dos canais de cálcio diminuem o movimento de cálcio nas células musculares, reduzindo a força de contração do coração, relaxando as artérias, diminuindo os espasmos arteriais e permitindo que os vasos periféricos dilatem para conter mais sangue. Os efeitos colaterais podem incluir rubor, dor de cabeça, inchaço dos tornozelos e prisão de ventre. Um bloqueador dos canais de cálcio é frequentemente indicado para pessoas de mais idade que tenham a pressão sanguínea sistólica elevada, mas a pressão diastólica relativamente normal, ou que sofram de angina. Atualmente há uma tendência de uso dos bloqueadores de canais de cálcio (e inibidores de ECA) como opções de tratamento de primeira linha.

Inibidores de ECA Um dos meios mais poderosos do organismo de aumentar a pressão arterial é o sistema renina-angiotensina (*veja p. 13*), que envolve a enzima conversora da angiotensina (ECA). Os medicamentos que bloqueiam a ação dessa enzima (inibidores de ECA) evitam a produção da angiotensina II – um potente vasoconstritor. Dessa forma, as pequenas artérias e veias conseguem se dilatar, fazendo baixar a pressão arterial. Com o aumento do fluxo sanguíneo para os rins, essa classe de medicamentos também incentiva a perda de água e sódio pela urina.

Já que os inibidores da ECA podem causar uma diminuição súbita da pressão arterial logo na primeira dose, o tratamento frequentemente se inicia à noite, na hora de ir para a cama. Um dos efeitos mais problemáticos do medicamento é uma tosse seca persistente. Em geral, escolhe-se um inibidor da ECA para pessoas que também sofram de insuficiência cardíaca, mas, na verdade, não existe regra: a medicação é decidida para causar menor efeito colateral e maior resultado.

Antagonistas da angiotensina II Os antagonistas da angiotensina II são similares aos inibidores da ECA, mas vão um passo além, bloqueando a formação da angiotensina II (*veja p. 13*). O resultado final é o mesmo: dilatação das artérias e das veias, aumento do fluxo sanguíneo para os rins e aumento da produção de urina. Curiosamente, os antagonistas da angiotensina II também podem agir no sistema nervoso central reduzindo a sede, fazendo que se beba menos líquidos. Os efeitos colaterais desse medicamento, como tonturas, são geralmente leves.

Outros medicamentos anti-hipertensivos Alguns outros medicamentos anti-hipertensivos são usados em casos especiais, como durante a gravidez. Além disso, um outro grupo de medicamentos, chamados alfabloqueadores (por exemplo: doxazosina, indoramina, prazosina e terazosina) são geralmente aconselhados para homens com problemas urinários causados pelo aumento da próstata – os alfabloqueadores ajudam a diminuir a próstata, assim como a reduzir a pressão arterial.

Outros medicamentos que podem ser prescritos
Além dos remédios anti-hipertensivos, o médico pode decidir que é benéfico tomar outros medicamentos. Estes podem incluir estatinas, que diminuem o nível do colesterol ruim no sangue (como a hipertensão, o colesterol elevado é um fator de risco para doenças cardiovasculares). A aspirina também é prescrita algumas vezes, devido à capacidade de prevenir a coagulação anormal do sangue.

Como são prescritos os medicamentos

O médico vai escolher o medicamento mais indicado, dependendo da idade e da presença de complicações.

É prescrita a dose mais baixa recomendada.

Isso geralmente produz efeito dentro de 24 horas, mas a resposta completa à medicação é monitorada por quatro semanas no mínimo (a menos que a pressão arterial necessite ser diminuída com urgência).

Depois de quatro semanas, a dose do medicamento é aumentada gradualmente, de acordo com as instruções do laboratório.

Se esse aumento não controlar a pressão de forma adequada, adiciona-se um segundo ou terceiro medicamento.

Se a pressão ainda se mantiver muito alta, acrescenta-se um outro medicamento.

Abordagem natural da saúde

Nesta seção, explico como diminuir a pressão arterial usando **terapias complementares** e fazendo alterações na dieta e no estilo de vida. Essas ferramentas podem não só diminuir a pressão arterial, como também **melhorar sua saúde e bem-estar geral**. Em muitos casos, esses métodos de tratamento naturais funcionam tão bem, que o médico pode querer reduzir o número ou a dosagem dos medicamentos prescritos. As terapias complementares desta seção são todas **seguras e eficazes** para as pessoas com hipertensão – algumas, como a aromaterapia, a reflexologia e a ioga, podem diminuir a pressão devido ao relaxamento, enquanto outras, como a acupressão, a acupuntura e a fitoterapia, trabalham num nível mais profundo. Um dos métodos mais interessantes talvez seja a **mudança de dieta**: passos relativamente simples como cortar o consumo de sal; aumentar o consumo de frutas, legumes, peixe e alho; ingerir superalimentos como amêndoas; e saborear pequenas quantidades de vinho tinto e chocolate amargo têm o poder de transformar a saúde. **Suplementos nutricionais** essenciais também têm um impacto positivo sobre a pressão arterial. Por fim, analiso como a **mudança no estilo de vida** pode ajudar. Fazer mais exercícios, manter um peso saudável, eliminar o fumo, consumir álcool com moderação e reduzir o estresse podem literalmente acrescentar anos à sua vida.

métodos complementares de tratamento

O método holístico de tratamento da hipertensão inclui várias terapias complementares que podem ser usadas em conjunto com os medicamentos prescritos pelo médico. Em muitos casos, será melhor visitar um terapeuta, pelo menos no início.

Se tiver pré-hipertensão ou hipertensão leve (*veja p. 14*) e ainda não estiver tomando medicamentos, é provável que os métodos complementares, aliados às alterações na dieta e em seu estilo de vida, diminuam a pressão arterial a ponto de não necessitar da medicação. Se já estiver fazendo uso de medicamentos para tratar a hipertensão, é importante continuar a tomá-los paralelamente a quaisquer terapias que experimente. Por isso é que as terapias são mais adequadamente descritas como complementares em vez de alternativas – elas *complementam* o tratamento médico em vez de oferecer uma alternativa verdadeira. Outra expressão usada para descrever o uso combinado de terapias ortodoxas e complementares é "medicina integrada", que, basicamente, seleciona os melhores métodos.

Quais terapias podem ajudar?

Nas próximas páginas, ofereço um panorama das principais terapias complementares que podem auxiliar na hipertensão: aromaterapia, naturopatia, fitoterapia, homeopatia, reflexologia, acupuntura, ioga, chi kung e meditação. Alguns métodos, como a aromaterapia, a ioga e a meditação, baseiam-se principalmente no relaxamento e na superação do estresse; enquanto outros, como a homeopatia, a reflexologia e a acupuntura, investem na capacidade natural que o corpo tem de diminuir a pressão arterial. Por outro lado, a fitoterapia usa os extratos de plantas que têm um efeito fisiológico sobre o organismo, modificando suas funções de modo similar a alguns medicamentos.

Consulte um especialista

É importante consultar um profissional devidamente qualificado e que faça parte do seu plano de saúde. Peça a indicação a amigos ou ao seu próprio plano. Alguns endereços úteis encontram-se nas pp. 174-175.

Depois de escolher o terapeuta, indague sobre a experiência dele e os resultados que obteve no tratamento da hipertensão. Antes de iniciar o tratamento, procure saber quanto tempo ele pode durar e o seu custo aproximado.

Após a consulta com um terapeuta, pode-se descobrir que apenas uma ou duas sessões são necessárias – por exemplo, com um homeopata ou fitoterapeuta – para indicar a conduta a seguir. Com outras terapias, como a reflexologia, a ioga e a aromaterapia com massagem, pode-se decidir por sessões regulares.

É importante mencionar ao terapeuta que você é hipertenso e que tipo de medicamento toma. Se a pressão arterial começar a diminuir como resultado da terapia, conte isso ao seu médico. Ele ficará satisfeito em reduzir lentamente o número ou a dose dos medicamentos.

aromaterapia

O princípio essencial da aromaterapia é que a inalação de aromas específicos pode alterar o seu estado psicológico. Isso ocorre porque o odor tem um impacto importante sobre o cérebro – especialmente sobre sua parte primitiva, conhecida como sistema límbico, que ajuda a regular a memória, o desejo, as emoções e a secreção de hormônios. Os aromas utilizados pelos aromaterapeutas são óleos essenciais obtidos de vegetais. Dependendo da planta em questão, o óleo essencial é retirado de flores, folhas, sementes, raízes, frutos ou da madeira.

Os óleos essenciais são os extratos das plantas altamente concentrados, e devem ser usados com cautela (*veja o guia abaixo à direita*). Quase sempre são diluídos com um óleo-base vegetal, como óleos de abacate, de amêndoa, de calêndula, de semente de uva, de jojoba ou de germe de trigo antes de serem usados. A diluição é importante, pois o óleo essencial puro pode irritar a pele e provocar efeitos colaterais – alguns podem até elevar a pressão arterial. Uma das poucas exceções à regra de diluição é o óleo essencial de lavanda, que é frequentemente usado puro. Também se aceita o uso dos óleos essenciais puros quando não forem aplicados sobre a pele; por exemplo, quando são adicionados a um difusor com vela, para produzir uma atmosfera terapêutica.

No caso da hipertensão, os óleos essenciais podem auxiliar no relaxamento, estimulando o sono e reduzindo a ansiedade, o que ajuda a diminuir a pressão arterial. Alguns óleos essenciais baixam a pressão arterial de outras maneiras, por exemplo, incentivando uma ação diurética sobre o organismo, ou seja, eliminando o excesso de líquidos.

Óleos para o tratamento da hipertensão

Ao consultar um aromaterapeuta, ele avaliará sua saúde e escolherá uma mistura de óleos essenciais adequados para suas necessidades específicas. Provavelmente ele massageará sua pele com os óleos diluídos e poderá oferecer um creme ou uma loção, ou uma combinação de óleos essenciais para levar para casa. O aromaterapeuta dará instruções específicas sobre como usar qualquer produto de óleo essencial. Para mais informações sobre a consulta com um aromaterapeuta, veja p. 175.

A aromaterapia também pode ser usada como um tratamento de autoajuda em casa. Sugiro que escolha um, dois, três ou quatro óleos essenciais do quadro da página 30. Baseie sua escolha tanto nos efeitos terapêuticos como na sua preferência pessoal pelo aroma. Escolhendo um odor que lhe agrade de verdade, o relaxamento vem com mais facilidade. Como combinar os óleos é também uma questão de preferência pessoal, experimente até encontrar uma combinação de aromas que aprecie especialmente. Se a mistura não sair de seu agrado, adicione mais gotas de um ou mais óleos – ou introduza outro que você sinta que está faltando.

Guia para o uso de óleos essenciais

- Nunca tome os óleos essenciais.
- Antes de usar uma combinação de óleos essenciais, passe um pouquinho sobre uma pequena superfície na pele e deixe por uma hora, para ver se não é alérgico.
- Não use óleos essenciais durante a gravidez, ou em caso de suspeita de gravidez, exceto sob a orientação especial do aromaterapeuta.
- Mantenha os óleos essenciais longe do rosto e dos olhos.
- Se estiver tomando remédios homeopáticos, não use óleos essenciais de hortelã-pimenta, alecrim ou lavanda, pois eles podem neutralizar o efeito homeopático.
- Os óleos essenciais são inflamáveis, portanto não os coloque diretamente sobre a chama.
- Evite óleos essenciais de tomilho, cravo e canela, que podem elevar a pressão arterial.
- Mantenha os óleos essenciais sempre fora do alcance das crianças.

Anote o número total de gotas que usar, para diluir na quantidade correta de óleo-base para reproduzir essa receita quando precisar no futuro. Pode-se adicionar uma mistura de óleos essenciais ao banho, massagear com eles a pele ou difundi-los na atmosfera.

Ao comprar os óleos essenciais, procure as palavras "óleo essencial puro" na embalagem, em vez de "óleo para aromaterapia". Os últimos podem conter apenas pequenas quantidades de óleos essenciais e não terão o mesmo efeito terapêutico.

Banhos de aromaterapia Escolha uma combinação de até três óleos essenciais. Adicione 5 gotas da mistura a 10 ml de óleo-base vegetal e misture. Prepare o banho numa temperatura agradável, e adicione a mistura de óleos aromáticos após fechar as torneiras. Deixe a porta do banheiro fechada para não dispersar os vapores e fique no banho por 10 a 15 minutos, de preferência à luz de velas. Recline confortavelmente e feche os olhos. Permita que o aroma preencha o corpo inteiro e imagine-o passando pelos vasos sanguíneos, trazendo um relaxamento profundo e diminuindo a pressão arterial. Ao fim do banho, mergulhe uma esponja úmida na mistura de óleo na superfície da água e use para massagear suavemente o corpo inteiro antes de enxaguar.

Massagem A mistura de óleos para massagem que entrará em contato com a sua pele deve conter o máximo de 1 gota de óleo essencial para cada 24 gotas de óleo-base vegetal, totalizando 5 gotas de óleo essencial para 10 ml de óleo-base vegetal. Compre uma colher de chá para remédios ou uma seringa de 5 ml na farmácia para ajudar a obter precisão – as colheres de chá de cozinha, em geral, contêm menos de 5 ml. Certas partes do corpo, como as pernas e os pés, podem ser massageadas sem ajuda, mas para uma massagem relaxante do corpo inteiro, convide um amigo ou parceiro.

Difusores O uso do difusor é uma boa maneira de administrar óleos essenciais durante a noite para auxiliar no sono. Adicione 2 ou 3 gotas de uma mistura relaxante (por exemplo, lavanda ou capim-limão misturado com néroli) com um pouco de água morna no difusor. Deixe os óleos relaxantes se espalharem no quarto antes de ir para a cama (não esqueça de apagar a vela antes de deitar). Ou então, adicione 2 ou 3 gotas num lenço e coloque debaixo do travesseiro. Outra técnica que recomendo para uso durante o dia é colocar algumas gotas de óleo essencial num pedaço de algodão. Coloque-o num pequeno frasco vedado ou num recipiente plástico, depois abra e inspire.

Óleos essenciais que podem ajudar os hipertensos

óleos calmantes e relaxantes	óleos que promovem o sono	óleos diuréticos para hipertensão com retenção de líquidos	óleos que auxiliam na hipertensão primária
Camomila, cedro, escaréia, gerânio, jasmim, bagas de zimbro, lavanda, limão, capim-limão, melissa, néroli, laranja, *petitgrain*, rosa, sândalo, ylang ylang	Camomila, escaréia, gerânio, bagas de zimbro, lavanda, capim-limão, melissa, néroli, laranja, *petitgrain*, rosa, sândalo, ylang ylang	Camomila, cedro, gerânio, bagas de zimbro, limão, hortelã-pimenta, pinho	Escaréia, lavanda, limão, manjerona, melissa

naturopatia

A naturopatia baseia-se na crença de que o corpo é capaz de encontrar o seu próprio equilíbrio vital a partir de condições adequadas, como uma dieta saudável, boas horas de sono, exercícios regulares e relaxamento, ar fresco, um meio ambiente limpo, uma rotina livre de estresse, além de uma atitude positiva.

O naturopata trabalhará para auxiliá-lo na obtenção desse estado de equilíbrio saudável. Ele lança mão de vários métodos que incluem mudanças na alimentação, suplementos, sais bioquímicos, tratamentos fitoterápicos, homeopatia, hidroterapia, massagem, reflexologia, técnicas de relaxamento (inclusive ioga) e, às vezes, manipulação física. Muitos naturopatas são especializados em iridologia (técnica de diagnóstico que consiste no exame da íris dos olhos), cinesiologia (técnica de diagnóstico baseada na força muscular), hipnose, osteopatia, quiropatia ou psicoterapia. Escovação da pele, jatos de água ou fricção são técnicas frequentemente usadas para estimular a função da pele e ativar a circulação.

A importância da dieta

A abordagem da naturopatia quanto à nutrição consiste em seguir uma dieta de alimentos integrais com muitas fibras – de preferência orgânicos – que se concentra em alimentos frescos e, de preferência, crus. A dieta naturopata é ideal para hipertensos, pois é pobre em sal e gordura, com muitas fibras e antioxidantes, e contém muitas frutas, legumes, nozes, sementes, cereais integrais e leguminosas. Para a hipertensão, recomenda-se o consumo de alho e cebola combinado com alimentos ricos em potássio, cálcio e magnésio (alfafa, abacate, brócolis, cenoura, aipo, feijão, cogumelos, espinafre e a maioria das frutas). A água mineral (oito copos por dia) é essencial para eliminar os resíduos; e o naturopata sempre aconselha evitar a cafeína. Os suplementos e os antioxidantes (vitaminas C e E), o magnésio, o potássio, a coenzima Q10 e o óleo de peixe ômega-3 podem ser recomendados, junto com os remédios fitoterápicos.

Sais bioquímicos

Os naturopatas também usam tratamentos homeopáticos baseados em sais inorgânicos. São conhecidos como sais bioquímicos de tecido e são considerados vitais para a saúde – a falta de qualquer sal específico no organismo provoca doenças. Embora o preparo dos sais bioquímicos seja similar ao dos medicamentos homeopáticos, seu emprego é muito diferente; enquanto o princípio básico da homeopatia é "semelhante trata semelhante", os sais bioquímicos são administrados para corrigir uma deficiência mineral. Para a hipertensão pode ser prescrito *calc. fluor*, e para o alívio da ansiedade e do estresse, *kalium phos*.

Sono e bem-estar mental

A naturopatia enfatiza a importância do sono. Pesquisas indicam que a falta de sono aumenta a atividade do sistema nervoso simpático, que pode aumentar a pressão arterial e os batimentos cardíacos. Também é importante reduzir o estresse. Num estudo de pessoas com hipertensão leve a moderada, 70 por cento das que praticavam o relaxamento reduziram a medicação depois de seis semanas; e depois de um ano, 55 por cento não precisavam de medicação.

Os naturopatas também dão muita importância a uma atitude mental positiva para ajudar a superar problemas de saúde. Uma pesquisa interessante mostra que o sorriso aumenta a imunidade. E demonstrou-se que abraçar familiares ou amigos produz sentimentos calorosos, pois libera o hormônio ocitocina, associado ao relacionamento.

> **Exercícios diários naturopatas**
> Respire lenta e profundamente por dois minutos, para que o ar alcance o fundo dos pulmões, duas vezes ao dia. Antes do banho diário, seja de chuveiro ou de banheira, esfregue a pele com uma esponja ou uma escova de banho para melhorar a circulação.

métodos complementares de tratamento

fitoterapia

A fitoterapia é uma das mais antigas terapias complementares. De fato, mais de 30 por cento dos medicamentos prescritos derivam de remédios tradicionais originários de plantas, como a aspirina (do salgueiro e da rainha-dos-prados), a morfina (da papoula) e a digoxina (da *Digitalis lanata* ou dedaleira).

Enquanto remédios alopáticos contêm uma única substância ativa, que em geral é obtida sinteticamente, os suplementos fitoterápicos contêm uma combinação de elementos naturais que juntos resultam num equilíbrio sinergético. Por isso tendem a produzir um efeito mais suave, com menor risco de efeitos colaterais.

Na fitoterapia são usadas várias partes de diferentes plantas – raízes, flores, folhas, casca do tronco, frutos ou sementes –, dependendo de qual contém a maior concentração de ingredientes ativos. Em geral, colhe-se a parte relevante da planta e faz-se uma infusão (também conhecida por chá ou tisana). As plantas também podem ser secas e moídas, produzindo um pó. Com este pó faz-se uma infusão, uma solução alcoólica (também conhecida como tintura), ou comprimidos e cápsulas. A tecnologia moderna permite também a extração dos ingredientes ativos para a produção de remédios mais concentrados.

Ervas para o tratamento da hipertensão

Vários remédios fitoterápicos são eficazes no tratamento da hipertensão e os problemas dela decorrentes, como a aterosclerose. Ao consultar um fitoterapeuta, este pode prescrever uma das ervas descritas abaixo. Você também pode comprar e fazer seus próprios remédios. Caso sejam fornecidas informações de dosagem das seguintes ervas, é seguro utilizá-las sem supervisão. No entanto, por favor, leia o aviso no quadro da p. 33 antes de tomar qualquer remédio fitoterápico.

Alho (*Allium sativum*) O alho é um dos remédios fitoterápicos mais eficazes para os hipertensos. As pesquisas demonstram que ele pode reduzir o risco de doenças cardíacas e derrame em 50 por cento. Contém uma série de substâncias benéficas, inclusive a alicina (dialil tiosulfinato), o ajoene, o trisulfureto de metil-alilo. Além disso, diminui os níveis de colesterol e triglicérides (*veja p. 51*) no sangue em cerca de 12 por cento após quatro meses de uso. O alho também reduz a viscosidade do sangue, diminuindo a probabilidade de formação de coágulos (a hipertensão está associada ao aumento de risco de formação de coágulos e derrame).

Uma outra pesquisa mostra que o alho pode diminuir a pressão arterial, pois dilata as pequenas artérias e veias em 4 a 6 por cento e melhora a elasticidade das artérias principais. Essas alterações indicam que o coração precisa fazer menos esforço para bombear o sangue na circulação. O alho pode inclusive reverter a aterosclerose (*veja p. 15*), diminuindo os depósitos de gordura nas paredes arteriais. Num estudo que durou quatro anos, demonstrou-se que o volume dos depósitos de gordura nas artérias diminuiu em 15,6 por cento nas pessoas que ingeriram cápsulas de alho, enquanto as pessoas que tomaram um placebo inativo apresentaram um aumento de 2,6 por cento.

Combinados, todos esses efeitos tendem a diminuir a capacidade de resistência das artérias, fazendo a pressão arterial baixar. Uma dose diária de 600-900 mg de alho pode reduzir a pressão sanguínea sistólica em 8 por cento em média (até 17 por cento), e a pressão arterial diastólica em 12 por cento em média (até 16

Faça uma infusão de ervas
As infusões são feitas de maneira semelhante ao chá. Pegue um punhado de ervas frescas (hortelã ou melissa, por exemplo) e coloque num bule de vidro ou de cerâmica aquecido. Cubra com água fervente e deixe em infusão por 10 minutos, depois coe numa caneca e beba.

por cento) em dois ou três meses de tratamento. Inclua o máximo que puder de alho em sua dieta (adicionando-o próximo ao fim do cozimento para obter o máximo de benefício). Considere também a possibilidade de ingerir cápsulas de alho diariamente. *Dosagem*: escolha cápsulas padronizadas que forneçam 1.000-1.500 mcg de alicina por dia.

Espinheiro (*Crataegus oxycantha e Crataegus monogyna*) As flores e frutos do espinheiro podem diminuir a pressão arterial, relaxar os vasos sanguíneos do sistema periférico e melhorar o fluxo de sangue para o músculo cardíaco, dilatando as artérias coronárias. Também bloqueiam a ação da enzima conversora da angiotensina de maneira similar aos inibidores da ECA (*veja pp. 24-25*). Outros benefícios incluem uma leve ação diurética, que ajuda a diminuir a pressão arterial pela eliminação do excesso de líquidos e sódio da circulação. O espinheiro também tem um efeito calmante que auxilia no combate ao estresse. Aumenta a força e a eficiência do bombeamento do sangue nas pessoas que sofrem de insuficiência cardíaca (*veja p. 19*). Tome espinheiro apenas sob supervisão de um fitoterapeuta.

O consumo de chá de melissa ajuda a aliviar os efeitos do estresse, melhora a função cardíaca e diminui a pressão arterial.

Dente-de-leão (*Taraxacum officinalis*) O dente-de-leão é bom para a hipertensão associada à retenção de água. Tem ação diurética, auxiliando na eliminação do excesso de água e sódio do organismo pelos rins – mas apenas em pessoas com retenção de líquidos. Se o seu equilíbrio de fluidos for normal, o dente-de-leão não apresentará qualquer ação diurética. *Dosagem*: 500 mg de extrato duas vezes ao dia. Não tome dente-de-leão se tiver cálculos biliares ou icterícia obstrutiva.

Melissa (*Melissa officinalis*) As folhas da melissa são usadas para aliviar o estresse devido às suas propriedades calmantes. Conhecida como "erva do sábio", a melissa é recomendada para ser tomada antes de uma prova. Os fitoterapeutas a usam para melhorar a função cardíaca e diminuir a pressão arterial. Experimente tomar um chá de melissa, que tem efeito calmante. *Dosagem*: 650 mg três vezes ao dia.

> **Quando evitar o uso das ervas**
> Não tome fitoterápicos durante a gravidez e a amamentação, a menos que especificamente recomendados pelo fitoterapeuta ou pelo médico. Se estiver tomando qualquer medicação prescrita, consulte um fitoterapeuta qualificado ou um farmacêutico antes de tomar um remédio à base de plantas.

> **A valeriana pode ajudar a diminuir a pressão arterial nas horas de estresse. É uma das ervas mais calmantes que existem. Num teste, seus efeitos foram tão fortes quanto os de calmantes.**

Mirtilos (*Vaccinium myrtillus*) Os frutos do mirtilo contêm pigmentos antioxidantes roxos denominados antocianinas, que fortalecem os pequenos vasos sanguíneos, principalmente os dos olhos. Uma das complicações da hipertensão é a deterioração da visão, causada pela retinopatia (*veja p. 18*). Em alguns casos, a ingestão de extratos de mirtilo pode melhorar a acuidade visual em 80 por cento dentro de duas semanas. Outros vacínios também fornecem antocianinas similares às dos mirtilos, mas em concentrações menores (sua polpa é mais cor de creme do que roxa), mas mesmo assim vale a pena incluir essas frutas e seu suco na alimentação. *Dosagem*: 80-160 mg de extrato de mirtilo, três vezes ao dia.

Alcachofra (*Cynara scolymus*) A hipertensão é frequentemente acompanhada de altos níveis de colesterol ruim, que contribuem para o desenvolvimento de problemas cardiovasculares. Os extratos de alcachofra reduzem as taxas de colesterol, diminuindo sua síntese no fígado e aumentando a conversão do colesterol em ácidos biliares. *Dosagem*: 1-6 cápsulas de 320 mg por dia, durante as refeições.

Kudzu (*Pueraria lobata*) Também conhecido como araruta japonesa, o *kudzu* é uma rica fonte do hormônio isoflavona vegetal. Estudos sugerem que a ingestão diária do chá de raiz de *kudzu* pode ter impacto significativo na hipertensão. O *kudzu* também ajuda a reduzir o consumo de álcool. *Dosagem*: 150 mg três vezes ao dia.

Lícopo (*Lycopus europaeus*) O lícopo, ou menta de lobo, é usado no tratamento da insuficiência cardíaca (uma das complicações da hipertensão). As partes aéreas da planta aumentam o poder de contração do coração, dilatam os vasos sanguíneos, reduzem a frequência cardíaca e têm ação diurética. Tome o lícopo apenas sob supervisão do fitoterapeuta.

abordagem natural da saúde

Crisântemo (*Chrysanthemum morifolium*) As flores dessa espécie de crisântemo são usadas na medicina tradicional chinesa para melhorar a circulação nas artérias coronárias, aumentar o bombeamento de sangue do coração e reduzir e estabilizar a hipertensão. Tome o crisântemo apenas sob supervisão do fitoterapeuta.

Flores de tília (*Tilia europea*) São usadas medicinalmente para diminuir a pressão arterial e relaxar. Contêm flavonóides antioxidantes, além de um sedativo natural que alivia a tensão e melhora o sono. Faça uma infusão de flores de tília ao anoitecer, antes de dormir (crie a sua própria infusão ou compre um chá fitoterápico em saquinhos, que mistura as flores de tília com outras ervas benéficas).

Visco (*Viscum album*) É usado pelos fitoterapeutas para regular a pressão arterial tanto dos hipertensos como dos hipotensos. Muitas vezes é usado associado ao espinheiro (*veja p. 33*) no tratamento de hipertensão. Tome somente sob supervisão do fitoterapeuta.

Agripalma (*Leonurus cardiaca*) As folhas da agripalma podem fortalecer o músculo cardíaco, reduzir as palpitações, regular a pulsação acelerada e diminuir a hipertensão. Tome apenas sob supervisão do fitoterapeuta.

Valeriana (*Valeriana officinalis*) Esta planta contém sedativos naturais que fazem dela uma das ervas mais calmantes. Num estudo, seus efeitos sedativos foram quase tão potentes quanto os de tranquilizantes prescritos. É amplamente usada para aliviar a ansiedade, reduzir o estresse, induzir ao sono e diminuir a pressão arterial, principalmente quando a hipertensão está relacionada ao estresse excessivo. Experimente tomar chá contendo valeriana, pelos seus efeitos calmantes. *Dosagem*: 250-800 mg, duas a três vezes ao dia. Escolha produtos padronizados que contenham ao menos 0,8 por cento de ácido valérico.

"Padronização" dos produtos fitoterápicos

Durante a produção dos remédios fitoterápicos comerciais, separa-se uma pequena amostra de cada lote.

A quantidade de um ou dois componentes ativos da amostra é medida.

O lote é então diluído ou concentrado para que uma quantidade-padrão do ingrediente ativo esteja presente no produto final.

Ao escolhermos um produto fitoterápico "padronizado", temos a certeza de receber sempre uma dose eficaz. Há maior possibilidade de os remédios padronizados terem ensaios clínicos que sustentem o seu uso.

homeopatia

A homeopatia foi criada há mais de 200 anos pelo médico alemão Samuel Christian Hahnemann (1755-1843). Baseia-se na crença de que quantidades ínfimas de substâncias naturais podem estimular os poderes curativos do próprio corpo. O termo "homeopatia" literalmente quer dizer "doença similar". Selecionam-se substâncias naturais que, se usadas com todo o seu potencial, desencadeiam os mesmos sintomas que deveriam combater. Entretanto, em doses homeopáticas minúsculas, ocorre o efeito oposto, e há uma melhora nos sintomas. Este é o primeiro princípio da homeopatia: semelhante cura semelhante.

O segundo princípio mais importante da homeopatia é que menos cura mais. Isso descreve a observação de que o aumento da diluição de uma solução aumenta a sua potência. Desse modo, diluindo as substâncias nocivas muitos milhões de vezes, as propriedades curativas são intensificadas e elas perdem os efeitos colaterais indesejáveis.

Não se entende completamente como a homeopatia age, mas acredita-se que o contato com o remédio original polariza as moléculas de água, fazendo-as reterem uma assinatura eletromagnética exclusiva. Acredita-se que isso tenha uma ação dinâmica que incentiva o poder que o próprio corpo tem de se curar.

Tratamento homeopático

Os medicamentos homeopáticos são obtidos por meio de extratos de plantas, de animais ou de minerais picados ou moídos, que depois são macerados e misturados a uma solução alcoólica ou aquosa por duas a quatro semanas. O preparado é coado e colocado numa garrafa de vidro escuro: é a tintura-mãe, produto concentrado, a partir do qual serão feitas as diluições.

Os glóbulos homeopáticos são feitos com a adição de algumas gotas dessas soluções em pílulas de lactose (açúcar do leite). Os glóbulos de lactose são guardados em recipientes de vidro escuro, hermeticamente fechados e ao abrigo da luz.

- Coloque o remédio na boca com a tampa do vidro ou com uma colher (não manuseie).
- Chupe ou mastigue o comprimido – não engula inteiro.
- Não coma ou beba nada 30 minutos antes e depois da ingestão do remédio.
- Evite chá ou café forte, ou óleos essenciais fortes como o de alecrim e o de hortelã-pimenta, que podem diminuir o efeito dos remédios homeopáticos.
- Se inicialmente houver uma piora nos sintomas, não desista. É um sinal de que o remédio está fazendo efeito.
- Se não houver nenhuma melhora, relate ao homeopata – pode ser preciso usar um remédio diferente.

Qual a eficácia da homeopatia?

Os testes clínicos mostraram que a homeopatia é significativamente superior a um placebo inativo no tratamento de várias doenças crônicas, incluindo febre do feno, asma, enxaqueca, problemas cutâneos e artrite reumatóide. Algumas pesquisas mostraram que dois remédios homeopáticos, a *Baryta carbonicum* e o *Crataegus*, podem diminuir as pressões sistólica e diastólica em algumas pessoas, embora os resultados de outros estudos sejam menos convincentes. A homeopatia parece funcionar melhor para aqueles com início de hipertensão ou hipertensão limítrofe que ainda não estejam tomando medicação, ou que estejam tomando apenas um medicamento anti-hipertensivo.

Consulte um homeopata

Embora possamos comprar nossos próprios remédios homeopáticos sem receita, recomendo a consulta ao homeopata para um tratamento personalizado. Ele escolherá o tratamento considerando não apenas seus sintomas, mas também sua constituição, personalidade, estilo de vida, histórico familiar e preferências. Para mais informação sobre consultas a um homeopata, *veja p. 175*.

De modo geral, as pessoas que se tratam com homeopatia adquirem uma sensação geral de bem-estar que as faz enfrentar as adversidades de modo mais positivo.

Remédios homeopáticos para a hipertensão

medicamento	obtido de	tratamento de
Baryta carbonica	Cristais de carbonato de bário	Dores de cabeça; problemas cardiovasculares, inclusive hipertensão
Baryta muriatica	Cristais de cloreto de bário	Hipertensão com pressão sistólica alta e pressão diastólica baixa
Adrenalinum	Hormônio adrenalina (epinefrina)	Estresse crônico
Glonoinum	Nitroglicerina triidratada	Hipertensão associada ao rubor súbito ou aumento do fluxo sanguíneo na cabeça
ictiotoxina Serum anguillae	Soro de sangue de enguia	Hipertensão associada à retenção de líquidos e problemas renais
Thyroidinum	Glândula tireóide de carneiro/bezerro	Hipertensão associada ao sobrepeso
Nux vomica	Sementes de noz venenosa que contém estricnina	Hipertensão arterial intermitente; estresse associado aos excessos no trabalho e no estilo de vida (fumo, comida ou álcool)
Crataegus	Espinheiro	Hipertensão, pulso irregular ou insuficiência cardíaca (fortalece o coração e a circulação)
Passiflora incarnata	Flor de maracujá	Estresse (acalma e relaxa o sistema nervoso)
Acidum picricum	Ácido pícrico	Dores de cabeça; estresse associado ao excesso de trabalho; fadiga; retenção de líquidos
Acidum phosphoricum	Ácido fosfórico	Apatia; estresse associado ao desgosto; letargia
Ignatia amara	Favas-de-santo-inácio	Dor de cabeça; estresse associado a transtorno emocional
Arnica montana	Arnica das montanhas	Choque emocional; anormalidades na coagulação

reflexologia

Acredita-se que a reflexologia tenha se originado na Índia, na China e no Egito, há mais de 5.000 anos. Foi praticada pela primeira vez no Ocidente pelo Dr. William Fitzgerald em 1913 (ele chamava essa técnica de "terapia de zona"). Seu trabalho foi desenvolvido mais tarde, na década de 1930, por Eunice Ingham, criando o que conhecemos atualmente como reflexologia. Essa técnica relaxa o corpo, a mente e o espírito, melhora a circulação e normaliza as funções físicas. Tem como objetivo tratar dos sintomas e das causas das doenças.

De acordo com a teoria da reflexologia, pontos nos pés e nas mãos – conhecidos por reflexos – têm relação com os órgãos internos, suas estruturas e funções.

Esses reflexos estão representados como mapas nas superfícies dos pés e das mãos (embora a maioria dos reflexologistas trabalhe nos pés). O pé direito representa o lado direito do corpo, e o pé esquerdo, o lado esquerdo do corpo. Os reflexos estão presentes por todo o pé – nas solas, na parte superior, nos dedos e nos tornozelos.

Reflexos nas solas dos pés
Estes são diagramas simplificados de reflexologia que mostram alguns dos reflexos do pé correspondentes aos principais órgãos do corpo. Se for hipertenso, o reflexologista possivelmente irá trabalhar nos reflexos do coração, da tireoide, da coluna e dos rins. Também pode trabalhar nos reflexos do tórax, que ficam na parte superior dos pés.

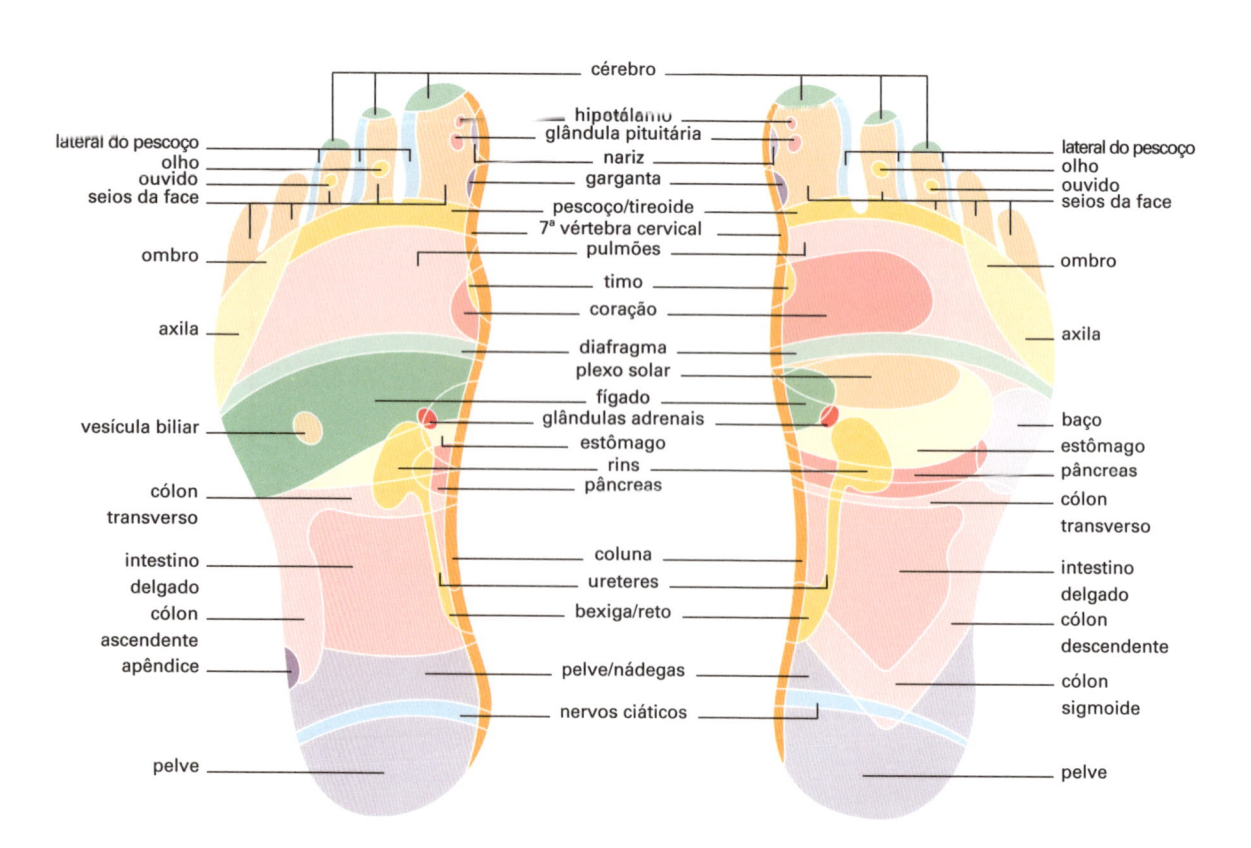

abordagem natural da saúde

Qual a eficácia da reflexologia?

Acredita-se que a reflexologia age melhor nos casos de desordem dos órgãos internos e problemas relacionados ao estresse, como dor de cabeça. Uma pesquisa feita pela Associação dos Reflexologistas do Reino Unido mostrou que o estresse e a hipertensão foram os distúrbios tratados pelos seus membros que obtiveram melhores resultados.

Consulta com um reflexologista

O terapeuta massageia os pés pressionando-os com o polegar e os dedos com firmeza. Também trata os problemas específicos fazendo pressão nos pontos reflexos adequados, estimulando as terminações nervosas que passam dos pés para o cérebro e depois para a parte correspondente do corpo.

Enquanto massageia os pés, o terapeuta pode encontrar pontos nos pés que estejam excepcionalmente sensíveis. Observando a qual órgão do corpo esses pontos correspondem, é possível diagnosticar problemas de saúde dos quais o paciente sequer suspeita. Um reflexologista pode tratar esses problemas trabalhando nesses pontos sensíveis.

Para tratar a hipertensão, o reflexologista normalmente se concentrará no reflexo do coração, que se estende da linha do diafragma (*veja o diagrama na p. ao lado*) em direção à base dos dedos dos dois pés. Diz-se que a massagem no reflexo do coração do pé esquerdo fortalece e regulariza o coração, enquanto o foco na linha do diafragma estimula uma respiração mais profunda, levando mais oxigênio para o organismo.

Na sola do pé, na base do hálux (dedão), encontra-se a área de reflexo das glândulas tireoide e paratireoide. O estímulo dessa área ajuda a regular as pulsações e o metabolismo de cálcio, que pode criar um efeito positivo da pressão arterial. Por fim, o reflexo da coluna, na borda interna de ambos os pés, é massageado para auxiliar o sistema nervoso. A massagem nas áreas dos rins (localizadas na parte superior dos arcos) ajuda a eliminar o excesso de líquidos do organismo.

Autorreflexologia

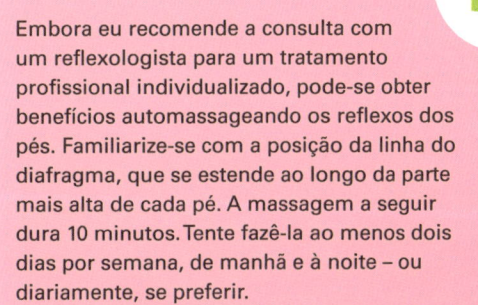

Embora eu recomende a consulta com um reflexologista para um tratamento profissional individualizado, pode-se obter benefícios automassageando os reflexos dos pés. Familiarize-se com a posição da linha do diafragma, que se estende ao longo da parte mais alta de cada pé. A massagem a seguir dura 10 minutos. Tente fazê-la ao menos dois dias por semana, de manhã e à noite – ou diariamente, se preferir.

1. Sente-se confortavelmente numa poltrona. Reserve alguns momentos para relaxar e se concentrar. Inspire profundamente e expire longa e suavemente. Coloque o pé esquerdo sobre a coxa direita.

2. Usando o polegar, massageie suavemente os reflexos do coração e dos pulmões, que ficam entre a linha do diafragma e a base dos dedos, por um minuto.

3. Massageie a área do coração, que fica entre a linha do diafragma e a base do dedão (essa área é maior no pé esquerdo do que no direito, pois o ventrículo esquerdo tem paredes mais espessas que o direito), por um minuto.

4. Agora massageie a área da linha do diafragma por um minuto.

5. Massageie a área do reflexo da coluna, que fica ao longo da lateral interna dos dois pés, da ponta do dedão até a lateral do calcanhar, por um minuto.

6. Por fim, massageie a parte interna do arco do pé, que contém reflexos relacionados ao rim esquerdo e à glândula adrenal. Massageie por um minuto.

7. Repita a massagem no outro pé.

acupuntura

A acupuntura faz parte da Medicina Chinesa Tradicional. Baseia-se na crença de que todos possuem uma energia vital vibrante, conhecida como "ki" ou "chi" (pronuncia-se tchi), que flui pelo corpo ao longo de canais específicos conhecidos por meridianos. Existem 12 meridianos principais, que correspondem aos órgãos do corpo. O ki penetra nos meridianos de fora do corpo, flui numa direção específica ao longo dos meridianos e nutre os órgãos internos no processo.

Enquanto a energia ki flui suavemente pelos meridianos, vivemos num estado de saúde e equilíbrio. Mas se o fluxo do ki for interrompido por fatores como estresse, nutrição deficiente e negligência espiritual, haverá um desequilíbrio no fluxo de energia, que resulta nos sintomas de uma saúde prejudicada. De acordo com a medicina chinesa tradicional, a hipertensão se origina do bloqueio de energia no meridiano do fígado.

A acupuntura foi criada para desbloquear a energia por meio de inserção de agulhas em pontos

Os meridianos

Existem 12 pares de meridianos no organismo. A acupuntura funciona estimulando ou bloqueando o fluxo da energia ki ao longo desses canais em lugares específicos conhecidos como pontos de acupuntura. Bloqueios no meridiano do fígado são associados à hipertensão.

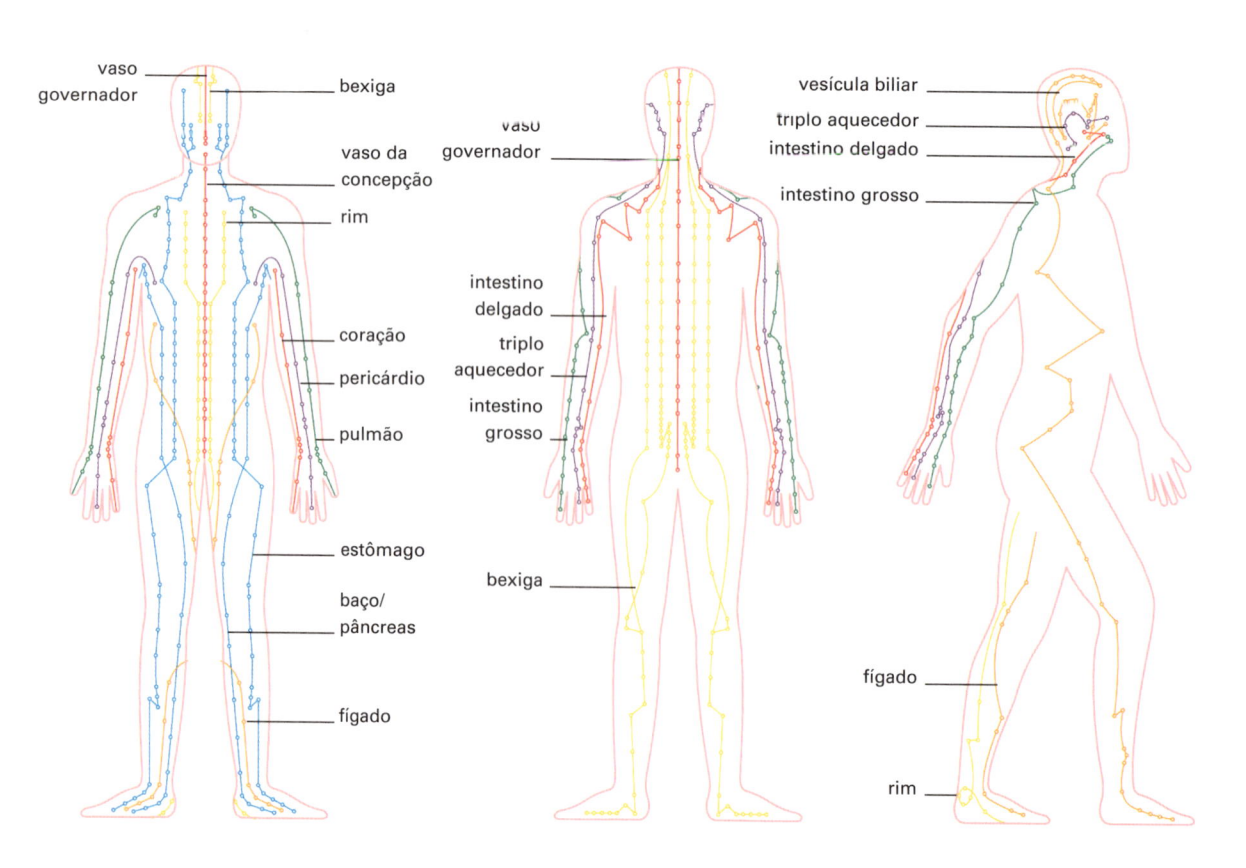

abordagem natural da saúde

específicos dos meridianos, conhecidos como pontos de acupuntura, onde o *ki* está concentrado e por onde o *ki* pode entrar ou sair do corpo.

Qual a eficácia da acupuntura?

As pesquisas demonstram que a acupuntura pode aliviar o estresse liberando substâncias químicas naturais similares à heroína no cérebro, e pode diminuir a pressão arterial atuando sobre a secreção de hormônios no organismo. Em um experimento publicado em 1997, 50 pessoas não tratadas de hipertensão primária fizeram acupuntura e, em 30 minutos, tiveram uma queda na pressão arterial média de 169/107 mmHg para 151/96 mmHg (com uma diminuição da frequência cardíaca de 77 para 72 batimentos por minuto). Os níveis de renina no sangue (*veja p. 13*), um hormônio relacionado à regulação da pressão arterial, também sofreram uma queda significativa.

Outros estudos demonstraram que a acupuntura pode melhorar a função do lado esquerdo do coração, além de ser eficaz em pessoas em quem os medicamentos anti-hipertensivos não surtiram efeito. Pesquisadores da Califórnia também provaram que a acupuntura pode aliviar o aumento da pressão arterial causado pelo estresse mental – naqueles que fizeram acupuntura, a pressão arterial teve um aumento de apenas 2,9 mmHg durante os períodos de estresse, em vez dos 5,4 mmHg daqueles que receberam uma simulação de acupuntura.

Consulta com um acupunturista

Durante a consulta inicial, o acupunturista fará perguntas detalhadas sobre sua saúde, estado emocional, saúde pregressa e histórico familiar. Também sentirá o fluxo do ki por meio dos meridianos medindo o pulso (existem 12 pulsos no punho, seis em cada punho, em vez do pulso único da medicina ocidental) e examinando a aparência geral, cor e textura da língua.

Durante a sessão, o terapeuta estimula (ou às vezes bloqueia) o fluxo do ki inserindo agulhas finas, esterilizadas e descartáveis milímetros abaixo da pele nos pontos de acupuntura escolhidos. Embora possa sentir uma leve sensação de picada ou formigamento enquanto a agulha é introduzida, não deverá sentir dor. As agulhas podem ser inseridas por alguns segundos, alguns minutos ou por até uma hora. Podem ser mexidas ou giradas para estimular o ki e liberar ou dispersar a energia de um ponto de acupuntura. Em alguns casos, a ação das agulhas é reforçada com eletricidade (eletroacupuntura) ou com a queima de ervas (moxabustão). No caso de um problema crônico como a hipertensão, você se beneficiará com uma ou duas sessões por semana durante dois meses pelo menos.

Acupressão

Você mesmo pode estimular os pontos de acupuntura usando a pressão do polegar ou do dedo. Isso é conhecido como acupressão e baseia-se nos mesmos princípios fundamentais da acupuntura. Muitas pessoas se sentem mais confortáveis com a acupressão do que com a inserção de agulhas. Deve-se evitá-la se a pressão arterial estiver em 200/100 mmHg ou mais alta. Entretanto, se a pressão arterial estiver abaixo disso, experimente estimular os pontos adequados – sugiro um no quadro abaixo e mais dois no programa de força total da página 160.

Autoacupressão

Existe um ponto de acupuntura na medicina chinesa, conhecido como LV3 (F3) ou *tai chong* (onda grande), que se localiza no meridiano do fígado. Estimular esse ponto ajuda a diminuir a pressão arterial pela liberação de energia bloqueada ao longo do meridiano do fígado. Para encontrar o LV3 (F3), posicione o indicador na ponta do pé, na porção da pele entre o dedão e o segundo dedo. Então deslize o dedo 2 cm ao longo da ponta do pé, até sentir uma depressão entre os dois ossos principais. Pressione esse ponto com o dedo indicador.

ioga

A ioga é uma prática ancestral indiana que usa a postura, o controle da respiração e a meditação para relaxar a mente e o corpo. Embora existam muitos tipos diferentes de ioga, todos têm como objetivo essencial a união entre o indivíduo e o divino.

De acordo com a teoria iogue, sua prática melhora a circulação da energia vital pelo corpo. Essa energia é conhecida como prana e flui ao longo de canais chamados nadis (da mesma maneira que o ki flui pelos meridianos, segundo a visão chinesa do organismo; veja p. 40). Quando o prana flui livremente, o corpo experimenta um estado de saúde e equilíbrio; quando o prana está bloqueado, o corpo adoece.

Uma das metas da ioga é fazer o prana fluir por um canal central, ou nadi, no corpo chamado de sushumna nadi. Esse canal começa na base do corpo (o períneo) e acaba no topo do crânio. Ao longo desse canal encontram-se os centros de energia conhecidos como chacras – enquanto a energia ascende através de cada chacra, experimenta-se um tipo diferente de consciência. Quando a energia alcança o chacra coronário (ou coroa), você atinge um nível mais alto de consciência, atingindo a espiritualidade – este é o objetivo fundamental de todos os tipos de ioga.

Segundo o enfoque ocidental, a ioga é uma técnica poderosa tanto para a redução do estresse quanto da pressão arterial. Um estudo na revista médica *The Lancet* de 1973 demonstrou que a ioga e a meditação combinadas ao *biofeedback* (veja p. 45) melhoraram a hipertensão até o ponto em que 25 por cento dos participantes não precisaram mais de medicação e 35 por cento tiveram as doses diminuídas. Dois anos depois, um outro artigo na mesma publicação mostrou que o uso da ioga, do relaxamento e do *biofeedback* por seis semanas poderia reduzir a pressão arterial de um grupo de pessoas com hipertensão de uma média de 168/100 mmHg para 141/84 mmHg.

Comece a praticar a ioga

O ensino de ioga é bem popular no Ocidente. As aulas são oferecidas na maioria das academias e centros de lazer, assim como em escolas de ioga e spas. Para maiores benefícios, a ioga deve ser praticada de três a quatro vezes por semana em sessões de 30 a 60 minutos. Entretanto, comece devagar, numa aula de iniciantes, e aumente gradualmente o tempo de exercício. Também é possível praticar ioga sozinho em casa. Incluo algumas posturas simples de ioga, que são benéficas para os hipertensos, na Parte Três.

Tipos de ioga

Se quiser ter aulas, há vários tipos de ioga entre as quais pode escolher – algumas são mais cansativas que as outras. Selecione um tipo adequado ao seu preparo físico.

Hataioga Concentra-se na execução das posturas clássicas de ioga e é a forma mais praticada no Ocidente. Numa aula típica serão ensinadas posturas que fluem confortavelmente de uma para outra de acordo com seu próprio ritmo. Existem aulas de diferentes níveis, do iniciante ao avançado.

Iyengar ioga É um tipo de hataioga. Usa as posturas clássicas de ioga com ênfase no alinhamento e na simetria dentro das posturas individuais. Numa aula de iyengar ensina-se a forma de usar apoios, como blocos, que auxiliam a executar as posturas corretamente. Este tipo de ioga é ideal para os iniciantes, especialmente se não tiverem um preparo físico muito bom. Recomendo-o a quem segue o programa moderado ou leve (veja *Parte Três*).

> **Posturas de ioga a evitar**
> Se a hipertensão não estiver totalmente controlada, evite as posturas invertidas, como a *shirshasana* (sobre a cabeça) ou *sarvangasana* (sobre os ombros). A inversão pode elevar temporariamente a pressão arterial.

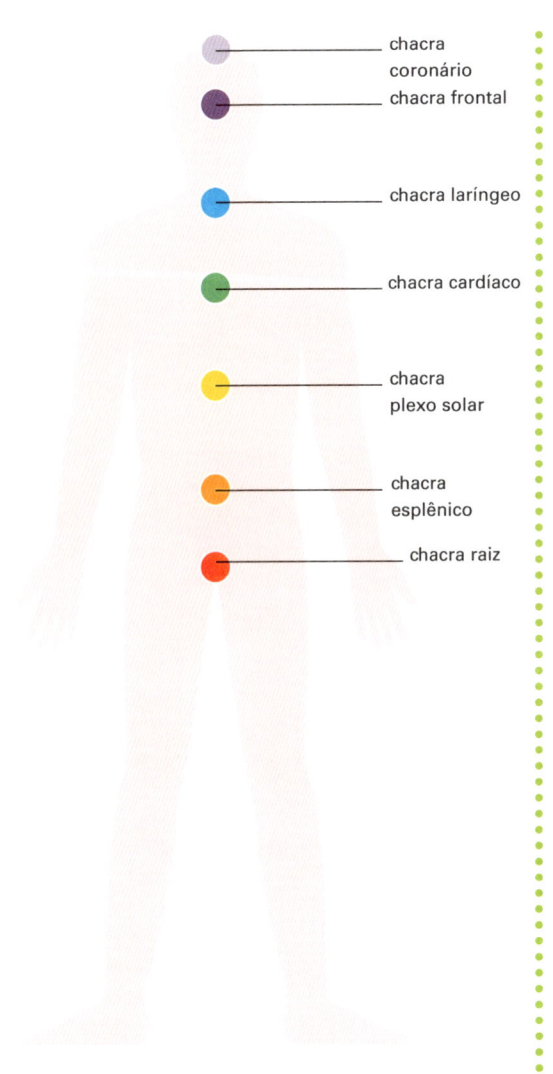

chacra coronário
chacra frontal
chacra laríngeo
chacra cardíaco
chacra plexo solar
chacra esplênico
chacra raiz

Os chacras

Os chacras são centros de energia situados ao longo da linha mediana do corpo, desde o períneo até o topo da cabeça. A prática da ioga faz a energia subir pelos chacras, proporcionando bem-estar físico, emocional e espiritual. Cada chacra está associado a benefícios particulares. Por exemplo, a meditação do chacra raiz, *muladhara*, alivia a tensão física e emocional.

Vini ioga Este é um tipo de ioga lenta e suave, que não força as articulações. Usam-se as posturas, a percepção da respiração, os movimentos, o relaxamento, a meditação e a projeção de imagens, dependendo das necessidades individuais. É ideal para quem não tem bom preparo físico, pessoas de meia-idade ou idosos, estressados ou para quem está se recuperando de alguma doença. Recomendo-a aos que seguem o programa suave.

Kripalu ioga Usa a meditação e as posturas de alinhamento produzindo uma série contínua de movimentos dinâmicos e espontâneos. É suave e relaxante, sendo ideal para os que seguem o programa suave ou moderado.

Kundalini ioga Usa os exercícios de postura e respiração junto com os mantras, a meditação, a visualização e o relaxamento induzido. É ideal para os que seguem o programa moderado.

Sivananda ioga Segue uma série de 12 posturas diferentes, técnicas de relaxamento, mantras e exercícios de respiração. É ideal para quem é flexível e já segue o programa moderado ou o de força total.

Ashtanga ioga Prioriza a aquisição de força, flexibilidade e resistência, sendo também conhecida como power ioga. Mesmo as aulas de iniciantes de ashtanga ioga são bem puxadas, portanto, esse tipo de ioga é ideal para quem tem bom preparo físico.

Bikram ioga Consiste numa sequência de posturas de ioga executadas numa sala aquecida à temperatura mínima de 38°C. É feita para suar profusamente e deve ser evitada pelos hipertensos.

métodos complementares de tratamento

chi kung

O chi kung, ou kigong, pronunciado "tchi kón", é frequentemente conhecido como a ioga chinesa. Vem sendo praticado na China há mais de 2 mil anos. O chi kung baseia-se no mesmo princípio que rege os outros métodos curativos chineses como a acupuntura: a força de energia vital conhecida como chi ou ki flui através de canais no corpo denominados meridianos. Quando o ki flui suavemente, vivemos em estado de saúde e equilíbrio, mas quando o ki é bloqueado, ficamos doentes. Os movimentos suaves característicos do chi kung foram elaborados para regular a circulação do ki nos meridianos. "Chi" é traduzido como "energia", e "kung" como "trabalho" ou "cultivo".

Pesquisas demonstram que o chi kung pode diminuir a pressão arterial (em média a 11/7 mmHg) e os níveis de colesterol, que o tornam no mínimo tão eficaz quanto o exercício comum. Para quem toma medicamentos anti-hipertensivos, a prática de chi kung demonstrou redução na dosagem necessária para a manutenção da pressão arterial, assim como redução na incidência de derrames.

Comece a praticar o chi kung

O chi kung é frequentemente ensinado nas aulas de tai chi (em geral, os movimentos de chi kung são usados no aquecimento, antes de praticar a sequência fluida dos movimentos de tai chi), mas também se pode aprender o chi kung separadamente com um instrutor particular. O programa moderado da Parte Três traz uma série de exercícios de chi kung fáceis de praticar em casa. Mesmo que não siga o programa moderado, tente fazer os exercícios de chi kung para experimentar.

Aspectos do chi kung

Existem vários estilos diferentes de chi kung. Alguns se concentram nas posturas estáticas em pé, outros nos movimentos suaves e fluidos que se assemelham aos do tai chi. Outros estilos ainda enfatizam a meditação. Mas todos os estilos de chi kung têm em comum a importância dada ao trabalho da respiração e ao foco mental ou visualização, considerados muito importantes na regulação do fluxo de ki.

Trabalho de respiração Ao praticar o chi kung, a respiração deve ser lenta e profunda, e penetrar até o tan tien (*veja quadro abaixo*). Permita que os movimentos se sincronizem com a respiração, e não o contrário.

Foco mental A visualização do fluxo do ki pelo corpo enquanto se pratica o chi kung pode trazer muitos benefícios. Com a prática, no chi kung, além de visualizar o ki, também conseguirá senti-lo fluir pelo corpo, o que pode se manifestar como uma sensação de formigamento ou de aquecimento.

O tan tien

O tan tien é muito importante no chi kung. É o lugar dentro do organismo onde o ki fica armazenado – alguns se referem a ele como a usina ou reservatório de energia - fica 3 cm abaixo do umbigo e a cerca de 1/3 do interior do corpo alinhado com o topo do crânio. Ao fim de qualquer prática de chi kung é importante dirigir o ki de volta ao tan tien – usando as mãos e visualizando o fluxo de ki voltando para essa área. Quando o tan tien está repleto de ki, ele o bombeia num circuito ao redor do corpo, nutrindo e proporcionando bem-estar. Se tiver aulas de chi kung, aprenderá a respirar profundamente pelo tan tien. Em vez de respirar usando o peito, será encorajado a respirar profundamente com o abdome, projetando a barriga para fora. Com o tempo, este deverá se tornar o método-padrão de respiração.

meditação

A meditação é uma prática que envolve a concentração da mente para atingir um estado de calma e consciência maior. Quem pratica meditação pode atingir um tipo de transe no qual o cérebro gera ondas especiais associadas à criatividade, a visões e ao relaxamento profundo. Você pode praticar apenas a meditação, mas em geral ela é praticada junto com a ioga no auxílio à redução da pressão arterial e no combate aos efeitos do estresse. Pelo menos 20 estudos mostraram que a meditação ajuda a diminuir a pressão nas pessoas com hipertensão leve ou moderada.

Comece a meditar
Pode-se aprender a meditar com um professor ou sozinho. Na Parte Três sugiro alguns exercícios simples de meditação adequados a qualquer pessoa. Seria ideal meditar por 15 a 30 minutos, no mínimo cinco dias por semana, e de preferência todos os dias.

Tipos de meditação
Existem muitas maneiras de meditar e várias tradições diferentes, tanto espirituais quanto seculares, que ensinam a meditar.

Meditação reflexiva Induz a concentrar-se na respiração para melhorar a percepção do momento presente. Também pode ser praticada no dia-a-dia focando as sensações, texturas, cores, aromas e sons à nossa volta.

Meditação em movimento Implica acalmar a mente por meio de movimentos como andar. O movimento ocupa o corpo e relaxa a mente.

Meditação transcendental (MT) Foi desenvolvida pelo iogue Maharishi Mahesh para atender as necessidades do estilo de vida moderno, corrido – a MT é praticada por 20 minutos, duas vezes ao dia. A MT usa a repetição silenciosa dos mantras sânscritos (palavras ou frases curtas) para ajudá-lo a atingir um estado calmo e alerta. Em 2005, um estudo demonstrou que aqueles que praticavam a MT tinham 23 por cento menos probabilidade de morrer por qualquer causa, e 30 por cento menos de morrer de ataque cardíaco ou derrame, dentro de um período de acompanhamento de oito anos, comparados a um grupo similar de pessoas que não a praticavam.

Meditação de resposta de relaxamento Criada por um pesquisador da Universidade de Harvard, Dr. Herbert Benson, que desejava tornar essa forma de meditação mais aceitável para os ocidentais, deriva da MT. Ele tomou os princípios da MT e os transportou para o contexto ocidental. Em lugar dos mantras sânscritos, escolheu palavras, como "relaxe" ou "paz", que estão enraizadas em nossa própria cultura.

Biofeedback e treinamento autogênico
Tanto o *biofeedback* quanto o treinamento autogênico são terapias que, como a meditação, ajudam a diminuir a pressão arterial usando o poder da mente. Durante o *biofeedback*, o terapeuta conecta o paciente a aparelhos que monitoram o organismo avaliando a produção de suor, a tensão muscular e a frequência cardíaca (que revela o nível de estresse ou de relaxamento das pessoas). A informação obtida por esses equipamentos é mostrada constantemente, para que a pessoa possa monitorar seu nível de estresse ou de relaxamento enquanto pratica técnicas de respiração e exercícios de relaxamento. Se um determinado exercício de relaxamento funcionar bem para o indivíduo, imediatamente haverá uma queda na tensão muscular e na frequência cardíaca. Essa resposta fornece uma maneira direta e poderosa de aprender a relaxar. A maioria das pessoas aprende a diminuir a pressão arterial depois de apenas quatro ou seis sessões de *biofeedback*.

O treinamento autogênico trabalha com um princípio similar ao do *biofeedback*, mas sem os instrumentos de monitoração. Veja p. 159 para o exemplo de um exercício de treinamento autogênico.

métodos complementares de tratamento

abordagem nutricional do tratamento

Uma dieta saudável pode proteger contra a hipertensão e outros problemas cardiovasculares, fornecendo vitaminas, minerais, antioxidantes e outras substâncias (como fitoquímicos) que têm um efeito benéfico sobre o funcionamento do organismo. É importante evitar o consumo excessivo dos tipos errados de alimento, pois podem provocar danos à saúde do sistema cardiovascular da seguinte maneira:

- Se tiver predisposição genética à hipertensão, o excesso de sal pode contribuir para o seu desenvolvimento.
- O consumo insuficiente de fibras aumenta a absorção do colesterol ingerido e pode elevar sua taxa no sangue, levando à aterosclerose.
- A ingestão de muitos alimentos com gordura hidrogenada e gordura trans (*veja p. 51*) aumenta o risco de aterosclerose.
- O consumo excessivo de carboidratos eleva os níveis de triglicérides e estimula a secreção de insulina, o principal hormônio retentor de gordura do organismo, levando ao aumento de peso e à obesidade – fator de risco para a aterosclerose.
- Uma alimentação com quantidade insuficiente de antioxidantes contribui para o desenvolvimento da aterosclerose.
- Quantidades insuficientes de ácido fólico e vitaminas B6 e B12 estão associadas a níveis elevados de homocisteína (*veja p. 21*), que, mais uma vez, promovem o desenvolvimento da aterosclerose.

Alimentação saudável

As regras para uma alimentação saudável, quando se tem hipertensão, são baseadas nos resultados de uma série de estudos chamada *Dietary approaches to stop hypertension* – DASH (Abordagens nutricionais para acabar com a hipertensão). A ênfase da dieta DASH está no consumo de frutas, legumes, grãos integrais, aves, peixes e laticínios magros. A dieta DASH recomenda cortar carne vermelha, gordura saturada, alimentos ricos em colesterol, sódio e açúcar. Ao seguir essa dieta, observará reduções expressivas na pressão arterial em apenas oito semanas. A dieta DASH não só diminui a pressão arterial, como também eleva a taxa do colesterol bom e diminui os níveis de triglicérides, ajudando a perder uma quantidade significativa de peso. Recomendo que você siga diariamente os princípios da dieta DASH, apresentados a seguir.

Consuma alimentos crus ou estimulantes

Se possível, consuma pelo menos metade dos alimentos crus. A industrialização e o cozimento destroem os antioxidantes, as vitaminas, os minerais, as enzimas e os outros fitoquímicos, reduzindo o valor nutricional

Uma boa alimentação protege contra a hipertensão e outros problemas cardiovasculares. Recomenda-se reduzir a ingestão de carne vermelha, gordura saturada e alimentos ricos em colesterol, sódio e açúcar.

dos alimentos. Coma frutas, legumes, saladas, nozes e sementes cruas não processadas. Alimentos estimulantes, como brotos e sementes (de alfafa, rabanete, feijão, brócolis, nabo, trevinho, trigo, lentilha, quinua, mostarda, agrião etc.) têm alto teor de enzimas e nutrientes, pois ainda estão em crescimento. Aprenda a cultivar seus próprios brotos de feijão e sementes na p. 111. Se você come peixe cru (sushi e sashimi) ou carne crua (*steak tartare* ou *carpaccio*), veja se estão bem frescos.

Coma muitas frutas e legumes Procure consumir no mínimo cinco, e de preferência oito a dez porções de frutas, legumes e saladas por dia. As frutas são excelentes fontes de potássio, antioxidantes, fibras e fitoquímicos, e têm efeito positivo na redução da pressão arterial. Maçãs, abacates, mirtilos, cerejas, figos, grapefruits, uvas, goiabas, kiwis, mangas e romãs (*veja pp. 56-59*) são especialmente recomendados para os hipertensos. Da mesma forma, certos legumes (brócolis, cogumelos e espinafre) e leguminosas (grão-de-bico e soja) trazem benefícios para o sistema circulatório. As folhas de salada vermelhas ou verde-escuras fornecem mais nutrientes.

Evite cozinhar demais os legumes Qualquer forma de cozimento destrói os antioxidantes, as vitaminas e os fitoquímicos. Ferver, cozinhar no micro-ondas e fritar reduzem o teor do carotenoide vitamina A do alimento em cerca de 40 por cento após uma hora, e em cerca de 70 por cento passadas duas horas (nos cozidos, por exemplo). Cerca de 20 por cento de ácido fólico dos legumes se perde quando cozidos em panela de pressão e até 50 por cento quando fervidos e preparados no micro-ondas. A vitamina B2 dos legumes é rapidamente perdida na água do cozimento (tornando a água amarelada), e quando os legumes do freezer são descongelados e preparados, 40 por cento da vitamina B6 se perde na água. A vitamina C é o nutriente mais volátil – até 50 por cento se perdem durante o cozimento dos legumes. Um leve cozimento

abordagem nutricional do tratamento

no vapor ou um refogado rápido são os melhores meios de conservar os nutrientes. Se precisar cozinhar os legumes, coloque-os em pouca água fervente, e cozinhe rapidamente. Cortá-los em pedaços grandes em vez de palitos finos à juliana também reduz a área de superfície pela qual os nutrientes se perdem. Recupere os nutrientes perdidos aproveitando a água do cozimento em caldos e molhos.

Consuma gorduras saudáveis Coma alimentos ricos em ácidos graxos ômega-3 (*veja p. 52*), como peixes gordos e certas nozes, castanhas e sementes. As nozes, castanhas e sementes são ricas em gorduras saudáveis e também contêm magnésio. Um punhado por dia pode reduzir o risco de ataque cardíaco ou derrame. Amêndoas, castanhas-do-pará, sementes de abóbora e nozes (*veja pp. 56-59*) e seus óleos são especialmente benéficos.

Prefira alimentos orgânicos Os alimentos orgânicos sempre são mais nutritivos – em parte porque contêm menos água, e em parte porque são cultivados em solos fertilizados com materiais naturais ricos em oligoelementos em vez de apenas o potássio, o nitrogênio e os fosfatos dos fertilizantes artificiais. Os alimentos orgânicos também favorecem o sabor em detrimento da uniformidade no tamanho, forma e cor.

Corte ou reduza muito o sal Este é um dos passos mais importantes para a saúde cardiovascular. Veja o meu conselho sobre a ingestão de sal na p. 53.

Selecione alimentos de baixo índice glicêmico
Esses alimentos causam um aumento lento e uniforme da taxa de glicose no sangue (ao contrário dos alimentos de alto índice glicêmico, que provocam um aumento súbito; (*veja pp. 54-55*). Exemplos de alimentos de baixo índice glicêmico incluem leguminosas, arroz e grãos integrais. Alimentos com alto índice glicêmico, que devem ser restringidos, incluem o açúcar, os produtos açucarados ou cremosos e os derivados de batata – estes elevam os níveis de triglicérides, desencadeiam a produção de insulina e podem levar ao aumento de peso e à intolerância à glicose – todos prejudiciais à saúde cardiovascular.

Escolha os superalimentos Além de frutas, legumes, nozes e sementes, alguns outros alimentos são benéficos para hipertensos, como chocolate amargo, alho, chá verde, peixes gordos e iogurte (*veja pp.56-59*).

Evite aditivos Sempre que possível, evite alimentos com muitos aditivos, como corantes artificiais, aromatizantes (principalmente o glutamato monossódico), adoçantes (como o aspartame) e conservantes.

Beba muito líquido Estabeleça a meta de beber 2 a 3 litros de líquido por dia. Concentre-se em tomar água, chá verde e chás de ervas e de frutas sem açúcar. Elimine as bebidas com cafeína, inclusive o café, e evite as bebidas gasosas (que não água), pois contêm quantidades excessivas de ácido fosfórico, glicose e/ou adoçantes artificiais, corantes e conservantes.

Tome os suplementos adequados Embora o alimento deva ser a fonte primária dos nutrientes da dieta, os suplementos nutricionais podem exercer um poderoso efeito protetor no sistema circulatório (*veja pp. 60-63*).

coma mais frutas e legumes

Frutas e legumes são fontes excelentes de vitaminas, sais minerais, antioxidantes, fibras e substâncias vegetais (fitonutrientes), sendo que todas exercem efeitos benéficos na circulação. Várias pesquisas demonstram que as pessoas que ingerem mais frutas e legumes apresentam pressão arterial mais baixa e menor risco de desenvolver hipertensão, doenças cardiovasculares e derrames.

Um estudo envolvendo 41.541 mulheres, inicialmente com a pressão arterial normal, mostrou que, após um período de acompanhamento de quatro anos, quanto mais frutas e legumes ela comiam, menores eram as pressões sistólica e diastólica, a despeito do peso e do consumo de álcool e de sódio. Maçã, laranja, ameixa, uva, cenoura, alfafa, cogumelo, espinafre cru, tofu e aipo foram os alimentos mais associados às reduções significativas na pressão arterial.

O poder dos antioxidantes

Durante seu funcionamento normal, o organismo produz substâncias conhecidas como radicais livres, que, em excesso, podem provocar danos às células de todo o organismo e levar ao endurecimento e espessamento das artérias (o excesso da produção de radicais livres pode ser resultado do estresse, de uma doença, da exposição à fumaça do cigarro e à poluição, entre outras coisas). Entretanto, os antioxidantes presentes em frutas e legumes podem neutralizar os radicais livres e prevenir os danos que, de outra forma, provocariam ao organismo. Uma dieta rica em antioxidantes é muito importante para a saúde do coração e dos vasos sanguíneos – vários estudos mostram que os hipertensos são mais propensos a apresentar baixos níveis de antioxidantes.

Os principais antioxidantes presentes nas frutas e nos legumes são as vitaminas C e E, o betacaroteno (que é convertido na antioxidante vitamina A no organismo) e o mineral selênio. Mas existem muitos outros antioxidantes igualmente importantes que se encontram nos vegetais. Os exemplos incluem:

- Polifenóis – encontrados em uvas roxas, mirtilos e cranberries.
- Proantocianinas – presentes em frutas vermelhas e uvas.
- Licopeno – encontrado nos tomates.
- Quercetina – presente nas maçãs, cebolas e frutas cítricas.
- Luteína – encontrada nas verduras de folhas escuras, como espinafre e couve.

Outros efeitos protetores

O alto consumo de frutas e legumes pode proteger o sistema cardiovascular, pois são uma fonte excelente do mineral potássio. Os rins precisam dele para eliminar o excesso de sódio do organismo, o que é importante, pois esse excesso está fortemente relacionado ao aumento da pressão arterial ligado à idade. As frutas e os legumes também fornecem uma vitamina do complexo B, o folato, que é a forma natural do ácido fólico sintético, sendo vital para regular os níveis de homocisteína no sangue; níveis altos dessa substância estão relacionados a doenças cardiovasculares (*veja p. 21*).

Além do mais, hormônios vegetais denominados fitoestrógenos têm uma ação leve, como a do estrogênio, nos receptores de hormônio da circulação: eles dilatam as artérias coronárias, melhoram a função cardíaca, reduzem os níveis do colesterol ruim (LDL) no sangue (*veja p. 51*) e reduzem a viscosidade do sangue. Também possuem propriedades antioxidantes

abordagem nutricional do tratamento

e anti-inflamatórias. As pesquisas mostram de forma consistente a associação entre as dietas ricas em fitoestrógenos e a redução do risco de doenças cardiovasculares.

O consumo adequado de frutas e legumes assegura o fornecimento de bastante fibra vegetal, auxiliando a reduzir a absorção dos carboidratos e das gorduras ingeridas, fazendo que a taxa de glicose e gorduras no sangue permaneça estável e reduzindo, assim, o risco de aterosclerose (veja p. 15) e de hipertensão. As fibras vegetais também favorecem o equilíbrio saudável das bactérias do trato intestinal, necessárias para converter os fitoestrógenos em substâncias mais poderosas.

Mais que cinco porções por dia

O conselho básico é consumir no mínimo cinco porções de frutas e legumes por dia, mas a ingestão de oito a dez porções por dia fornecerá mais vantagens. Quando possível, coma frutas e legumes crus (ou cozidos levemente no vapor). Em particular, os alimentos "vivos" (estimulantes), como os brotos de feijão, contêm alto teor de enzimas. Experimente as seguintes sugestões:

- Adicione frutas, como bananas ou uvas, ao cereal matinal, ou misture morangos ou frutas vermelhas no iogurte.
- Faça das saladas a base de seu almoço.
- Inclua vários tipos diferentes de legumes no jantar. Experimente legumes que nunca tenha provado antes, como a couve-chinesa.
- Quando possível, tente substituir a carne vermelha por legumes – vegetarianos e lactovegetarianos têm a pressão mais baixa do que a população em geral, a despeito de idade, sexo e peso.

- Belisque frutas e legumes (tomates, pepinos ou tiras de pimentão vermelho) quando sentir fome.

O que conta como uma porção?

Com o tempo, desenvolva o hábito de comer oito a dez porções de frutas e legumes por dia. Tente variar o máximo possível, em vez de comer, digamos, apenas bananas ou maçãs. As seguintes quantidades dão uma ideia de quantas frutas ou legumes constituem uma "porção". Entretanto, uma outra interpretação de porção é de que seja a quantidade que você fica feliz em comer naquele instante. Em geral, quanto maior a porção de frutas e legumes, melhor. As batatas não contam como porção de legumes, pois são basicamente amido; o mesmo ocorre com o inhame. Da mesma forma, não conte os legumes enlatados em salmoura, pois suas vantagens são neutralizadas pelo sódio. As leguminosas podem contar como uma porção de legumes, mas, se não forem brotos, contêm pouca vitamina C. Cada uma das seguintes medidas equivale a uma porção:

- Uma maçã, laranja, pêra, pêssego, nectarina, kiwi, banana, romã ou fruta de tamanho similar inteira.
- Duas tangerinas, ameixas, damascos, figos, tomates ou frutas de tamanho similar.
- Meio grapefruit, laranja-lima, goiaba, manga, melão ou abacate.
- Um punhado de uvas, cerejas, mirtilos, morangos, tâmaras ou outras frutas pequenas.
- Uma colher de sopa de frutas secas, como uvas-passas.
- Um punhado de legumes picados ou grãos, como cenouras, repolho, milho, brócolis, vagens, ervilhas, lentilhas ou grão-de-bico.
- Uma tigela pequena não muito cheia de salada mista.
- Uma tigela pequena de sopa de legumes.
- Uma taça (100 ml) de suco de frutas ou de legumes. No máximo uma por dia, pois o suco não contém uma quantidade significativa de fibras.

consuma gorduras saudáveis

A quantidade de gordura – e o tipo – que você ingere em sua dieta diária pode ter um grande impacto na saúde a longo prazo. Alguns tipos de gordura fazem os níveis do colesterol ruim no sangue se elevarem, e podem levar ao entupimento e ao estreitamento das artérias (ou causar maiores danos se tiver aterosclerose). Outros tipos de gordura podem realmente melhorar a saúde do sistema cardiovascular e reduzir o risco de uma futura doença arterial coronariana.

Gorduras prejudiciais

Quando a hipertensão é diagnosticada, faz-se um exame de sangue para a verificação de certos tipos de gordura presentes no sangue: triglicérides, colesterol LDL e HDL (*veja o quadro abaixo e a tabela na p. 52* para os níveis recomendados de cada um). Níveis não saudáveis dessas gorduras aumentam a hipertensão e o risco de desenvolvimento de problemas cardiovasculares. Embora o histórico familiar e outros fatores possam afetar a possibilidade de desenvolver níveis prejudiciais de gorduras no sangue, a alimentação representa uma parte importante (que pode ser controlada por você). Os seguintes tipos de gordura alimentar podem elevar o risco:

Gorduras saturadas São as que tendem a se solidificar em temperatura ambiente. São encontradas no queijo, na manteiga, na banha, nas carnes, nos ovos e no óleo de dendê, e estão presentes em muitos alimentos processados, como bolos, biscoitos, tortas e salgadinhos. Uma dieta rica em gordura saturada pode levar ao aumento de peso e, em alguns casos, está associada ao aumento do colesterol ruim.

Gorduras trans São formadas quando os óleos poli-insaturados são parcialmente solidificados para a produção de cremes vegetais ou margarina, num processo denominado hidrogenação. As gorduras trans têm uma estrutura molecular que acelera o endurecimento e o entupimento das artérias, elevando os níveis de colesterol ruim e diminuindo os níveis de colesterol bom no sangue. As gorduras trans estão associadas ao aumento do risco de hipertensão e de doença arterial coronariana. Alguns países introduziram diretrizes para a redução do consumo de gorduras trans para não mais que 2 por cento do consumo das calorias totais ingeridas.

Gorduras saudáveis

Substituir as gorduras saturadas e trans pelas gorduras saudáveis pode ter um impacto positivo nas taxas de gordura do sangue e reduzir a chance de ter problemas de saúde.

Gorduras poli-insaturadas São as gorduras líquidas em temperatura ambiente. Incluem os óleos vegetais como o óleo de milho e o óleo de girassol. Contêm ácidos graxos essenciais como ômega-3 e ômega-6, ambos importantes na prevenção e controle de várias doenças, da artrite a doenças cardíacas e câncer.

> **Colesterol bom versus colesterol ruim**
> O colesterol bom é conhecido como HDL (*high-density lipoprotein*/lipoproteína de alta densidade). É considerado bom porque transporta o excesso de colesterol ruim de volta ao fígado, para ser metabolizado. O colesterol ruim, conhecido como LDL (*low-density lipoprotein*/lipoproteína de baixa densidade), ao atingir certo nível no sangue, começa a se depositar nas paredes das artérias, bloqueando-as com o tempo. É importante estar atento à média das taxas de colesterol, pois com LDL alto e HDL baixo aumenta o risco de doença arterial coronariana. Isso pode ser alterado com uma alimentação saudável, evitando o consumo de álcool, deixando de fumar e fazendo exercícios.

abordagem nutricional do tratamento

Níveis saudáveis de gordura no sangue

tipo de gordura	nível recomendado
colesterol total	menos de 5 milimoles por litro
triglicérides	menos de 1,7 milimoles por litro
LDL	menos de 3 milimoles por litro
HDL	mais de 1,2 milimoles por litro

Algumas gorduras poli-insaturadas diminuem o nível de LDL no sangue. Porém, ácidos graxos ômega-6 em excesso na dieta podem causar o efeito oposto e acarretar danos ao organismo. Por isso, é aconselhável dar prioridade às gorduras monoinsaturadas e ao ômega-3 em vez das gorduras poli-insaturadas.

Ácidos graxos ômega-3 São encontrados nas gorduras poli-insaturadas, mas merecem menção especial, pois desempenham papel relevante na proteção do coração. O ômega-3 é encontrado em nozes e castanhas, na linhaça e em seu óleo, e nos peixes gordos como bacalhau, sardinha, atum, salmão e truta. Devido à importância do ômega-3 para a saúde cardiovascular, recomendo a todos os hipertensos que tomem um suplemento de óleo de peixe (veja meu conselho sobre os suplementos em cada um dos três programas na Parte Três).

Gorduras monoinsaturadas São líquidas em temperatura ambiente, mas podem se solidificar em temperaturas mais baixas (na geladeira, por exemplo). Incluem o azeite, o óleo de canola e o óleo de amendoim. As gorduras monoinsaturadas também são encontradas na azeitona, no abacate e em algumas nozes e castanhas (principalmente macadâmias) e sementes. Não apenas diminuem o nível de LDL, mas também mantêm ou até mesmo aumentam o nível de HDL no sangue.

As gorduras na alimentação diária

Se estiver acostumado a uma dieta rica em gorduras saturadas, os planos de alimentação que sugiro mais adiante (veja Parte Três) facilitarão o início de uma dieta com pouca gordura, com ênfase em gorduras monoinsaturadas como azeite, abacate, nozes, castanhas e sementes. Quando for às compras, habitue-se a ler o rótulo dos produtos e verifique o teor de gordura dos alimentos (faça o mesmo com o sal e o açúcar). Use os seguintes parâmetros para cada 100 g ou porção, se ela for menor que isto:

- 20 g ou mais de gordura total é muita gordura
- 3 g ou menos de gordura total é pouca gordura
- 5 g ou mais de gordura saturada é uma grande quantidade
- 1 g ou menos de gordura saturada é uma quantidade pequena.

Na alimentação diária, use azeite ou óleo de canola para cozinhar, escolha laticínios *light* em vez dos integrais, consuma carne esporadicamente, dando preferência a carnes magras, como frango. Coma peixes gordos, nozes e castanhas, sementes e abacate devido ao alto teor de gordura monoinsaturada.

Nozes e castanhas

Castanhas-do-pará, castanhas-de-caju, amendoim, amêndoas, macadâmias, avelãs, pistache, sementes de abóbora e de linhaça são boa fonte de gorduras monoinsaturadas, proteínas e antioxidantes – especialmente vitamina E. Existe creme de nozes e castanhas; prefira os produtos sem adição de sal, açúcar e conservantes (e de preferência orgânicos). Essas pastas com biscoito de aveia compõem um ótimo lanche. Podem acompanhar um jantar rápido composto de sopa ou salada completa.

corte o sal

Precisamos de sal (cloreto de sódio) para o funcionamento dos nervos e dos músculos e para manter o equilíbrio de água do organismo. O problema é que muitos exageram no consumo. Atualmente, o consumo médio de sal das pessoas que seguem uma dieta ocidental está entre 9 g e 12 g diários, porém evoluímos de uma dieta que fornecia menos de 1g de sal por dia. Um adulto de 70 kg pode manter um equilíbrio saudável de sódio com a ingestão de apenas 1,25 g de sal por dia – desde que não sue profusamente.

O alto consumo de sal é a principal causa do aumento da pressão arterial relacionado à idade, muito comum no Ocidente. Populações que consomem menos de 3 g por dia não apresentam esse aumento relacionado à idade.

Como o sal provoca danos

Uma alimentação rica em sal provoca retenção de líquidos, que, por sua vez, eleva a pressão arterial. E, nos indivíduos geneticamente propensos, o consumo excessivo de sal pode enrijecer e estreitar as artérias, e tornar o ventrículo esquerdo do coração mais espesso, fazendo o coração trabalhar com mais força para bombear o sangue. Essas alterações contribuem para agravar a hipertensão.

Os pesquisadores estimam que a redução de 3 g na ingestão de sal por dia pode diminuir a incidência de derrame em 13 por cento e a de doença arterial coronariana em 10 por cento. A redução de 6 g de sal por dia poderia dobrar esse ganho, e a redução de 9 g de sal por dia poderia potencialmente triplicá-lo.

Como reduzir

Para consumir menos sal, evite adicioná-lo ao alimento durante o preparo, e *nunca* coloque o saleiro na mesa de jantar. Pesquisadores descobriram que ao seguir esse conselho, a pressão arterial é reduzida em pelo menos 5 mmHg. Apenas este simples passo pode reduzir a incidência de doença arterial coronariana em 15 por cento, e a incidência de derrame em 26 por cento na população em geral.

Também evite alimentos obviamente salgados, como salgadinhos, bacon ou nozes e castanhas salgadas, peixe ou carnes conservadas no sal, e produtos enlatados em salmoura. Mesmo as pastas de carne, patês, caldos em cubos contêm muito sal, e é melhor evitá-los.

Acostume-se com menos sal As experiências mostram que quando se está acostumado com alimentos muito salgados, os receptores de sal na língua precisam de um mês, no mínimo, para se reajustarem e começarem a detectar concentrações mais baixas de sal. Ou seja, os alimentos podem parecer meio insossos durante esse período. Não ceda à tentação de adicionar sal – substitua por pimenta-do-reino moída na hora, alho, ervas e especiarias para incrementar o sabor. Logo começará a ficar mais sensível ao sabor natural do alimento. A adição de suco de limão à comida também pode ajudar a diminuir a concentração em que as papilas gustativas conseguem detectar o sal.

> **Confira o teor de sal na embalagem dos alimentos**
> Setenta e cinco por cento do sal está escondido nos alimentos processados ou prontos, portanto é importante ler o rótulo dos produtos. Uma refeição típica de micro-ondas contém cerca de 5 g de sal, e uma tigela de sopa enlatada contém 2 g. Tente reduzir o consumo para 3 g diários ou menos. Se a embalagem de um produto indicar o teor de sal como "sódio", simplesmente multiplique por 2,5 para obter o valor do conteúdo de sal (cloreto de sódio). Um produto que contenha 0,4 g de sódio na verdade tem 1 g de cloreto de sódio. Uma regra simples é que, para cada 100 g de alimento: 0,5 de sódio ou mais é muito sódio; 0,1 g de sódio ou menos é pouco sódio.

abordagem nutricional do tratamento

siga uma dieta de baixo IG

O efeito que os alimentos exercem sobre a taxa de glicose no sangue varia – alguns provocam uma elevação lenta, regular e contínua da glicose no sangue, enquanto outros causam picos súbitos seguidos de queda. Os alimentos da primeira categoria são classificados como de baixo índice glicêmico (IG), e acredita-se que uma dieta de baixo IG é boa para a saúde a longo prazo. Também recomendo uma dieta de baixo IG para quem deseja perder peso. Em contraste, se ingerir uma grande quantidade de alimentos de alto IG, que fazem a glicose no sangue subir rapidamente, a longo prazo isso pode causar danos aos vasos sanguíneos e favorecer o aparecimento da aterosclerose.

A forma pela qual um alimento afeta a taxa de glicose no sangue depende da quantidade e do tipo de carboidratos. Os carboidratos "complexos", como arroz integral, consistem em cadeias de açúcares que são quebradas relativamente devagar e que causam um aumento estável da glicose no sangue. Os carboidratos simples, encontrados nas tortas e confeitos, por exemplo, são absorvidos prontamente pela circulação e elevam rapidamente a glicose no sangue. Os carboidratos simples também são conhecidos como açúcares simples, e devem ser evitados ou consumidos com moderação.

O que é índice glicêmico?
Em 1981, cientistas da Universidade de Toronto desenvolveram o índice glicêmico (IG) como um modo de classificar os alimentos, para mostrar a velocidade com que eles elevam a taxa de glicose no sangue. Eles fixaram a glicose em 100 (a glicose é o tipo de açúcar mais simples, absorvido com maior rapidez). Então compararam como os outros alimentos afetavam a glicose no sangue e os classificaram de acordo. Por exemplo, deu-se o valor IG 50 a um alimento que elevou a taxa de glicose no sangue na metade da porcentagem da glicose. Aos alimentos contendo muitos açúcares simples foi dada a maior classificação de IG: 70 ou mais. Alimentos com baixo IG, menos de 55, contêm carboidratos que se quebram mais lentamente, e portanto têm reduzido efeito na taxa de glicose no sangue.

O que é carga glicêmica?
Embora a classificação de IG forneça uma orientação acerca dos efeitos dos diferentes alimentos sobre a glicose no sangue, os críticos apontam que o IG não é um sistema perfeito. Uma boa forma de demonstrar a falha do sistema de IG é ver o exemplo das cenouras. Com classificação média de IG 47, seria difícil provocarem um aumento tão perceptível da glicose no sangue, simplesmente porque as pessoas tendem a comê-las em pequena quantidade por vez. Seria preciso

a ingestão de dois maços de cenouras para produzir o aumento da glicose na abordagem de sangue que seria esperada de um IG 47. Devido às falhas no sistema de IG, os pesquisadores da Universidade de Harvard desenvolveram o conceito de carga glicêmica (CG), que leva em conta a quantidade de alimento ingerida numa porção típica. A carga glicêmica é calculada pela multiplicação do índice glicêmico de um alimento pela quantidade de carboidratos encontrados numa porção comum, e depois dividindo o resultado por 100.

Alimentos com CG de 20 ou mais são classificados como de CG alto, alimentos com valores de 11-19 têm CG médio, e alimentos com valor 10 ou menos têm CG baixo. Usando esse sistema, as cenouras recebem valor 3, que indica que têm pouco efeito na glicose do sangue e, dessa forma, podem ser consumidas em abundância. É possível encontrar vários livros que fornecem os valores de IG e CG. Também incluí alguns valores de alimentos comuns no quadro à direita.

Sua alimentação diária

Procure evitar alimentos com IG/CG alto e substitua-os pelos que tenham uma classificação de moderada a baixa. Também combine alimentos de IG/CG alto, como batatas assadas, com os que têm um IG/CG mais baixo, como feijão, peixe, verduras, carne ou nozes e castanhas. Isso ajuda a evitar os aumentos súbitos da taxa de glicose no sangue.

Em geral, tente reduzir a quantidade de açúcar ingerida na alimentação diária. Evite adicionar açúcar às bebidas como chá e café, e reduza a quantidade de açúcar que utiliza nas receitas feitas em casa. Esteja ciente da quantidade de açúcar dos produtos preparados; não apenas de refrigerantes, bolos e biscoitos, mas também dos cereais matinais e produtos enlatados, como feijão cozido. Habitue-se a verificar o teor de açúcar de todos os alimentos que comprar. Como orientação, ao ler o rótulo dos produtos, 2 g ou menos de açúcares para cada 100 g é pouco açúcar, e 10 g ou mais de açúcares é muito açúcar.

Valores glicêmicos de alguns alimentos comuns

alimentos	valor de índice glicêmico	valor de carga glicêmica
nabos redondos	97	12
batatas assadas	85	26
pão integral	71	9
abacaxi fresco	59	7
pão de centeio integral	58	8
mingau de aveia	58	13
damascos frescos	57	4.9
müsli	56	9
mel	55	10
arroz integral	55	18
kiwi	53	6
banana	52	12
suco de laranja sem açúcar	52	12
manga	51	8
batatas-bolinhas cozidas	50	14
pão de grãos	49	6
ervilhas	48	3
cenouras	47	3
uvas	46	8
batata-doce	44	11
laranjas	42	5
suco de maçã sem açúcar	40	11
maçãs	38	6
peras	38	4
espaguete de farinha integral	37	16
damascos secos	31	9

superalimentos para a hipertensão

Os seguintes alimentos são considerados "superalimentos" e recomendo que se inclua o máximo possível na alimentação diária. Todos contêm nutrientes ou fitoquímicos valiosos, que têm efeito positivo sobre a hipertensão ou melhoram a saúde do coração e dos vasos sanguíneos em geral. A inclusão do chocolate e do vinho pode surpreender, mas evidências sugerem que ambos exercem um efeito benéfico no sistema cardiovascular, desde que não se exagere no consumo e desde que o chocolate seja amargo e o vinho, tinto.

superalimento	benefícios cardiovasculares	como consumir
abacates Contêm gordura monoinsaturada, ácidos graxos essenciais e vitamina E. São uma rica fonte de potássio. Obs.: os abacates podem interagir com os inibidores da MAO (um tipo de medicamento antidepressivo) e elevar a pressão arterial.	O consumo diário por uma semana pode aumentar em 11 por cento o colesterol bom (HDL). O abacate também potencializa a absorção de fitonutrientes – se for consumido junto com espinafre, a absorção de antioxidantes carotenoides quadruplica.	Use uma faca para separar a polpa da casca facilmente. Borrife com óleo de nozes ou azeite e coma como entrada. Adicione polpa de abacate às saladas. Misture com frutas vermelhas para uma salada de frutas diferente. Amasse para fazer pastas ou simplesmente espalhe em bolachas de aveia.
alho Contém ingredientes ativos importantes, como a alicina.	A alicina diminui os níveis de colesterol e baixa a pressão arterial, tornando as artérias mais elásticas.	Coma dois a três dentes de alho por dia. Adicione aos pratos durante o cozimento. Experimente a receita de frango ao alho da p. 103.
amêndoas Contêm vitamina E e antioxidantes.	Um punhado de amêndoas por dia pode baixar o LDL de 4 a 5 por cento e elevar o HDL em 6 por cento. O óleo de amêndoas apresenta benefícios similares. O consumo frequente de amêndoas pode diminuir de 30 a 50 por cento o risco de doença arterial coronariana.	Coma um punhado por dia como petisco (cerca de 23 amêndoas). Ou moa e adicione aos sucos e vitaminas, ou salpique sobre os cereais e sobremesas. Use óleo de amêndoas para temperar as saladas.
aveia Rica fonte de fibras solúveis, betaglucano e vitaminas B.	Uma tigela de mingau de aveia por dia pode reduzir em 8 a 23 por cento o LDL e diminuir a pressão arterial em 7,5/5,5 mmHg após seis semanas.	Coma mingau no café-da-manhã; acrescente flocos de aveia ao iogurte; faça müsli caseiro sem açúcar; coma bolachas de aveia no lanche.
azeite Rica fonte de gorduras monoinsaturadas, como o óleo oleico. O azeite extravirgem, obtido da primeira prensagem das azeitonas, tem maior teor de antioxidantes.	Uma alimentação rica em azeite reduz em 25 por cento o risco de doença arterial coronariana e em 56 por cento o risco de um segundo ataque cardíaco.	Use azeite para cozinhar. Prefira o azeite extravirgem nos molhos de salada e para borrifar na comida e comer com pão.

superalimento	benefícios cardiovasculares	como consumir
brócolis Rica fonte de ácido fólico, fitoestrógenos, vitamina C, cálcio e magnésio.	O alto teor de antioxidantes ajuda a diminuir a pressão arterial.	Coma cru, em saladas, ou levemente cozido no vapor ou refogado.
castanhas-do-pará A mais rica fonte alimentícia do antioxidante selênio – uma única castanha contém cerca de 50 mcg. Também é uma boa fonte de magnésio.	O consumo frequente de castanhas pode diminuir de 30 a 50 por cento o risco de doença arterial coronariana.	Coma como petisco, ou pique e adicione ao cereal, iogurtes e saladas. Compre pouco e com frequência para que estejam sempre frescas. O creme de castanhas-do-pará é uma pasta deliciosa.
cerejas (escuras) Fornecem os antioxidantes antocianinas. São uma boa fonte de vitamina C, além de oferecer quantidades benéficas de potássio.	Acredita-se que as cerejas apresentam os mesmos benefícios saudáveis dos mirtilos.	Consuma como petisco, ou adicione à salada de frutas e outras sobremesas. Use a polpa ao fazer suco de frutas variadas e vitaminas.
chá verde ou chá branco Contêm antioxidantes flavonoides poderosos, como as catequinas.	Reduz o LDL, a pressão arterial e a viscosidade do sangue. Diminui o risco de ataque cardíaco e derrame.	Beba ao longo do dia. Use a sobra do chá frio para hidratar frutas secas, como base para molhos, sopas ou cozidos, ou para fazer sorvete.
chocolate amargo Uma fonte rica de flavonoides, o chocolate amargo tem cinco vezes mais atividade antioxidante do que os mirtilos.	Pesquisas mostram que homens mais velhos que ingeriam mais cacau tinham pressão arterial 3,7/2,1 mmHg mais baixa do que os que ingeriam menos cacau. Também apresentavam a metade do risco de morte por doença cardiovascular (ou por qualquer outro motivo) durante um período de acompanhamento de 15 anos.	Coma 40-50 g de chocolate amargo (no mínimo 70 por cento de cacau) diariamente. Se estiver tentando perder peso, lembre-se de contar as calorias do chocolate como parte do consumo diário. O consumo de bebidas de cacau não adoçado também apresenta vantagens.
coco Rico em ácidos graxos de cadeia média – que ajudam na absorção de cálcio e potássio, e são usados pelo fígado como combustível. Por serem convertidos em gordura, elevam os níveis de energia e ajudam na perda de peso.	Provou-se que beber água de coco reduz em 71 por cento a pressão sistólica e em 29 por cento a pressão diastólica.	Escolha a gordura de coco virgem (não as versões sem cheiro, hidrogenadas) para maiores benefícios à saúde. Use em lugar da margarina, da manteiga e de outros óleos ao cozinhar e assar. Alguns especialistas sugerem um consumo de 50 g diários.
cogumelos Boa fonte de potássio e selênio, contêm um tipo de fibra (quitina), além de betaglutamina, que melhora a imunidade em geral.	A quitina pode reduzir o LDL. Alguns cogumelos comestíveis, como o *Tricholoma giganteum* (espécie comum no Japão e na Austrália), o cogumelo reishi e o maitake, podem diminuir a pressão arterial bloqueando a enzima conversora de angiotensina (*veja p. 13*).	Adicione fatias cruas às saladas; salteie com alho no azeite; escalde no caldo de carne; ou asse no forno, recheados com abóbora e salsinha. Tome reishi e maitake como suplementos.

abordagem nutricional do tratamento

superalimento	benefícios cardiovasculares	como consumir
espinafre Um dos alimentos mais ricos em antioxidantes carotenoides luteína e zeaxantina.	Foram isoladas no espinafre substâncias que inibem a enzima conversora de angiotensina (ECA; *veja p. 24*).	Coma cru ou ligeiramente cozido no vapor (escaldado). Use como acompanhamento em qualquer refeição. As folhas tenras ficam bem em saladas. Tente comer uma porção de legumes de folhas verde-escuras todos os dias.
figos Ricos em antioxidantes polifenóis, cálcio, potássio e fibras. Os figos secos contêm mais cálcio do que o leite.	Os antioxidantes previnem a oxidação do LDL. Os efeitos benéficos persistem por quatro horas após o consumo.	Coma frescos ou secos como um petisco energético.
goiaba Excelente fonte de antioxidantes carotenoides, vitamina C, potássio e fibras solúveis. A goiaba vermelha tem um teor excepcional de antioxidantes.	Provou-se que o consumo de várias frutas por dia durante três meses reduz em 10 por cento o LDL, os triglicérides em 8 por cento e a pressão arterial em 9/8 mmHg; e aumenta em 8 por cento o HDL.	Consuma no café-da-manhã e adicione às saladas de frutas. Beba suco fresco de goiaba ou adicione às vitaminas.
grão-de-bico Uma grande fonte de antioxidantes isoflavonas.	O consumo regular pode reduzir em 4 por cento o colesterol total e o LDL.	Adicione às sopas, cozidos e saladas. Faça homus (*veja p. 141*).
grapefruit Rico em vitamina C e antioxidantes (em especial o grapefruit rosado). Veja a observação na p. 83.	Um grapefruit por dia (tanto a polpa como o suco) reduz significativamente o LDL.	Consuma como entrada; adicione às saladas de fruta; beba o suco feito na hora.
iogurte O iogurte bio fornece bactérias probióticas, cálcio, magnésio e potássio.	As bactérias probióticas podem reduzir a hipertensão bloqueando a enzima conversora de angiotensina (ECA).	Adicione aos cereais e às sobremesas; misture às sopas; use nos molhos e vitaminas. Coma um pote por dia.
kiwi Rico em vitaminas C e E, antioxidantes polifenóis e potássio.	Estudos mostraram que o consumo de dois a três kiwis por dia por 28 dias reduz em 18 por cento o potencial de coagulação anormal do sangue, e diminui em 15 por cento os triglicérides.	Coma o kiwi fresco. Adicione às saladas de frutas e de legumes. Acrescente a sucos e vitaminas.
maçãs Um dos alimentos mais ricos em flavonóides antioxidantes, como a quercetina. Apesar de conter alto teor de frutose, têm IG baixo, que ajuda a estabilizar as taxas de glicose no sangue.	Consumir uma maçã por dia pode reduzir o risco de morte em um terço, por qualquer motivo e em qualquer idade (mas principalmente por doença arterial coronariana e derrame), comparado àqueles que comem menos maçãs.	Belisque maçãs, maçãs secas ou "chips" de maçãs. Rale a polpa da maçã e adicione às saladas e à salada de repolho (misture com suco de limão para evitar que escureçam). Use maçã no müsli caseiro (*veja p. 100*).
manga Rica fonte de antioxidantes carotenoides e vitaminas C e E. É também uma boa fonte de potássio.	Reduz a contração das células musculares lisas da parede arterial, e pode, portanto, reduzir o aumento da pressão arterial associado ao estresse.	Coma fresca em saladas de frutas ou pura. A manga seca é um petisco doce delicioso e saudável.

superalimento	benefícios cardiovasculares	como consumir
mirtilos Ricos em antioxidantes conhecidos como antocianinas e pró-antocianinas.	O consumo diário de 250 g diminuiu significativamente o LDL e a pressão arterial (inibindo a produção da enzima conversora de angiotensina; *veja p. 13*).	Adicione um punhado das frutinhas ao iogurte, ao müsli, ao queijo branco, às saladas de fruta ou a qualquer outra sobremesa. Faça seu próprio suco ou vitamina de mirtilos frescos.
nozes Ricas em ácidos graxos ômega-6 e ômega-3.	O consumo regular diminui o LDL o suficiente para reduzir o risco de doença arterial coronariana em 30-50 por cento e aumentar a expectativa de vida em 5-10 anos.	Adicione aos cereais matinais, iogurte e saladas. Coma como petisco. Use óleo de nozes ao temperar a salada.
peixes gordos Rica fonte de ácidos graxos ômega-3 (EPA e DHA), além de vitaminas A, D e E.	O consumo de peixe uma vez por semana pode reduzir o risco de ataque cardíaco e derrame.	Consuma peixe bem fresco: cru, grelhado ou assado.
romã Um dos alimentos mais ricos em polifenóis, antocianinas e tanino, é também uma boa fonte de vitaminas C e E, carotenoides e ferro.	Um copo de suco de romã por dia diminui o LDL e pode reverter o endurecimento das artérias. Nos hipertensos, 50 ml de suco de romã, duas vezes ao dia, pode reduzir a pressão sistólica em 5 por cento.	Escolha bebidas de suco de romãs frescas, ou prepare-as em casa. Adicione as sementes de romã às saladas ou coma como petisco.
sementes de abóbora (sem sal) Ricas em vitamina E, zinco e uma substância chamada betassitosterol.	O betassitosterol baixa o colesterol. As sementes de abóbora podem melhorar a atividade de dois grupos de medicamentos anti-hipertensivos: os bloqueadores de canais de cálcio e os inibidores da ECA, produzindo efeitos terapêuticos benéficos e reduzindo a progressão da hipertensão.	Coma um punhado como petisco ou salpique nas saladas e nos cereais. Triture e adicione aos sucos e vitaminas.
soja Rica fonte de fitoestrógenos (isoflavonas).	Evidências mostram que o consumo diário de 40 g de proteína de soja pode reduzir a pressão arterial em 7,88/5,27 mmHG em 12 semanas em hipertensos, e em 2,34/1,28 mmHg nos não hipertensos.	Use a soja em sopas, cozidos e refogados; coma produtos ricos em proteína de soja, como tofu e refeições vegetarianas (mas antes verifique o teor de sal). Adicione a proteína de soja em pó às vitaminas.
uvas (roxas ou pretas) Contêm antioxidantes antocianinas e fitoquímicos como o resveratrol, além de potássio e magnésio.	O resveratrol ajuda a diminuir a pressão e previne o endurecimento e espessamento das artérias.	Coma um punhado de uvas por dia ou beba um copo de suco de uvas roxas. Uma taça de vinho tinto por dia também oferece benefícios saudáveis.
vinho (tinto) Rico em pigmentos antioxidantes.	Previne a formação de coágulos e a aterosclerose; aumenta os níveis de HDL.	Beba uma taça (150 ml) por dia.

abordagem nutricional do tratamento

suplementos para a hipertensão

Os seguintes gráficos resumem o que acredito serem os melhores suplementos para hipertensos. Explico a função de cada suplemento, junto com os resultados das pesquisas que atestam sua eficácia. Também sugiro doses diárias. Esses suplementos serão encontrados nos programas leve, moderado e de força total na Parte Três – lá eu recomendo doses diferentes para cada programa.

Muitos suplementos – como os superalimentos das páginas anteriores – são benéficos devido à ação antioxidante no organismo. Os antioxidantes preservam a saúde do sistema cardiovascular e previnem o envelhecimento precoce.

Embora a dieta saudável deva ser sempre o meio principal de obter os nutrientes, o alimento em si frequentemente não supre as quantidades de antioxidantes, vitaminas e minerais necessários para a máxima proteção. Muitos alimentos ingeridos numa dieta ocidental contemporânea são refinados e processados, ou seja, perderam muitas das vitaminas e minerais que continham.

Os suplementos são facilmente encontrados nas drogarias, supermercados e lojas de produtos naturais. É melhor tomá-los logo após a refeição. Se estiver sem comer por mais de 20 minutos, não tome o suplemento; belisque alguma coisa, ou beba um pouco de suco antes. Se ingeridos com o estômago vazio, alguns suplementos podem provocar enjôo ou indigestão. Não é recomendável tomar suplementos com café ou chá, pois podem interferir na absorção. Para dicas de como lembrar dos suplementos, veja p. 82.

Se estiver tomando duas ou mais cápsulas diárias da mesma fórmula, procure distribuí-las ao longo do dia, para maximizar a absorção e obter níveis estáveis do suplemento no sangue.

Não tome suplementos durante a gravidez ou a amamentação, exceto sob a supervisão de um fitoterapeuta ou nutricionista. Se estiver tomando qualquer medicamento prescrito, verifique com o farmacêutico se há alguma interação em potencial entre o suplemento e a medicação.

suplemento	conclusão das pesquisas	dose e observações
vitamina C Um importante nutriente antioxidante, que combate o dano causado pelos radicais livres. O consumo adequado de vitamina C também controla o nível do hormônio do estresse cortisol na corrente sanguínea.	Os níveis de vitamina C no sangue estão fortemente associados à pressão sistólica. As pessoas com níveis baixos de vitamina C têm pressão mais alta. Sabe-se que a adição de 2 g diários de vitamina C a um regime de medicamento anti-hipertensivo pode diminuir a pressão sistólica em 13 mmHG após um mês (comparativamente a pessoas que tomaram um placebo inativo). O mecanismo pelo qual a vitamina C diminui a pressão arterial ainda não é compreendido.	*500-2.000 mg diários* Altas doses de vitamina C podem causar indigestão. Isso pode ser evitado ao escolher um suplemento com a descrição "Ester C". O uso de suplementos de vitamina C pode alterar os resultados laboratoriais durante alguns exames de urina ou de fezes, portanto relate ao médico que está tomando vitamina C.

abordagem natural da saúde

suplemento	conclusão das pesquisas	dose e observações
vitamina E Importante antioxidante que protege as gorduras do organismo de sofrer oxidação prejudicial.	De 2 mil pessoas que já tinham tido um ataque cardíaco, aquelas que receberam suplementos de vitamina E por 18 meses tiveram uma redução de 77 por cento no risco de sofrer um segundo ataque – na verdade, caiu a um nível que não era maior que o das pessoas sem doença arterial coronariana. O consumo diário de 67 mg de vitamina E por no mínimo dois anos reduz o risco de doença arterial coronariana em 40 por cento. Os centenários têm níveis de vitamina E no sangue excepcionalmente altos, que podem contribuir para a sua longevidade.	***100-600 mg diários*** A vitamina E é temporariamente convertida num radical livre devido à sua ação antioxidante. Por isso, é importante ingeri-la com outros antioxidantes, como a vitamina C, para que seja convertida de novo à sua forma antioxidante.
carotenoides São os pigmentos em tons de amarelo, laranja e vermelho das plantas. Exemplos de carotenoides incluem o betacaroteno das cenouras, o licopeno dos tomates e a luteína do espinafre e da couve. Os carotenoides têm ação antioxidante no organismo.	Um estudo internacional amplo abrangendo dez países europeus encontrou uma associação significativa entre os baixos níveis de licopeno e um aumento no risco de ataque cardíaco. Extratos de tomate ricos em licopeno podem reduzir a pressão arterial em 10/4 mmHg em 8 semanas.	Carotenoides mistos: ***15 mg diários*** Carotenoides ricos em licopeno: ***15 mg diários*** A ingestão excessiva de carotenoides pode deixar a pele amarelada, o que se resolve com a diminuição da dosagem.
selênio Um mineral essencial para a ação de cinco principais enzimas antioxidantes do organismo (conhecidas como glutationa peroxidases).	O selênio previne a formação de coágulos no sangue, protegendo contra a doença arterial coronariana e o derrame. Os níveis de selênio são 27 por cento mais baixos nos hipertensos, e 30 por cento mais baixos naqueles com doença arterial coronariana comparados aos indivíduos saudáveis. Um estudo de 5 anos, com 1.110 homens finlandeses (de 55-74 anos) mostrou que o baixo nível de selênio quase quadruplicava o risco de derrame fatal.	***50-200 mcg diários*** Evite tomar além da dose recomendada de selênio. O excesso é tóxico.
ácido alfalipoico Também conhecido como ácido tiótico, é um antioxidante potente envolvido na produção de energia das células. Regenera outros antioxidantes importantes, como as vitaminas C e E.	O ácido alfalipoico ajuda a diminuir a pressão arterial, reduzindo o efeito do excesso de sódio no organismo (*veja p. 53*). Vários estudos sugerem que ele pode reduzir o estresse oxidativo e a perda de proteína na urina (que pode ser um sinal de que a função renal foi prejudicada pela hipertensão). Dessa forma, pode proteger os rins dos hipertensos.	***100-600 mg diários*** O ácido alfalipoico é frequentemente combinado com a L-carnitina (*veja p. 62*) numa proporção de 1:1. Se tiver diabetes, monitore sua taxa de glicose no sangue ao tomar o ácido alfalipoico, pois ele estimula a captação de glicose nas células musculares, reduzindo a taxa de glicose no sangue.

abordagem nutricional do tratamento

suplemento	conclusão das pesquisas	dose e observações
L-carnitina Aminoácido necessário para regular o metabolismo lipídico na função muscular, como no músculo cardíaco. Os hipertensos têm níveis reduzidos da L-carnitina.	Ajuda a minimizar o dano cardíaco naqueles com risco de ataque cardíaco. Quase um quarto dos homens que tomaram L-carnitina por quatro semanas se livrou da angina produzida por esforço físico. Também pode reduzir a dor ao caminhar naqueles com endurecimento das artérias periféricas.	*100-600 mg diários* A L-carnitina é frequentemente associada ao ácido alfalipoico (*veja p. 61*) na proporção de 1:1. Doses de até 2 mg diários são bem toleradas.
coenzima Q10 Melhora a absorção do oxigênio e a produção de energia nas células. Age junto com a vitamina E. A coenzima Q10 é essencial se estiver tomando estatinas (*veja p. 25*), pois estas impedem a produção da coenzima Q10.	A ingestão de 100 mg diários pode diminuir a pressão arterial em média para 10,6/7,7 mmHg. Um estudo mostrou que metade dos hipertensos que ingeriram 225 mg de coenzima Q10 diariamente conseguiu a redução de no mínimo um (até três) medicamento anti-hipertensivo após quatro meses e meio.	*10-120 mg (ou mais) diários* Em alguns testes, as pessoas ingeriram 600 mg diários da coenzima Q10 sem efeitos adversos. O ácido alfalipoico, a L-carnitina e a coenzima Q10 agem em sinergia e são frequentemente administrados em conjunto.
extrato de mirtilos Rica fonte de antocianinas – o pigmento que dá a cor azul ao mirtilo. Também é rico em flavonoides glicosídeos; ambos têm ação antioxidante e anti-inflamatória.	Fortalece e estabiliza os vasos sanguíneos; reduz a permeabilidade da barreira hematoencefálica nos hipertensos; inibe a coagulação indesejada e reduz o risco de derrame. É especialmente importante para pessoas com problemas nos olhos devido à hipertensão.	*50-500 mg diários* Escolha um produto padronizado (*veja p. 35*) com 25 por cento de antocianinas. Tome extrato dos frutos do mirtilo em vez do das folhas.
cálcio Mineral que tem papel vital na contração muscular, na condução nervosa, na coagulação do sangue, na produção de energia e na regulação das enzimas metabólicas. O metabolismo do cálcio é afetado pela hipertensão. Suplementos de cálcio são recomendados para os que seguem uma dieta pobre em sódio.	Promove a eliminação do sódio, que ajuda a diminuir a pressão arterial. Os suplementos de cálcio podem reduzir a pressão arterial média em 1,9/1,3 mmHG após um período de 24 horas. A baixa ingestão de cálcio está associada à hipertensão e ao derrame.	*500-1.000 mg diários* Tome um suplemento de cálcio com ácidos graxos essenciais se tiver tendência a cálculos renais (mas antes procure conselho médico). O lactato, o gluconato, o malato e o citrato de cálcio são os suplementos mais rapidamente absorvidos pelo corpo. Lembre-se de que, se tomar um medicamento bloqueador do canal de cálcio, o efeito de redução da pressão arterial do suplemento de cálcio se perde.
magnésio Mineral vital para a manutenção do equilíbrio correto do sal e da estabilidade elétrica entre as membranas celulares. Está envolvido no controle da pressão arterial e é especialmente importante no controle de entrada do cálcio nas células cardíacas.	A falta de magnésio eleva o risco de desenvolver hipertensão e aumenta a possibilidade de espasmos das artérias coronárias (associados à angina e ao ataque cardíaco). Os suplementos de magnésio podem reduzir a pressão arterial em 2,7/3,4 mmHg se tiver hipertensão leve ou moderada.	*300 mg diários* Tome junto com alimentos para maximizar a absorção. O citrato de magnésio é absorvido mais rapidamente; o gluconato de magnésio tem menos possibilidades de causar efeitos colaterais como diarreia em doses maiores.

suplemento	conclusão das pesquisas	dose e observações
ácido fólico É a forma sintética do folato, que se encontra na natureza. Ele é de mais fácil absorção e, junto com a vitamina B12, diminui os níveis de homocisteína (*veja p. 21*).	Pode reduzir níveis elevados de homocisteína em 25 por cento. Ingeri-lo com vitamina B12 pode produzir uma redução de mais 7 por cento. O ácido fólico melhora a sensibilidade dos barorreceptores (*veja p. 12*).	***400-1.000 mcg diários*** O ácido fólico é frequentemente administrado com 50 mcg de vitamina B12, em parte devido à sua ação conjunta, e em parte para evitar que a anemia por deficiência de vitamina B12 seja mascarada.
óleo de peixe (ômega-3) Contém os ácidos graxos essenciais: docosahexaenoico (DHA) e eicosapentaenoico (EPA), que são obtidos de microalgas das quais os peixes se alimentam. A vitamina E é adicionada aos suplementos para proteger os óleos de peixe da oxidação (ranço). A suplementação é importante se você tomar betabloqueadores (*veja p. 24*), pois este medicamento diminui os níveis naturais de EPA.	Mantém o ritmo cardíaco regular, aumenta a elasticidade das artérias, reduz a viscosidade do sangue e diminui os níveis de triglicérides no sangue em 41 por cento. Entre 11.300 sobreviventes de ataque cardíaco, aqueles que tomavam suplementos apresentaram risco 15 por cento menor de ataque cardíaco e derrame, e risco 30 por cento menor de morte por problemas cardiovasculares após três anos e meio, comparados aos que não tomavam suplementos.	***300-900 mg de ômega-3 diários*** (por exemplo, obtidos de cápsulas de 1 g de óleo de peixe, cada uma fornecendo 180 mcg de EPA + 120 mcg de DHA) Escolha os óleos emulsificados para prevenir efeitos colaterais desagradáveis como arrotos. Precauções: o consumo de óleo de peixe pode afetar o controle do diabetes. Consulte o médico se tomar um medicamento que afina o sangue, como a varfarina.
alho Fornece alicina, um poderoso antioxidante.	Nos hipertensos, o alho pode diminuir a pressão sanguínea sistólica em uma média de 8 por cento, e a pressão arterial diastólica em 12 por cento após 12 semanas. Também reduz os níveis de colesterol LDL e de triglicérides. Reduz a viscosidade do sangue, dilata os vasos sanguíneos e melhora o fluxo de sangue para as artérias periféricas.	***500-1.500 mg diários*** Escolha comprimidos padronizados (*veja p. 35*) para o fornecimento de 1.000 a 1.500 mcg de alicina. Também escolha um produto com revestimento entérico – que reduz o cheiro de alho no hálito e protege os ingredientes ativos contra a degradação no estômago.
cogumelo reishi É conhecido na China como o "cogumelo da vida eterna". Seu nome latino é *Ganoderma lucidum*.	Reduz a coagulação do sangue, a pressão arterial, o colesterol LDL e a coagulação irregular. Contém substâncias que diminuem tanto a pressão diastólica quanto a sistólica, que variarão de acordo com a dosagem, inibindo a enzima conversora de angiotensina (ECA, *veja p. 24*).	***500-1.500 mg diários*** Se estiver tomando medicamentos imunossupressores, anticoagulantes ou para reduzir o colesterol, use o reishi apenas sob supervisão médica.
probióticos São bactérias vivas, produtoras de ácido lácteo (por exemplo, *Lactobacillis acidophilus*).	Num estudo, a ingestão de comprimidos de probióticos (12 g diários) durante quatro semanas diminuiu a pressão arterial em 3,2/5 mmHg nas pessoas com pressão normal a alta, e em 11,2/6,5 mmHg nas com pressão moderada.	Escolha um suplemento que forneça 1 a 2 bilhões de unidades de formação de colônia (UFC) por dose.

abordagem nutricional do tratamento

mudanças da rotina no tratamento

Praticamente todo profissional de saúde e terapeuta complementar recomendará que, junto com a forma principal de tratamento da hipertensão, a dieta e o estilo de vida sejam avaliados e se façam mudanças, se necessário. As orientações de saúde em todo o mundo sugerem que se deveria:

- Manter o consumo de cafeína em limites aceitáveis. Em especial, minimizar o consumo de bebidas cafeinadas, como café e os refrigerantes à base de cola (*veja p. 65*).
- Caso seja fumante, parar – ou pelo menos diminuir o número de cigarros.
- Reduzir a quantidade de álcool ingerido a duas doses ou menos por dia (*veja p. 67*).
- Evitar o excesso de estresse.
- Introduzir o descanso e o relaxamento em sua vida, para que possa lidar com o estresse quando surgir.
- Praticar exercícios regularmente – faça 30-45 minutos de exercícios aeróbicos na maioria dos dias da semana (*veja p. 69*).
- Perder peso, se necessário. Mantenha um peso corporal ideal com índice de massa corporal (IMC) de 18,5-24,9 (*veja pp. 70-71*).

Em conjunto, essas sugestões são conhecidas como modificações no estilo de vida. Embora pareçam simples, na prática podem ser as mais difíceis de implementar. A maioria das pessoas consegue fazer mudanças significativas na alimentação, como aumentar o consumo de frutas e legumes e reduzir o sal. O aumento do nível de atividade física – e a sua manutenção – tende a ser menos simples. E entre os hábitos mais difíceis de largar estão o fumo e a bebida.

Apesar de constituírem um desafio, as modificações no estilo de vida são muito importantes – tanto para as pessoas com hipertensão quanto para aquelas com risco de desenvolvê-la. Mudanças como perda de peso ou deixar de fumar podem ser as coisas mais importantes e positivas que fará para melhorar sua saúde e longevidade.

Se essas mudanças parecerem muito difíceis, por favor, não se assuste – o meu objetivo nos programas da próxima seção (*veja pp. 72-173*) é mostrar como fazer mudanças sustentáveis de maneira prática e divertida, não importando o seu preparo físico – bom ou não – no momento.

abordagem natural da saúde

limite a cafeína

A cafeína é um estimulante natural encontrado em algumas bebidas e em muitos remédios corriqueiros, principalmente os para dores de cabeça e resfriados. Uma xícara de café contém cerca de 70 mg, mas pode chegar a 150 mg se o pó de café for fervido durante muito tempo. O teor médio de cafeína numa xícara de chá é significativamente menor: 40 mg por xícara de chá preto; 20 mg por xícara de chá verde; e 15 mg por xícara de chá branco.

Os efeitos da cafeína

A cafeína é um estimulante que reproduz os efeitos dos hormônios do estresse: eleva a frequência cardíaca, aumenta a pressão arterial e os níveis de adrenalina, reduz o metabolismo da glicose e age no sistema nervoso central aumentando a agilidade e diminuindo a sensação de esforço e fadiga. A extensão da elevação da pressão arterial em resposta a uma xícara de café depende do quanto o organismo está acostumado com a cafeína: se for um consumidor esporádico, duas xícaras de café podem elevar a pressão arterial em 5 mmHg; se for um consumidor habitual, xícaras individuais de café não provocam o mesmo aumento súbito da pressão arterial, mas talvez seja porque sua pressão já é constantemente elevada pela cafeína.

Cada pessoa metaboliza a cafeína em velocidade diferente. O tempo médio para metabolizar metade de uma dose de cafeína é de cerca de quatro horas, variando de duas a dez horas. Algumas pessoas a metabolizam lentamente, ficando irritadiças e ansiosas, enquanto outras podem tomar bastante café sem efeitos colaterais. A rapidez com que a cafeína é eliminada do sistema também se reduz caso haja consumo de álcool. Uma pessoa com 70 kg que beba mais de seis xícaras de café por dia corre o risco de se intoxicar de cafeína; os sintomas são tremor, náusea, palpitação e ansiedade.

A cafeína também vicia, pois você se torna tolerante a ela e precisa beber cada vez mais para ter o mesmo efeito estimulante. Se cortar o consumo de cafeína subitamente, pode ter sintomas de privação, como dores de cabeça, fadiga, suores, ansiedade e dores musculares – que geralmente persistem por cerca de 36 horas.

Elimine a cafeína

Se você for hipertenso, vale a pena reduzir o consumo de cafeína. Se tomar muitas xícaras de café ou refrigerante à base de cola todos os dias, elimine uma bebida cafeinada por dia para evitar os sintomas da privação. Substitua aos poucos pelos tipos descafeinados e faça um café mais fraco, preparando-o mais rapidamente, ou usando menos pó ou grãos.

Ou mude para o chá verde ou branco, que têm menos cafeína, além de antioxidantes benéficos. As vantagens de tomar chá superam os efeitos adversos da cafeína – evidências sugerem que o chá protege contra a doença arterial coronariana. Chás de ervas como o chá vermelho (*rooibos*) também são bons – este é feito de um arbusto sul-africano e contém alto teor de antioxidantes.

> **Como a cafeína afeta as pessoas**
> Faça este teste simples para avaliar os efeitos da cafeína na pressão arterial. Prepare a sua xícara normal de café, mas em vez de tomar logo, espere 10 minutos. Passe esse tempo lendo um livro ou ouvindo música – ou fazendo qualquer atividade relaxante. Agora verifique a pressão arterial em repouso usando um aparelho portátil (*veja p. 22*). Tome o café e verifique a pressão arterial a intervalos de 10 minutos na próxima hora, para ver se o consumo de cafeína afeta ou não a pressão arterial.

mudanças da rotina no tratamento

pare de fumar

O fumo reduz a quantidade de oxigênio no sangue, torna o sangue mais viscoso e propenso a coagular, e provoca danos às artérias. A longo prazo, aumenta o risco de hipertensão em 30 por cento no mínimo, multiplica por sete o risco de doença arterial coronariana e quadruplica o risco de derrame.

Os efeitos do fumo

Toda vez que se fuma um cigarro, a pressão arterial aumenta um pouco. Se você fuma e toma café, ela aumenta ainda mais e, em certas pessoas, pode chegar a 21/17 mmHg.

A longo prazo, os agentes químicos da fumaça do cigarro prejudicam o revestimento das paredes arteriais, causando inflamação, que acelera o endurecimento e o espessamento das artérias (e piora a hipertensão). Os que fumam há muito tempo tendem a apresentar artérias mais espessas, menos elásticas, e um aumento do ventrículo esquerdo do coração. O fumo também eleva o risco de mau funcionamento dos rins. Além do mais, os fumantes hipertensos tendem a precisar de mais medicamentos para o controlar a pressão, pois o cigarro reduz a eficácia dos medicamentos anti-hipertensivos, especialmente os betabloqueadores e os bloqueadores de angiotensina II.

Se fuma, cogite tomar picnogenol – extrato da casca do pinheiro marítimo francês. A dose de 125 mg de picnogenol é tão eficaz na prevenção de coágulos sanguíneos em fumantes quanto 500 mg de aspirina, mas não ataca o estômago.

Pare de fumar

Os benefícios de deixar de fumar logo são percebidos. Após oito horas, o nível de oxigênio na circulação aumenta; após 48 horas, diminui a viscosidade do sangue; e três meses depois, a circulação periférica melhora de forma expressiva.

Procure apoio na hora de parar de fumar – é mais fácil parar se o fizer com um amigo ou parente. Concentre-se em superar cada dia – tente não pensar a longo prazo, pois pode ser assustador. Mantenha as mãos ocupadas com atividades como desenho, pintura, origami, tricô ou crochê, bordado ou atividades como marcenaria – os psicólogos descobriram que o hábito de levar a mão à boca é um dos fatores que dificultam abandonar o hábito de fumar.

O aumento na carga de exercícios ajudará a superar os sintomas de privação, aumentando a secreção de endorfinas semelhantes ao ópio. Também é importante identificar as situações nas quais se costuma fumar, para evitá-las ou traçar estratégias adequadas. Por exemplo, pode-se praticar dizer: "Não, obrigado, eu parei", ou "Não, obrigado, estou parando".

Para ajudar a superar a compulsão por nicotina, experimente fumar um cigarro artificial ou um cigarro de ervas; faça 30 minutos de exercícios rápidos; tome um floral de Bach (como o *Rescue*) ou experimente produtos de óleos essenciais para combater essa compulsão. Os florais são vendidos em farmácias homeopáticas. Se preferir produtos alternativos à base de nicotina, controle diariamente a pressão arterial.

> **Cuide do peso**
>
> Ao parar de fumar, cuidado para não ter um aumento no peso geral, com acúmulo na cintura. Os benefícios obtidos por deixar de fumar são enormes, mas fique atento para não engordar, a fim de evitar doenças cardíacas. Veja pp. 70-71 para conselhos sobre como atingir e manter um peso saudável.

limite o álcool

Em pequenas quantidades, o álcool tem efeito benéfico sobre a pressão arterial, pois age como diurético e aumenta a perda de sódio. O álcool também eleva os níveis de HDL (colesterol bom) e diminui os de LDL (colesterol ruim) (*veja p. 51*). O vinho tinto em especial é benéfico para os hipertensos, pois é rico em antioxidantes e oferece proteção contra a doença arterial coronariana. Ou seja, recomenda-se beber até 150 ml de vinho tinto – note que incluo uma taça de vinho tinto nos planos alimentares da Parte Três. Se preferir não ingerir álcool, o suco de uva sem açúcar fornece os mesmos benefícios antioxidantes, graças aos fitoquímicos presentes na fruta.

Efeitos adversos do álcool

Ao tomar três ou mais doses por dia, os benefícios do álcool revertem. O alto consumo de álcool leva à retenção de sódio, e aumenta a resistência ao hormônio insulina, ambos contribuindo para a hipertensão. Acima de três doses (30 g de álcool) por dia, cada dose adicional (10 g de álcool) aumenta a pressão sistólica média em 1-2 mmHg, e a pressão diastólica em 1 mmHg. O excesso de álcool também afeta o coração (causando arritmia e aumento do coração) e o fígado (provocando fibrose e cirrose). A ingestão excessiva de álcool é mais prejudicial com o estômago vazio. As mulheres são mais suscetíveis aos efeitos adversos do álcool que os homens. Mesmo que não beba há semanas, evite tomar várias doses seguidas.

Se estiver com sobrepeso (*veja pp. 70-71*), será preciso monitorar seu consumo com cuidado. O excesso de peso ou a obesidade pode piorar a hipertensão e aumentar o risco de problemas cardiovasculares. O álcool é uma fonte de mais calorias na dieta – uma taça de vinho branco ou tinto contém cerca de 90 calorias (vinho branco doce contém mais), assim como um copo (275 ml) de cerveja. Uma dose de destilado (25 ml), como uísque, gim ou vodca, contém cerca de 50 calorias, e bem mais se misturados com algo doce como refrigerante, limonada ou tônica.

Reduza o consumo de álcool

Se você ingere mais de 20 g de álcool por dia, procure diminuir. Cada dose que evitar diminuirá as pressões sistólica e diastólica em cerca de 1 mmHG. Para calcular seu consumo diário, 10 g de álcool equivalem a:

- 300 ml de cerveja
- 100 ml de vinho
- 50 ml de licor
- 25 ml de bebida destilada

Se seu consumo é muito alto, peça ajuda ao médico para começar a diminuir – parar abruptamente pode causar aumento da pressão. Se bebe pouco ou moderadamente, siga estas sugestões:

- Coloque o copo na mesa durante os goles.
- Saboreie cada gole, mantendo-o por mais tempo na boca.
- Alterne bebidas alcoólicas com não alcoólicas.
- Escolha sucos de fruta sem açúcar ou coquetéis não alcoólicos, como suco de manga com leite de coco.
- Experimente água mineral com gás e suco de limão.
- Beba água tônica com um pouco de angostura, em lugar de gim e tônica.
- Misture vinho gelado e água mineral com gás para um drinque refrescante.
- O licor ou cordial de sabugueiro diluído em água mineral substitui bem o vinho branco.
- Uma erva conhecida por *kudzu* (araruta japonesa) reduz a compulsão por álcool. Pesquisas sugerem que essa ação deve-se às isoflavonas que contém.

combata o estresse

Ao se sentir estressado, o corpo se prepara para a atividade, como parte da antiga reação de lutar ou fugir. Os sinais nervosos do cérebro provocam a liberação de adrenalina (epinefrina), noradrenalina (norepinefrina) e cortisol das glândulas adrenais, sendo que todas elevam a pressão arterial pela contração das artérias periféricas. Para nossos ancestrais, isso assegurava maior afluência de sangue para os músculos e o cérebro (para lutar e fugir), minimizando a perda de sangue resultante de ferimentos. Ao final da batalha (ou se os antigos tivessem fugido), a pressão arterial voltava ao normal.

Entretanto, na vida moderna, o estresse raramente se origina de briga ou fuga, e os efeitos da adrenalina, da noradrenalina e do cortisol podem persistir na circulação durante longos períodos. Em indivíduos suscetíveis, provoca a superatividade do sistema nervoso simpático como parte da resposta ao estresse. Em lugar de aumentos de curta duração na pressão arterial, o estresse faz que se torne continuamente elevada.

Acabe com o estresse

Eu recomendo que todos, hipertensos ou não, tomem medidas para reduzir a exposição ao estresse ou encontrem estratégias para lidar com ele. Aqui estão algumas sugestões:

- Pare o que estiver fazendo e diga: "Calma!" silenciosamente para si mesmo. Combine com o passo seguinte.
- Inspire profundamente e expire lentamente, concentrando-se no movimento do diafragma. Repita três ou quatro vezes até se sentir mais controlado.
- Se estiver sentado, levante-se e alongue-se lentamente, o máximo que puder. Balance as mãos e os braços rapidamente, depois mexa os ombros.
- Dê uma caminhada rápida, mesmo se for pela sala. Exercícios rápidos regulares, não competitivos, são o melhor meio de reduzir os hormônios do estresse.
- Vá a algum lugar onde tenha privacidade e resmungue ou grite tão alto quanto quiser. Algumas pessoas sentem alívio ao bater numa almofada com toda a força.
- Coloque algumas gotas de essência floral, como o *Rescue*, sob a língua.
- Ouça uma música de fundo relaxante – sons naturais como os do mar, o canto dos pássaros, o barulhinho de um riacho ou de uma fonte são ideais.
- Organize sua vida, faça listas abrangentes e gerencie seu tempo com mais eficiência – estabeleça prioridades para que possa lidar com uma pressão de cada vez. Quando possível, delegue as tarefas.
- Diga "não" a solicitações desmedidas.
- Elogie os que estão ao seu redor – faça os outros se sentirem bem e você também se sentirá bem.
- Assista a uma comédia ou faça algo que o faça rir – o riso é um grande antídoto contra o estresse.
- Use a visualização ou a meditação para se acalmar.

Síndrome de Gaisbock

O estresse é hoje associado a um distúrbio conhecido por síndrome de Gaisbock, na qual a pressão arterial sobe e desce de forma significativa por períodos curtos durante o dia. A síndrome de Gaisbock é um prognóstico forte de hipertensão futura. Também é associada ao mau funcionamento do ventrículo esquerdo, à redução da elasticidade e ao aumento da rigidez das paredes arteriais. Acredita-se que a síndrome de Gaisbock seja a causa da hipertensão de consultório ou de jaleco (a pressão eleva-se subitamente quando medida pelo médico) numa situação estressante, como em uma cirurgia ou no hospital (*veja p. 20*).

faça exercícios regulares

Sabemos agora que exercícios aeróbicos regulares apresentam profundas vantagens para o sistema cardiovascular. Entre outras coisas, reduzem a pressão arterial e o risco de morte prematura por doença arterial coronariana em mais de 40 por cento.

Quanto exercício?

Estudos mostram que é bom exercitar-se todos os dias. A atividade física não precisa ser intensa. Uma caminhada rápida de 30-60 minutos por dia, na maioria dos dias da semana, produz benefícios expressivos para os hipertensos. Atividades como marcenaria, jardinagem e dança – qualquer coisa que o faça se sentir aquecido e ligeiramente sem fôlego – são tão eficazes para a saúde cardiovascular como nadar ou pedalar. A ioga e o chi kung (*veja pp. 42-44*) propiciam estabilidade, equilíbrio e relaxamento.

Além disso, o exercício aeróbico não precisa ser feito em uma única sessão – duas ou três sessões diárias de 10-15 minutos são tão boas quanto uma só.

Pratique na intensidade correta

Tente fazer exercícios rápidos o bastante para que as pulsações ultrapassem os 100 batimentos por minuto, produzam um pouco de suor e o façam ficar levemente ofegante – mas não a ponto de não conseguir falar.

Meça as pulsações durante o exercício para que estejam num patamar seguro para a queima de gordura e a melhoria da condição cardiovascular, sem sobrecarregar o coração.

Confira as pulsações por 10 segundos a cada 10 minutos enquanto se exercita: olhe o relógio e conte o número de batimentos que sente durante 10 segundos. O batimento é mais facilmente percebido na parte interna do punho no mesmo lado do polegar, ou ao lado do pescoço, bem debaixo do maxilar.

níveis de pulsação em 10 segundos

faixa etária	pulsação
20–29	20–27
30–39	19–25
40–49	18–23
50–59	17–22
60–69	16–21
70+	15–20

Se não estiver com um bom preparo físico, no início deixe seus batimentos ficarem no mínimo da sua média correspondente, depois acelere os exercícios aos poucos por várias semanas até atingir o máximo da média. Consulte o quadro acima para encontrar a média de 10 segundos recomendada para a sua idade.

Se, a qualquer momento, a média de batimentos subir mais do que deveria, pare o exercício e ande devagar até o batimento se regularizar. Ao fim de 20 minutos de exercícios, deverá se sentir revigorado e não exausto.

Exercite-se com segurança

Faça o aquecimento com algumas flexões simples e alongamentos e depois espere voltar ao normal antes e depois de qualquer forma de exercício. Assim você evita problemas musculares, dores e enrijecimentos. Use roupas confortáveis e tênis específicos para o exercício que escolheu. Não se exercite logo após uma refeição pesada, depois de ingerir álcool ou se não estiver se sentindo bem. Pare o exercício imediatamente se ficar com muita falta de ar ou não se sentir bem. Se estiver tomando medicamentos, consulte o médico antes de começar um programa de exercícios.

mantenha um peso saudável

Se você for hipertenso, perder um pouco da gordura em excesso diminuirá expressivamente a pressão arterial. Se combinar os exercícios com a perda de peso, o efeito redutor na pressão será ainda maior.

Verifique o peso
Em geral, verifica-se o peso usando o índice de massa corporal (IMC), mas outro fator a ser considerado é *onde* você acumula gordura – nos quadris ou na cintura. Esses depósitos na cintura estão associados ao aumento do risco de problemas cardiovasculares.

Índice de massa corporal Segundo a Organização Mundial de Saúde, se o IMC for de 18,5 ou menos, você está abaixo do peso; se for 18,5-24,9, está com o peso ideal; se for 25-29,9, está com sobrepeso; e com 30 ou mais, você está obeso. Calcule o IMC usando a fórmula descrita abaixo. (Por favor, note que os valores do IMC são menos exatos se for muito musculoso ou tiver compleição frágil – nesse caso, consulte o médico.) Você também pode verificar se está com o peso ideal consultando as médias de peso da tabela da página ao lado.

Medida da cintura Se acumula o excesso de gordura na cintura, no formato de maçã, você tem o dobro da chance de desenvolver hipertensão e doença arterial coronariana do que se tiver o formato de pera, que acumula gordura nos quadris.

A cintura de 80-88 cm nas mulheres, ou de 94-102 cm nos homens apresenta risco para a saúde similar a um IMC de 20-30 – indica que se está acima do peso e aumenta o risco de doença coronariana em um fator de 1,5. As mulheres com 88 cm ou mais e os homens com 102 cm ou mais de cintura têm risco ainda maior de doenças cardíacas.

Uma redução na cintura de apenas 5-10 cm pode reduzir significativamente a pressão arterial e o risco de um futuro ataque cardíaco.

Cálculo do IMC

Você precisa de duas medidas: o peso em quilogramas e a altura em metros. Por exemplo, 76 kg e 1,70 m

→ Calcule a altura ao quadrado. Por exemplo, 1,7 x 1,7 = 2,9

→ Divida o peso pela altura ao quadrado. Por exemplo, 76/2,9 = 26,2. Isso dá o IMC, que permite verificar se está com peso saudável.

Perca o excesso de peso

Se estiver acima do peso, tente emagrecer de forma lenta e contínua, até atingir a média saudável para a sua altura. Ao conseguir, deverá perceber reduções expressivas na pressão arterial e, se tomar medicamentos anti-hipertensivos, o médico poderá reduzir a dose e/ou o número desses medicamentos.

A melhor maneira de perder peso permanentemente é assunto controverso. No passado, recomendavam-se com insistência dietas com poucas gorduras para reduzir a incidência de obesidade e de doença arterialcoronariana. Infelizmente, pesquisas mostram que tais dietas podem diminuir o colesterol HDL (bom) e aumentar o colesterol LDL (ruim) no organismo, o que, por sua vez, eleva o risco de doença coronariana.

Em contraste, vários estudos sugerem que uma dieta com poucos carboidratos pode promover a perda de peso, diminuir a hipertensão em cerca de 1-10 mmHg e reduzir o nível de colesterol LDL e de triglicérides, ao mesmo tempo aumentando o colesterol HDL e melhorando o controle da glicose no sangue.

Dietas de baixos carboidratos, como a Dieta Atkins, não são apropriadas para todos. Em minha opinião, o ajuste ideal parece ser uma dieta de baixo índice glicêmico, na qual os carboidratos que aumentam rapidamente a taxa de glicose no sangue são evitados (*veja pp. 54-55*). Isso faz sentido, pois os carboidratos aumentam a secreção de insulina – o principal hormônio que retém gordura no organismo. A maioria dos hipertensos se beneficiará ao cortar os carboidratos, principalmente se também tiver tendência a acumular gordura na cintura.

Ao seguir os planos alimentares dos programas na próxima parte do livro, você deverá perder peso lentamente, em semanas ou meses. Isso significa que, em vez de fazer dieta para perder peso, adotará hábitos alimentares novos, saudáveis – que conseguirá manter a longo prazo e que permitirão conservar o peso permanentemente.

O peso ideal para a sua altura

altura	peso
1,47	40 a 53,8
1,50	41,6 a 56
1,52	42,7 a 57,5
1,55	44,4 a 59,8
1,57	45,6 a 61,4
1,60	47,4 a 63,7
1,63	49,2 a 66,2
1,65	50,4 a 66,6
1,68	52,2 a 70,3
1,70	53,5 a 72
1,73	55,4 a 74,5
1,75	56,7 a 76,3
1,78	58,6 a 78,9
1,80	60 a 80,7
1,83	62 a 83,4
1,85	63,3 a 85,2
1,88	65,4 a 88
1,90	66,8 a 89,9
1,93	68,9 a 92,8

mudanças da rotina no tratamento

Programas naturais de saúde

Tendo explicado o que é hipertensão no início do livro, e como pode ser tratada de modo natural na Parte Dois, a terceira parte oferece as **ferramentas para transformar sua vida**. Primeiro, peço que responda a um questionário (veja *pp. 75-76*). Suas respostas ajudarão a identificar o melhor programa para você em especial: o suave, o moderado ou o de força total. **O programa suave** é voltado para as pessoas que sabem que têm problemas de dieta e de estilo de vida a resolver. Oferece um plano alimentar que fornece alimentos nutritivos que beneficiarão a saúde. **O programa moderado** é voltado para as pessoas que querem reforçar uma dieta e uma rotina que já são saudáveis. **O programa de força total** incorpora todos os superalimentos que as pesquisas sugerem ter o efeito mais poderoso sobre a hipertensão – este programa é projetado para obter os melhores resultados no menor tempo. Todos os programas fornecem **planejamento de cardápio diário**, receitas saudáveis sem adição de sal, rotinas diárias de exercício e sugestões de terapias para experimentar em casa. Os programas duram 14 dias, mas podem ser repetidos, cobrindo 28 dias no total. Assim que seguir um programa, perceberá **mudanças expressivas na pressão arterial** e no bem-estar. Então poderá escolher continuar com os princípios de dieta e estilo de vida delineados no seu programa, ou seguir para o próximo.

programas naturais de saúde questionário

Antes de iniciar os programas desta seção, gostaria que você respondesse às perguntas das próximas duas páginas. As respostas fornecerão um panorama de sua saúde, dieta e hábitos atuais, e auxiliarão a escolher por qual programa começar. Enquanto uma pessoa de 35 anos, com bom preparo físico e com hipertensão limítrofe pode estar apta a começar com o programa de força total, uma pessoa de 70 anos com sobrepeso, que precisa de vários medicamentos para hipertensão se encaixará melhor no programa suave, pelo menos no início. Entretanto, a idade nem sempre é indicadora da saúde e do condicionamento. Uma pessoa de 30 anos muito acima do peso, que raramente se exercita e que consome muita comida pronta deveria começar com o programa suave, apesar da idade. Da mesma forma, alguém com 70 anos, magro e em boa forma pode começar pelo programa moderado.

Responda A, B ou C para cada uma das 30 perguntas – a que parecer mais próxima da sua realidade. Se responder:

- A maioria A: é bom começar pelo programa suave.
- A maioria B: pode começar pelo programa moderado.
- A maioria C: pode seguir o programa de força total.

Os três programas estão baseados nos princípios da dieta DASH (*veja p. 46*) e incentivam a alimentação com muitas frutas, legumes e grãos integrais, e a redução do consumo de sal, açúcar e gorduras nocivas. O programa suave consiste em alimentos familiares e inclui uma pequena quantidade de carne vermelha. Nos programas moderado e de força total, eu o incentivo a adotar uma dieta progressivamente vegetariana ou baseada em peixes, e a consumir mais superalimentos benéficos para a hipertensão. Também sugiro que cultive seus próprios brotos de feijão e sementes e faça seus próprios sucos de frutas e legumes. A quantidade de exercício que recomendo nos programas varia de 15-20 minutos no programa suave a 30-45 minutos nos programas moderado e de força total.

Note que embora seja tentador começar com o programa de força total logo de início (pois fornece os maiores benefícios), não é prudente fazê-lo se tiver a maioria das respostas A. É mais vantajoso começar lentamente e aumentar com o tempo para que o corpo se acostume às mudanças na dieta e nos níveis de atividade.

Um outro modo de lidar com os programas é fazer um por vez, sem considerar a saúde e a rotina atuais: se optar por essa abordagem, comece com o programa suave, depois evolua para o moderado e depois para o de força total. Isso lhe dará três meses de planejamento de cardápios e rotinas de exercícios.

Se estiver tomando quaisquer medicamentos prescritos, ou se está ou planeja ficar grávida, consulte o médico antes de grandes mudanças na dieta e no estilo de vida. Se tiver diabetes, monitore a taxa de glicose no sangue cuidadosamente ao mudar a dieta e os níveis de atividade.

1 Qual é a sua idade?
   A 50 anos ou mais
   B 30 a 50 anos
   C 30 anos ou menos

2 Você tem hipertensão?
   A Sim
   B Hipertensão limítrofe
   C Não, mas existem casos na família

3 Atualmente está tomando algum medicamento para hipertensão?
   A Sim, estou tomando mais de um medicamento anti-hipertensivo
   B Sim, tomo um medicamento anti-hipertensivo
   C Não

4 Está acima do peso?
   A Sim, preciso perder no mínimo 6,4 kg
   B Sim, preciso perder menos de 6,4 kg
   C Não, estou na média saudável para minha altura

5 Tende a acumular gordura na cintura e na barriga em vez de nos quadris?
   A Sim, tenho o formato de maçã
   B Não, tenho o formato de pera
   C Não, mas há casos de barriga de cerveja na família

6 Sofre de diabetes?
   A Sim
   B Não, mas há casos de diabetes na família
   C Não, e não há histórico de diabetes na família

7 Os níveis de colesterol estão elevados?
   A Sim
   B Não, mas há problemas de colesterol na família
   C Não

8 Já teve um ataque cardíaco?
   A Sim
   B Não, mas há histórico de ataque cardíaco na família
   C Não, e não há histórico de ataque cardíaco na família

9 Já teve um derrame?
   A Sim
   B Não, mas há histórico de derrame na família
   C Não, e não há histórico de derrame na família

10 Qual sua frequência cardíaca em repouso? (Ignore esta pergunta se estiver tomando um medicamento betabloqueador).
   A 80 batimentos por minuto ou mais
   B 70 a 80 batimentos por minuto
   C Menos de 70 batimentos por minuto

11 É fumante?
   A Sim (mas estou tentando parar)
   B Fumava, mas parei há cinco anos
   C Não

12 Quanto álcool consome?
   A Mulheres: mais de 14 doses por semana
   Homens: mais de 21 doses por semana
   B Mulheres: 14 doses ou menos por semana
   Homens: 21 doses ou menos por semana
   C Nenhum ou muito pouco

13 Quantas bebidas com cafeína, como café ou refrigerante de cola, toma por dia?
   A Mais de seis
   B Entre três e seis
   C Duas ou menos

14 Sente regularmente que está sob muito estresse?
   A Sim, o tempo todo
   B Sim, uma ou duas vezes por semana
   C Não, sou bem despreocupado

15 Sente-se ansioso ou com medo com frequência?
   A Sim, praticamente o tempo todo
   B Sim, várias vezes por semana
   C Não, apenas de vez em quando

16 Com que frequência sente dores de cabeça?
   A Várias vezes por semana
   B De vez em quando
   C Quase nunca

programas naturais de saúde – questionário

17 Você sente falta de energia ou fica exausto?
   A Sim, regularmente
   B De vez em quando
   C Não, nunca

18 Com que frequência se exercita (ou tem um nível alto de atividade física; cuidar do jardim, por exemplo)?
   A Ainda não consegui manter uma rotina de exercícios regulares em minha vida
   B Faço exercícios por 30 minutos, duas ou três vezes por semana
   C Faço exercícios por 30 minutos pelo menos, no mínimo cinco dias por semana

19 É vegetariano?
   A Não
   B Não, mas há vários dias em que não como carne
   C Sim

20 Quantos dias por semana come carne?
   A Todos os dias ou quase todos
   B Vários dias
   C Um dia ou menos

21 Com que frequência consome comidas industrializadas ou embaladas?
   A Na maioria dos dias
   B Várias vezes por semana
   C Raramente, ou nunca

22 Com que frequência pede comida de restaurantes?
   A Várias vezes por semana
   B Cerca de uma vez por semana
   C Raramente, ou nunca

23 Com que frequência come frituras?
   A Várias vezes por semana
   B Cerca de uma vez por semana
   C Raramente, ou nunca

24 Você consome um mínimo de cinco porções de frutas ou legumes por dia?
   A Não, como menos de cinco
   B Sim, como cinco no mínimo
   C Sim, frequentemente como mais de cinco

25 Com que frequência consome peixes?
   A Quase nunca
   B No mínimo uma ou duas vezes por semana
   C Três ou mais vezes por semana, ou tomo um suplemento de óleo de peixe diariamente

26 Com que frequência adiciona sal à comida?
   A Sempre adiciono sal durante o cozimento, e adiciono sal ao alimento na mesa
   B Parei de adicionar sal durante o cozimento, mas algumas vezes o adiciono na mesa
   C Não adiciono sal algum ao alimento e verifico o teor de sódio nas embalagens

27 Segue uma dieta de baixo teor de gordura?
   A Não
   B Sim, mudei para produtos de baixo teor de gordura (leite, por exemplo)
   C Sim, sempre verifico o teor de gordura nas embalagens

28 Segue uma dieta de baixo teor de açúcar?
   A Não
   B Sim, cortei os doces e os petiscos
   C Sim, sempre verifico o teor de açúcar nas embalagens

29 Você se descreveria como um consumidor curioso?
   A Não, de forma alguma
   B Tento comer um prato novo todas as semanas
   C Sim, definitivamente

30 Deseja mudar radicalmente a forma de se alimentar?
   A Vou começar devagar e ver como me saio
   B Sim, quero mudar sem ficar louco
   C Sim, a qualquer custo

início dos programas

Agora que decidiu qual programa é adequado para você, fixe uma data para iniciar. Em vez de começar logo, separe uns dias para ler o programa atentamente e reunir as coisas de que necessita. É preciso comprar alimentos e itens como óleos essenciais e suplementos, assim como marcar consultas com os terapeutas complementares (recomendo visitar dois terapeutas por programa).

Criar um perfil de sua saúde atual antes de começar o programa pode ser uma boa idéia (*veja quadro abaixo*). Faça uma cópia do quadro e preencha os dados no início e no final de cada programa. Isso lhe dará uma idéia clara de seu progresso. Ver os benefícios de maneira palpável pode ser uma motivação poderosa para continuar com as mudanças que fez em sua dieta e estilo de vida. Embora você possa pedir ao médico ou ao farmacêutico para medir a pressão, aconselho a comprar um aparelho para fazer isso. Antes de iniciar um programa, meça a pressão arterial regularmente ao longo do dia por alguns dias – calcule a média das leituras e coloque no quadro abaixo.

Assim como o peso e a pressão arterial, também deixei espaço para marcar os níveis de colesterol, triglicérides e homocisteína no sangue (*veja pp. 21 e 51*) no início e no final de um programa. Se puder testar esses níveis, recomendo que o faça. Os níveis de homocisteína e de gorduras no sangue são um forte indicador de como está o sistema cardiovascular – e qual a possibilidade de desenvolver doença arterial coronariana. Se os níveis diminuírem, como espero, isso ajudará a verificar o quanto as mudanças na dieta e no estilo de vida contribuíram para melhorar a sua saúde.

Quadro de progresso para os programas leve, moderado e de força total

medida	data de início	data final	melhora
Peso			menor
Pressão arterial			menor
Colesterol total			menor
Colesterol LDL			menor
Colesterol HDL			menor
Triglicérides			maior
Homocisteína			menor

introdução ao programa suave

O programa suave tem como objetivo tornar o começo das mudanças na dieta, exercícios e estilo de vida o menos traumáticos possível. Fornece planos de 14 dias que podem ser repetidos, criando um programa de 28 dias. Pode demorar um pouco para se envolver no programa, mas assim que se acostumar às mudanças, sinta-se livre para fazer seus próprios ajustes, que levem em conta suas preferências e estilo de vida.

O programa de dieta suave

Os planos alimentares diários do programa suave não devem ser muito diferentes dos seus hábitos alimentares atuais. Foram concebidos para iniciá-lo numa dieta de baixo índice glicêmico (IG) (*veja pp. 54-55*), com menos carboidratos refinados do que está acostumado. A dieta também segue os princípios da dieta DASH (abordagens alimentares para acabar com a hipertensão – *veja p. 46*), que dá ênfase a frutas, legumes, saladas em geral, nozes e castanhas, grãos integrais, aves, peixes e laticínios com baixo teor de gordura.

Esta abordagem aumenta o consumo de fibras, antioxidantes (principalmente carotenoides), vitaminas (incluindo folato), minerais (como potássio, magnésio e cálcio) e gorduras monoinsaturadas e ômega-3. Reduz o consumo de sódio, gordura saturada, gordura trans e colesterol. Pesquisas mostram que isso pode diminuir a pressão arterial em cerca de 4/2 a 7/4 mmHg ou mais após 30 dias, mesmo se estiver tomando anti-hipertensivos (vários testes clínicos mostram que a DASH potencializa os efeitos dos medicamentos prescritos).

Além de diminuir a pressão arterial, o programa de dieta suave também reduz os níveis de colesterol total e LDL e o triglicérides. As pessoas idosas e aquelas que antes consumiam muito sal (cloreto de sódio) possivelmente usufruirão os maiores benefícios do programa suave.

Se desejar, pode tomar uma taça de 150 ml de vinho tinto por dia durante o programa suave, pois pesquisas demonstram que ela pode reduzir o risco de doença arterial coronariana em um terço. Se preferir evitar o álcool, tome um copo de suco de uva sem adição de açúcar, que fornece os mesmos antioxidantes benéficos ao coração contidos no vinho tinto. Pesquisas sugerem que o suco de uva melhora a dilatação das artérias no mínimo tão bem quanto o vinho tinto. Porém, não tem o mesmo efeito benéfico sobre os níveis de colesterol. Também pode saborear uma barra de 40-50 g de chocolate amargo (com no mínimo 70 por cento de cacau) por dia durante o programa suave.

Alimentos a evitar ou a consumir em menor quantidade Enquanto estiver no programa suave é importante evitar os carboidratos refinados (bolos, biscoitos e bebidas açucaradas), os alimentos processados (carne enlatada e sopas prontas), os doces e o álcool em excesso, pois esses alimentos pioram a hipertensão – eliminá-los e seguir um plano de alimentação saudável pode diminuir a pressão arterial de forma significativa num espaço de tempo relativamente curto.

Comece o programa lendo a embalagem de qualquer produto em lata, pacote ou pote dos armários da cozinha. Jogue fora todos os alimentos com muita

lista de compras

Tenha sempre à mão estes itens, pois eles fazem parte das refeições sugeridas nas próximas 14 páginas. Quando possível, compre com regularidade e em pequenas quantidades para manter o frescor.

bebidas
leite de amêndoas e de soja; chá preto, verde ou branco; chá de frutas ou de ervas; água mineral (com pouco sódio), vinhos tinto e branco seco; suco de frutas sem adição de açúcar (ou frutas frescas para fazer o suco em casa)

laticínios
iogurte bio natural light, queijo cottage light, queijo fresco light, mussarela, creme vegetal enriquecido com ômega-3, leite de vaca semidesnatado

frutas e legumes
frutas orgânicas: abacate, maçã, banana, frutas vermelhas, cereja, figo, uva, kiwi, limão, manga, melão, nectarina, laranja, mamão papaia, pêssego, pera, abacaxi, grapefruit (*veja aviso na p. 83*), carambola
legumes orgânicos: berinjela, brócolis, repolho, cenoura, acelga, milho, abobrinha, feijão e vagem, alho-poró, ervilha-torta, cogumelo, cebola, ervilha, batatas (secas e novas), repolho roxo, cebola, espinafre, batata-doce, couve-chinesa
ingredientes para salada orgânicos: broto de feijão, aipo, cenoura, pepino, alface, agrião, acelga, rúcula, tomate, pimentão
frutas secas: damasco, tâmara, figo, uva-passa

nozes, castanhas e sementes (sem sal)
amêndoas (inteiras, moídas ou em lascas), castanhas-do-pará, coco, nozes, creme de nozes (como de amêndoas), linhaça, abóbora, gergelim e girassol

ervas, condimentos, óleos, vinagre
ervas: manjericão, louro, cebolinha, coentro, alho, hortelã, orégano, salsa, alecrim, estragão, tomilho
condimentos: pimenta-do-reino, pimenta vermelha, canela em pó, sementes de coentro, cominho em pó, curry, gengibre fresco, noz-moscada
óleos e vinagre: azeite extravirgem, azeite comum, gordura de coco extravirgem, óleo de nozes, vinagre balsâmico, molho de soja (shoyu) light, mostarda com grão, maionese light

grãos
arroz integral, trigo integral, aveia em grão, cevadinha, farelo de trigo, flocos de aveia, centeio, milho e arroz (ou compre granola sem açúcar), bolachas de arroz, biscoitos de aveia, pão sírio, pão de centeio, pão integral, pão sueco, macarrão integral

proteínas
linguado, cavalinha, anchova, tainha, sardinha, salmão, atum fresco e em conserva, ovos, pernil de cordeiro, frango ou peru sem pele

diversos
mel claro orgânico, chocolate amargo orgânico (com no mínimo 70 por cento de cacau)

gordura saturada, sódio ou sal, ou açúcar. Para orientações sobre o que constitui "muito", veja pp. 52, 53, 55, respectivamente. Também jogue fora os alimentos contendo gordura trans (*veja p. 51*).

O programa de dieta suave o encoraja a consumir carne vermelha com moderação. Estudos de observação de longo prazo mostram que o alto consumo de frutas e legumes e uma ingestão menor de carne vermelha podem prevenir o aumento da pressão arterial relacionado à idade. A carne ou perna de carneiro magra é boa, mas como o Fundo Mundial de Pesquisa sobre Câncer sugere, o consumo de carne vermelha deveria ser limitado a não mais de 80 g por dia.

Nenhuma das receitas no programa suave inclui sal de mesa (cloreto de sódio). Realce o sabor dos alimentos usando ervas frescas e pimenta-do-reino. No começo, os alimentos podem parecer insossos, mas aos poucos começará a perceber como as comidas frescas e sem sal podem ser saborosas. Não adicione sal durante o preparo ou à mesa; se o fizer, não obterá os melhores benefícios deste programa.

Emagreça Embora não tenha sido elaborado para ser uma ferramenta de perda de peso, o programa de dieta suave fará você perder o excesso de peso lenta e naturalmente. Isso acontece porque você está se alimentando de forma saudável e evitando o consumo de carboidratos refinados e de gorduras em excesso, ambos os quais contribuem para o aumento de peso e a hipertensão.

Se precisar perder peso, pode querer agilizar o processo ingerindo porções menores e excluindo alguns alimentos cheios de amido, como sugerido em cada plano alimentar diário (por exemplo, torrada integral, pães, macarrão, arroz e semolina). Concentre sua dieta nos alimentos proteicos, nas frutas e nos legumes.

A rotina de exercício do programa suave

Se você não tem se exercitado muito durante os últimos anos, é importante começar devagar com

Suplementos do programa suave

Sugiro os seguintes suplementos enquanto estiver seguindo o programa suave. São encontrados facilmente nas drogarias e lojas de produtos naturais. Veja mais informações sobre estes suplementos e seus efeitos na redução da pressão arterial nas pp. 60-63.

suplementos diários recomendados

- Vitamina C (500 mg)
- Vitamina E (200 UI/134 mg)
- Complexo carotenoide licopeno (15 mg)
- Selênio (50 mcg)
- Coenzima Q10 (60 mg)
- Cápsulas de alho (1.000-1.500 mcg de alicina)
- Óleo de peixe ômega-3 (300 mg diários; por exemplo, 1 cápsula de 1 g de óleo de peixe contendo 180 mg de EPA e 120 mg de DHA)

suplementos diários opcionais (que fornecerão benefícios adicionais à saúde)

- Ácido alfalipoico (100 mg). Pode ser combinado à L-carnitina na proporção de 1:1
- Magnésio (300 mg)
- Cálcio (500 mg)
- Ácido fólico (400 mcg) mais vitamina B12 (50 mcg)
- Reishi (500 mg)
- Extrato de mirtilos (60 mg – padronizado para fornecer 25 por cento de antocianinas)
- Probióticos (na forma de bebidas de leite fermentado, iogurte bio ou suplementos)

---

os exercícios para evitar dores e lesões. Estas rotinas diárias contêm uma série de práticas de alongamento para aquecer e começar os exercícios. A rotina regular de alongamentos matinais ajudará no tônus muscular e no relaxamento da mente – e ambos podem reduzir a pressão.

Além disso, faça algum exercício cardiovascular, como uma caminhada de 15 minutos diários pelo menos. É preciso se exercitar numa média que seja rápida o bastante para elevar a pulsação a cerca de 100 batimentos por minuto (a não ser que esteja tomando betabloqueadores; *veja p. 24*) e que o deixe levemente ofegante.

Durante o mês seguinte, aumentará gradualmente a duração e a intensidade do exercício cardiovascular, até atingir 30 minutos de exercícios rápidos todos os dias. Como se explica na p. 69, não é preciso fazer os 30 minutos de exercício de uma só vez – se preferir, pode fazer três sessões de 10 minutos cada.

A caminhada é o meio mais fácil e barato de atingir e manter a forma. É útil comprar um pequeno pedômetro para prender à roupa. Ele mede o número de passos que se dá a cada dia. Seria ideal dar 10 mil passos por dia. Se não estiver em boa forma física, comece com 5 mil passos e aumente aos poucos até atingir uma meta mais alta.

Ao iniciar uma rotina de exercícios, sempre monitore sua pulsação média em 10 segundos (*veja p. 69*) para ver se não está exagerando. Se tiver angina ou histórico de ataque cardíaco, consulte o médico para saber a quantidade de exercício permitida.

As terapias do programa suave

Sugiro várias terapias complementares, como a meditação, para reduzir a pressão arterial. Algumas, como as terapias de relaxamento, podem ser praticadas em casa, enquanto outras precisam da orientação de um terapeuta, pelo menos no início. Olhe agora nos dias 7 e 14 do programa para que possa marcar as consultas com os terapeutas apropriados.

programa suave primeiro dia

Cardápio diário
- **Café-da-manhã:** müsli caseiro (*veja p. 100*), com amêndoas e mirtilos
- **Lanche matinal:** uma fruta (escolha da lista de compras, *p. 80*)
- **Almoço:** salada de atum, feijão e pimentão (*veja p. 102*). Pão sírio integral pequeno ou pãozinho de grãos
- **Lanche da tarde:** iogurte bio desnatado. Um punhado de figos secos e amêndoas
- **Jantar:** salmão oriental ao forno (*veja p. 103*). Arroz integral e salada de verduras mistas
- **Bebidas:** 570 ml de leite semidesnatado ou desnatado. Suco natural de fruta sem açúcar. Chá verde, preto, branco ou de ervas e água mineral à vontade. 150 ml de vinho tinto ou suco de uva integral sem açúcar
- **Suplementos:** veja p. 81

Rotina diária de exercícios
No decorrer da semana, apresento uma rotina suave de exercícios que começam trabalhando a parte superior do corpo e vão descendo. Quanto tiver se acostumado à rotina completa, faça os exercícios todo dia ao acordar. Hoje, alongue o pescoço e a cabeça e caminhe em ritmo acelerado por 15-20 minutos.

Alongamento de cabeça e pescoço
1. Fique em pé, com os pés afastados e os ombros relaxados.
2. Deixe a cabeça pender em direção ao ombro esquerdo lentamente. Mantenha a cabeça na posição e conte até cinco.
3. Repita do outro lado.

> **Lembre-se dos suplementos**
> Mantenha os suplementos junto com os outros remédios. Ajuste o alarme do celular ou do relógio para lembrar de tomá-los. O porta-remédios com sete divisórias (uma para cada dia da semana) é bastante útil. Reabasteça no domingo. Mantenha os medicamentos fora do alcance das crianças.

Aromaterapia
No decorrer desta primeira semana, apresento várias formas de relaxamento, que devem complementar os efeitos terapêuticos da aromaterapia. Você experimentará óleos essenciais relaxantes com propriedades sedativas, que promovem um sono melhor, o que é essencial, pois pesquisas sugerem que hipertensos com insônia têm pressão mais alta, pulso mais rápido e estão mais sujeitos a problemas cardíacos. Hoje à noite, na hora de dormir, pingue 4 gotas de óleo puro essencial de lavanda num lenço e coloque embaixo do travesseiro (ou use uma fronha perfumada com lavanda ou sachê com lavanda seca). O óleo essencial de lavanda é suave e é adequado para a maioria das pessoas.

segundo dia

Cardápio diário

- **Café-da-manhã:** um grapefruit pequeno, fresco ou ligeiramente grelhado *(veja o quadro à direita)*. Uma torrada integral com um pouquinho de creme vegetal com ômega-3 ou manteiga
- **Lanche matinal:** uma fruta à escolha
- **Almoço:** salada imperial de peru com cranberries ou amoras *(veja p. 102)*. Iogurte bio desnatado com fruta fresca
- **Lanche da tarde:** vitamina de manga e papaia *(veja p. 109)* ou uma fruta fresca
- **Jantar:** frango à cubana *(veja p. 104)*. Arroz integral. Banana assada ao limão com sementes de abóbora *(veja p. 107)*
- **Bebidas:** 570 ml de leite semidesnatado ou desnatado. Suco natural de fruta sem açúcar. Chá verde, preto, branco ou de ervas, e água mineral à vontade. 150 ml de vinho tinto ou suco de uva integral sem açúcar
- **Suplementos:** veja p. 81

Rotina diária de exercícios

Comece com o alongamento de cabeça e pescoço do 1º dia e, em seguida, faça este relaxamento de ombros e ande em ritmo acelerado por 15-20 minutos durante o dia.

Relaxamento de ombros

1. Fique em pé, de maneira confortável, com os pés afastados. Cruze as mãos atrás da cabeça.
2. Leve os cotovelos à frente, diante do rosto, de modo que quase se toquem. Depois abra novamente o máximo que puder.
3. Repita a sequência até os ombros relaxarem.

Aromaterapia

Tome um banho de imersão, que baixa a pressão. Adicione óleos essenciais a 15 ml de óleo-base vegetal *(veja p. 29)*: 1 gota de lavanda, 2 gotas de gerânio, 3 gotas de manjerona. Junte a mistura de óleo à água do banho quente, acenda algumas velas e fique em imersão por 15 minutos, com os olhos fechados. Antes de sair, recolha o óleo da superfície da água com uma esponja e massageie a pele com ela. Coloque o óleo de lavanda sob o travesseiro, como no primeiro dia.

Grapefruit: coma com moderação

Antes de comer o grapefruit, leia a bula de todos os seus medicamentos. A fruta afeta a absorção de algumas substâncias, incluindo as estatinas e alguns tipos de bloqueadores de canais de cálcio de certos anti-hipertensivos. O efeito pode se ampliar. Por exemplo, a ingestão de apenas uma dose de medicamento à base de estatina (lovastatina) com um copo de suco de grapefruit produz o mesmo nível de medicamento no sangue equivalente a 12 comprimidos. Se necessário, substitua por uma laranja.

planejamento diário do programa suave

programa suave terceiro dia

Cardápio diário

- Café-da-manhã: müsli silvestre (*veja p. 100*) com um punhado de frutas vermelhas sortidas
- Lanche matinal: uma fruta
- Almoço: sopa de cenoura e coentro (*veja p. 101*). Pãozinho integral. Salada de folhas mistas. Iogurte bio desnatado com fruta fresca
- Lanche da tarde: um punhado de nozes ou uma fruta fresca
- Jantar: tomate fatiado salpicado com manjericão e azeite. Truta com amêndoas e batata-doce (*veja p. 106*). Espinafre. Milho fresco
- Bebidas: 570 ml de leite semidesnatado ou desnatado. Suco natural de fruta sem açúcar. Chá verde, preto, branco ou de ervas, e água mineral à vontade. 150 ml de vinho tinto ou suco de uva integral sem açúcar
- Suplementos: veja p. 81

Rotina diária de exercícios

Faça os exercícios do 1º e 2º dias, mais o exercício a seguir, que mobiliza e alonga a parte superior do corpo e favorece a flexibilidade da coluna. Hoje, caminhe em ritmo acelerado por 15-20 minutos como exercício cardiovascular.

Alongamento lateral

1. Fique em pé com os pés afastados na medida dos ombros. Erga os braços lentamente sobre a cabeça. Alongue a coluna.
2. Junte as pontas dos dedos acima da cabeça. Mantenha os ombros relaxados.
3. Devagar, incline o tronco à direita. Sinta o alongamento do lado esquerdo. Depois alongue à esquerda

Aromaterapia

O óleo essencial de camomila tem propriedades calmantes. Pingue algumas gotas de óleo essencial de camomila alemã ou romana num pedaço de algodão e coloque-o num potinho plástico com tampa hermética. Ao longo do dia, abra o potinho e respire o aroma profundamente. Continue a pingar o óleo essencial de lavanda sob o travesseiro quando for dormir.

Saladas deliciosas

Para incrementar o sabor da salada de folhas mistas do almoço de hoje, espalhe um pouco de ervas picadas e de alho amassado sobre as folhas. Pode-se ainda fazer um molho delicioso misturando 30 ml de óleo de nozes com suco de um limão à parte. O óleo de nozes é uma boa fonte do ácido graxo ômega-3, que afina o sangue e ajuda a diminuir a pressão. Para incrementar ainda mais o conteúdo de ômega-3 da salada, salpique nozes e sementes.

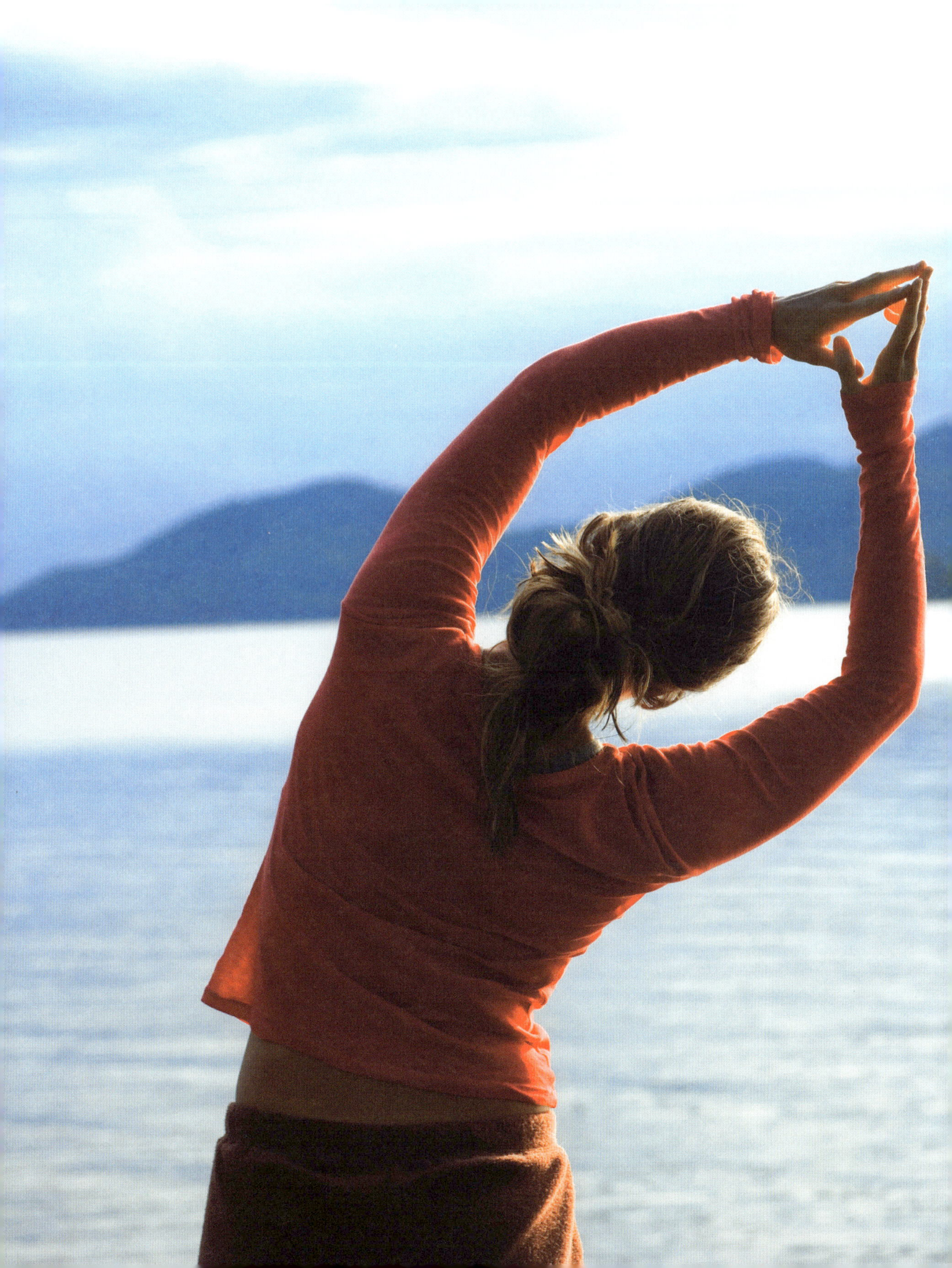

① ② ③ **④**

programa suave quarto dia

Cardápio diário
- Café-da-manhã: vitamina caseira – bata uma banana pequena com 150 ml de iogurte bio natural e algumas amêndoas
- Lanche matinal: uma fruta
- Almoço: tomate grelhado com espinafre (*veja p. 101*). Salada de folhas mistas borrifadas com óleo de nozes. Iogurte bio desnatado com uvas pretas
- Lanche da tarde: um punhado de nozes sortidas
- Jantar: salada mediterrânea ao molho balsâmico (*veja p. 106*). Macarrão integral. Uma salada de folhas mistas. Pêssegos assados com framboesa (*veja p. 108*)
- Bebidas: 570 ml de leite semidesnatado ou desnatado. Suco natural de fruta sem açúcar. Chá verde, preto, branco ou de ervas, e água mineral à vontade. 150 ml de vinho tinto ou suco de uva integral sem açúcar
- Suplementos: veja p. 81

É muito importante comer algum alimento no café-da-manhã, mesmo que seja uma vitamina, como na sugestão de hoje. Pesquisadores da Harvard Medical School descobriram que as pessoas que tomam café-da-manhã têm 30 por cento menos chances de se tornarem obesas do que as que pulam essa importante primeira refeição do dia.

Rotina diária de exercícios
Faça os exercícios do 1º ao 3º dia e adicione o exercício a seguir. Também caminhe em ritmo acelerado por 15-20 minutos.

Alongamento frontal dos braços
1. Estenda os braços à frente, na altura dos ombros.
2. Cruze os dedos e vire as palmas das mãos para fora.
3. Alongue as mãos para a frente, o máximo que puder e mantenha a posição por 10 segundos.
4. Relaxe e repita. Solte os braços.

Ingestão de líquido
A falta de líquido pode aumentar a viscosidade do sangue e levar à formação de coágulos anormais. Não espere sentir sede para beber – esse é um sinal de desidratação.

Aromaterapia
Prepare um novo potinho de inalação com o óleo essencial de camomila e inspire regularmente ao longo do dia. Além disso, comece a tomar chá de camomila, que é relaxante. Continue a usar o óleo essencial de lavanda à noite.

quinto dia

Cardápio diário

- **Café-da-manhã:** müsli caseiro (*veja p. 100*)
- **Lanche matinal:** uma fruta
- **Almoço:** milho cozido. Salada de folhas mistas borrifada com óleo de nozes. Pãozinho integral. Iogurte bio desnatado com fruta fresca
- **Lanche da tarde:** um punhado de uvas (prefira uvas roxas ou pretas)
- **Jantar:** trigo com pimentão e brotos de feijão (*veja p. 106*). Peito de frango ou filé de salmão grelhado. Legumes verdes (brócolis, couve-chinesa ou vagens). Ricota fresca com frutas frescas
- **Bebidas:** 570 ml de leite semidesnatado ou desnatado. Suco natural de fruta sem açúcar. Chá verde, preto, branco ou de ervas, e água mineral à vontade. 150 ml de vinho tinto ou suco de uva integral sem açúcar
- **Suplementos:** veja p. 81

Rotina diária de exercícios

Faça os exercícios do 1º ao 4º dia e adicione o exercício abaixo. Caminhe em ritmo acelerado por 15-20 minutos.

Torção da cintura

1. Fique em pé confortavelmente com os pés afastados e as mãos nos quadris.
2. Sem mexer a parte inferior do corpo, gire o tronco o quanto puder para a direita e volte. Depois para a esquerda e retorne à posição inicial. Repita cinco vezes de cada lado.

Aromaterapia

Caso trabalhe a maior parte do dia sozinho, use um difusor para aromatizar o local com uma mistura anti-hipertensiva de óleos essenciais. O uso de dois ou mais desses óleos complementares juntos tem efeitos sinérgicos mais poderosos do que a soma do uso em separado de cada um. Use 5 gotas de cada: manjerona, lavanda e sálvia esclareia, ou pingue as gotas num pedaço de algodão e coloque num potinho plástico que possa abrir e inalar várias vezes ao dia – inspire profundamente e expire calmamente até sentir os pulmões totalmente vazios. Respire assim duas ou três vezes. Esta técnica é excelente em caso de estresse. Continue a usar o óleo essencial de lavanda para ajudá-lo a dormir.

> **Beba menos álcool**
> Se consumia muitas bebidas alcoólicas antes de iniciar o programa e agora parece difícil diminuir a ingestão, o *kudzu* (*Pueraria lobata*), um suplemento pode ajudar (*veja p. 34*).

planejamento diário do programa suave

programa suave sexto dia

Cardápio diário

- **Café-da-manhã:** mingau de banana e canela (*veja p. 100*)
- **Lanche matinal:** uma fruta
- **Almoço:** salada waldorf com pimentão vermelho (*veja p. 102*). Salada de folhas mistas borrifadas com óleo de nozes. Iogurte bio desnatado com uma fruta fresca
- **Lanche da tarde:** um punhado de amêndoas
- **Jantar:** salmão com pimentão vermelho salteado (*veja p. 103*). Espinafre. Macarrão integral. 40-50 g de chocolate amargo
- **Bebidas:** 570 ml de leite semidesnatado ou desnatado. Suco natural de fruta sem açúcar. Chá verde, preto, branco ou de ervas, e água mineral à vontade. 150 ml de vinho tinto ou suco de uva integral sem açúcar
- **Suplementos:** veja p. 81

O consumo de aveia no mingau, em forma de müsli ou em bolachas de aveia, no café-da-manhã, ajuda a baixar a pressão. Pesquisas recentes mostraram que o consumo diário de aveia integral diminui a pressão arterial em 7,5/5,5 mmHg após seis semanas. Os pesquisadores concluíram que a fibra solúvel da farinha de aveia pode tanto prevenir quanto tratar a hipertensão. Sugiro que inclua o máximo de aveia em sua dieta futura a longo prazo.

Rotina diária de exercícios

Faça os exercícios do 1º ao 5º dia e adicione o seguinte. Comece a aumentar a distância percorrida: caminhe 20-25 minutos hoje em ritmo acelerado.

Flexão à frente

1. Fique em pé de forma confortável com os pés afastados.
2. Incline o corpo à frente da cintura devagar, mantendo as pernas estendidas, até as mãos ficarem o mais próximo possível ao chão.
3. Se conseguir, toque o chão.
4. Aos poucos, volte à posição inicial. Repita quatro vezes.

Aromaterapia

Ao usar regularmente o mesmo óleo como aromaterapia, este perde a eficiência, já que o organismo se adapta à ação terapêutica. Assim, troque o óleo de lavanda pelos de capim-cidreira e laranja para induzir o sono, começando com 2 gotas de cada, perto do travesseiro, à noite, pelas próximas cinco noites. De hoje em diante, troque o óleo essencial noturno a cada semana.

Óleo de peixe e alho

Sempre que comer peixe gordo, como salmão, recomendo o alho na marinada ou molho que o acompanha. O óleo do peixe e o alho têm um efeito sinérgico. Pesquisas demonstram que os suplementos diários de alho e de óleo de peixe podem reduzir o colesterol LDL em 20 por cento e o triglicérides em 37 por cento após dois meses. O efeito é o afinamento do sangue, reduzindo a hipertensão.

sétimo dia

Cardápio diário

- **Café-da-manhã:** tomates grelhados sobre torrada com rúcula e azeite
- **Lanche matinal:** uma fruta
- **Almoço:** guacamole (*veja p. 109*). Torrada integral, de centeio, bolachas de aveia ou de arroz, pão sueco. Salada de folhas mistas borrifadas com óleo de nozes. Iogurte bio desnatado com fruta fresca
- **Lanche da tarde:** um punhado de amêndoas
- **Jantar:** perna de cordeiro ao vinho tinto (*veja p. 107*). Salada de brócolis ou espinafre. Macarrão integral. Pera ao chocolate (*veja p. 107*)
- **Bebidas:** 570 ml de leite semidesnatado ou desnatado. Suco natural de fruta sem açúcar. Chá verde, preto, branco ou de ervas, e água mineral à vontade. 150 ml de vinho tinto ou suco de uva integral sem açúcar
- **Suplementos:** veja p. 81

Hoje, antes de grelhar os tomates para o desjejum, borrife-os com azeite. Isso propicia o máximo de liberação de licopeno para absorção. O licopeno é um antioxidante presente no tomate que ajuda a baixar a pressão; sua proporção no tomate é relativamente pequena, sendo maior a concentração na variedade vermelha do que na amarela. A fonte mais rica e concentrada de licopeno é o suplemento.

Rotina diária de exercícios

Faça os exercícios do 1º ao 6º dia, e adicione o exercício a seguir. Continue a caminhar em ritmo acelerado por 20-25 minutos.

Alongamento de coxas

1. Fique em pé com os pés afastados, tendo o encosto de uma cadeira à esquerda. Mantenha a cabeça e as costas eretas e o abdome e a pelve contraídos.
2. Apoie a mão esquerda no espaldar da cadeira para se equilibrar. Flexione levemente o joelho esquerdo para melhor equilíbrio e erga o pé direito para trás até conseguir agarrar o calcanhar direito com a mão direita. Mantenha os joelhos voltados para a frente.
3. Com cuidado, puxe o pé em direção às nádegas até sentir a coxa alongar.
4. Conte até cinco e solte. Vire e repita o alongamento com a perna esquerda.

Consulte um homeopata

Após uma semana de programa suave, sua pressão já deve ter diminuído, especialmente se estiver tomando os suplementos da p. 81. Pode ser a hora de consultar um terapeuta; sugiro que comece por um homeopata. Para encontrá-lo, siga as dicas da p. 175. Um homeopata seleciona medicamentos baseando-se em seus sintomas e constituição física (existem 15 tipos). Ele determina seu tipo de constituição física de acordo com a forma do corpo, comportamento e personalidade, ou seja, é preciso responder a questões sobre gostos, medos, preferências alimentares e emoções. No tratamento de problemas de longo prazo, como a hipertensão, é importante prescrever medicamentos de acordo com a constituição física, já que os remédios funcionam melhor com certos tipos do que com outros.

① ② ③ ④ ⑤ ⑥ ⑦ **⑧**

programa suave oitavo dia

Cardápio diário
- **Café-da-manhã:** iogurte bio desnatado com frutas vermelhas frescas
- **Lanche matinal:** uma fruta
- **Almoço:** salada crua de repolho (picado fininho com cebola, cenoura e maionese light). Salada de folhas mistas borrifadas com óleo de nozes. Pãozinho integral. Ricota com uma fruta fresca
- **Lanche da tarde:** um punhado de nozes e castanhas sortidas
- **Jantar:** frango ao alho (*veja p. 103*). Cenoura. Brotos verdes. Pudim de verão sem açúcar (*veja p. 108*).
- **Bebidas:** 570 ml de leite semidesnatado ou desnatado. Suco natural de fruta sem açúcar. Chá verde, preto, branco ou de ervas, e água mineral à vontade. 150 ml de vinho tinto ou suco de uva integral sem açúcar
- **Suplementos:** veja p. 81

Rotina diária de exercícios
No decorrer desta semana, acrescentarei posturas simples de ioga que proporcionarão relaxamento físico e mental ao final do dia. A primeira é a da montanha, que ajuda a melhorar o alinhamento do corpo. Continue com os exercícios matinais (*veja do 1º ao 7º dia*) e a caminhada de 20-25 minutos em ritmo acelerado.

Postura da montanha
1. Fique de pé com os pés ligeiramente afastados, dedos voltados para a frente.
2. Mantenha as costas eretas e os braços ao lado do corpo, com as palmas voltadas para o corpo.
3. Afaste os dedos dos pés e desloque a pelve um pouco à frente, empurrando o cóccix para dentro.
4. Enrijeça os músculos do abdome. Contraia os músculos do períneo.
5. Ao inspirar, force os ombros para trás e para baixo, de modo que o tórax se mova um pouco para a frente.
6. Pressione bem os pés contra o chão. Imagine que alguém esteja segurando e puxando seu cabelo.
7. Relaxe o tórax. Inspire e expire 10 vezes profundamente.

Meditação
No decorrer da próxima semana, explicarei diversas formas de meditar que o ajudarão a desligar a reação do organismo ao estresse. Na primeira sessão, sente-se com os olhos fechados. Imagine a sua cor predileta. Algumas pessoas visualizam a cor na forma de um ponto; outras, numa nuvem que se move etc. Em geral, quanto mais cor for visualizada, maior o efeito terapêutico. Concentre-se e explore a cor escolhida. Caso comece a se desconcentrar, retorne à cor. Quando se sentir pronto, desligue-se da cor, abra os olhos e aproveite a sensação de calma.

> **Evite exercício acelerado**
> Deve-se evitar o exercício acelerado duas horas após as refeições e tarde da noite, pois isso pode mantê-lo acordado. Entretanto, uma caminhada tranquila antes de dormir faz bem.

nono dia

Cardápio diário
- **Café-da-manhã:** müsli silvestre (*veja p. 100*)
- **Lanche matinal:** uma fruta
- **Almoço:** sopa de cenoura e coentro (*veja p. 101*). Uma porção de salada de folhas mistas borrifadas com óleo de nozes. Queijo cottage magro. Pãozinho integral. Iogurte bio desnatado com frutas frescas
- **Lanche da tarde:** um punhado de castanhas-do-pará
- **Jantar:** peru picante à mexicana (*veja p. 104*). Arroz integral. Figos frescos
- **Bebidas:** 570 ml de leite semidesnatado ou desnatado. Suco natural de fruta sem açúcar. Chá verde, preto, branco ou de ervas, e água mineral à vontade. 150 ml de vinho tinto ou suco de uva integral sem açúcar
- **Suplementos:** veja p. 81

A sobremesa do jantar de hoje é figo, uma rica fonte de potássio, que ajuda a reduzir a pressão ao drenar o excesso de sódio do corpo pelos rins. O figo também é uma das mais ricas fontes de fibra solúvel, que ajuda a reduzir os níveis de colesterol e triglicérides (*veja p. 51*). O figo fresco é delicioso. Também pode ser congelado fresco, já que não endurece, podendo ser consumido direto do freezer.

Rotina diária de exercícios
Faça a primeira postura de ioga durante a sequência noturna (*veja 8º dia*) e, a seguir, o alongamento de pernas abaixo. Continue com a rotina matinal de exercícios (*veja do 1º ao 7º dia*) e a caminhada diária de 20-25 minutos.

Amplo alongamento de pernas
1 A partir da postura da montanha, inspire profundamente e abra os pés bem afastados, com os dedos apontando para dentro. Coloque as mãos nos quadris e, expirando lentamente, mantenha as costas eretas, flexionando o tórax para a frente.
2 Com as pernas estendidas, force o corpo para baixo, entre os pés, elevando o cóccix. Mantenha o tórax voltado para a frente.
3 Tente alongar a coluna o máximo possível. Mantenha o alongamento por cinco sequências respiratórias lentas e profundas.

Meditação
Hoje, se o clima permitir, gostaria que se sentasse num lugar tranquilo e com sombra ao ar livre num jardim ou parque. Feche os olhos e deixe-se fundir com as relaxantes propriedades da natureza por 10-20 minutos. Tente isolar todos os sons diferentes que ouvir: o zumbido de insetos, o canto dos pássaros, o sussurro do vento entre as folhas. Concentre-se na variação de intensidade da luz sobre as pálpebras dependendo do movimento das folhas das árvores e das nuvens, e na brisa ou no calor do sol acariciando sua pele. Sinta o aroma da vegetação, da terra. Se problemas do dia-a-dia o assolarem, volte a se concentrar na contemplação do ambiente ao redor. Quando estiver pronto, levante-se, inspire profundamente e se espreguice. Aprecie o resto do dia.

programa suave décimo dia

Cardápio diário
- Café-da-manhã: müsli caseiro (*veja p. 100*). Iogurte bio desnatado
- Lanche matinal: uma fruta
- Almoço: patê de truta defumada ao limão (*veja p. 109*). Torrada integral ou bolachas de aveia. Rúcula. Iogurte bio desnatado com cubos de manga
- Lanche da tarde: um punhado de nozes e castanhas sortidas
- Jantar: frango à cubana (*veja p. 104*). Tomates-cerejas grelhados. Uma porção de salada verde mista borrifada com óleo de nozes. Banana assada ao limão com sementes de abóbora (*veja p. 107*)
- Bebidas: 570 ml de leite semidesnatado ou desnatado. Suco natural de fruta sem açúcar. Chá verde, preto, branco ou de ervas, e água mineral à vontade. 150 ml de vinho tinto ou suco de uva integral sem açúcar
- Suplementos: veja p. 81

Rotina diária de exercícios
Faça as duas primeiras posturas de ioga da sequência noturna (*veja 8º e 9º dias*) e adicione a postura a seguir. Continue com os exercícios matinais (*veja do 1º ao 7º dia*) e a caminhada de 20-25 minutos.

Postura do cachorro
1. Coloque-se de quatro, de joelhos juntos e mãos firmemente apoiadas no chão, alinhadas com os ombros.
2. Erga os joelhos do chão, empurre o cóccix para o alto, de modo a formar um grande "V" invertido. Braços e pernas devem ficar bem estendidos.
3. Empurre a barriga em direção às costas, elevando os músculos pélvicos. Firme os calcanhares e as palmas das mãos no chão, não deixando que se afastem. Alongue a coluna. Mantenha a postura por cinco respirações vagarosas e profundas, então relaxe.

Meditação
Ontem o exercício foi a contemplação tranquila da natureza. Hoje, gostaria que se sentasse e se concentrasse em seu corpo. Inspire e expire devagar, profundamente. Preste atenção no que ocorre ao respirar. Siga mentalmente a passagem do ar pelas narinas ou lábios. Observe os movimentos do abdome e a seguir os do tórax. Veja se a respiração é superficial ou profunda, suave ou entrecortada. Concentre-se na circulação.

Tome consciência das batidas do coração e do sangue pulsando ao longo das artérias.

Quanto mais se concentrar em seu corpo, mais se distanciará do mundo. Medite por 15 minutos, ou prolongue o tanto que quiser.

Uma dieta vegetariana
Os vegetarianos tendem a ter a pressão sistólica cerca de 5 mmHg mais baixa do que quem consome carne. Esta redução ocorre após seis semanas sem ingerir carne (a pressão arterial volta aos níveis anteriores no decorrer de seis semanas do início do consumo de carne).

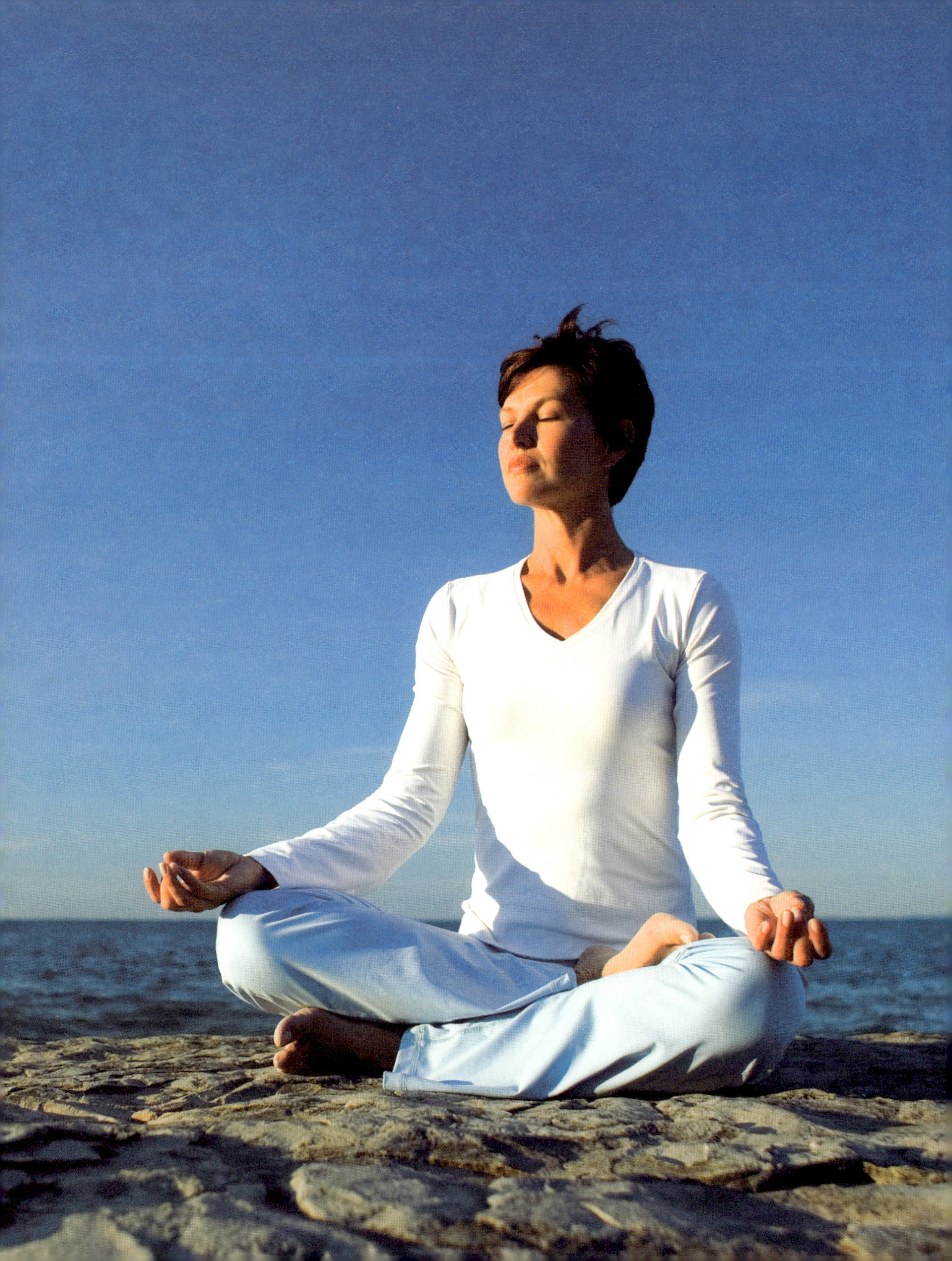

① ② ③ ④ ⑤ ⑥ ⑦ ⑧ ⑨ ⑩ **⑪**

programa suave décimo primeiro dia

Cardápio diário
- **Café-da-manhã:** fritada (*veja p. 101*). Rúcula. Torrada integral
- **Lanche matinal:** suco de laranja com cenoura (*veja p. 109*)
- **Almoço:** salada de atum, feijão e pimentão (*veja p. 102*). Torrada integral ou bolachas de aveia. Rúcula. Iogurte bio desnatado com fruta fresca
- **Lanche da tarde:** um punhado de nozes e castanhas sortidas
- **Jantar:** badejo ao estragão (*veja p. 104*). Milho. Espinafre. Um punhado de uvas roxas ou pretas
- **Bebidas:** 570 ml de leite semidesnatado ou desnatado. Suco natural de fruta sem açúcar. Chá verde, preto, branco ou de ervas, e água mineral à vontade. 150 ml de vinho tinto ou suco de uva integral sem açúcar
- **Suplementos:** veja p. 81

Prepare o café-da-manhã de hoje com ovos enriquecidos com ômega-3. Pesquisas mostram que o consumo de um ovo a cada dois dias durante quatro semanas reduz a pressão sistólica e o nível de triglicérides (sem aumentar os níveis de colesterol).

Rotina diária de exercícios
Faça as três primeiras posturas de ioga em sua sequência noturna (*veja 8º e 9º dias*) e adicione a postura a seguir. Continue com os exercícios matinais (*veja do 1º ao 7º dia*) e a caminhada de 20-25 minutos em ritmo acelerado.

Postura da prancha
1. Da postura do cachorro olhando para baixo (*veja 10º dia*), abaixe seus quadris, de modo que as pernas, costas e cabeça fiquem na mesma linha – como uma prancha.
2. Com cuidado, encoste o queixo no peito e olhe para o chão. Apoie o peso sobre os dedos dos pés e as palmas das mãos (afaste os dedos e polegares). Encolha o abdome e o períneo (região que vai da vulva ao ânus).
3. Mantenha a postura por cinco respirações vagarosas e profundas, então relaxe.

Coma mais cenoura
A cenoura contém uma substância denominada glicosídeo de cumarina, que reduz a pressão arterial por meio de ações similares às dos bloqueadores de canais de cálcio (*veja p. 24*).

Meditação
Ao se concentrar num objeto em particular, como uma mandala, você se desvia de distrações e, com tempo e prática, entra num estado de profundo relaxamento e serenidade. Uma mandala é um diagrama, cujo nome deriva da palavra "círculo" em sânscrito.

Hoje gostaria que encontrasse uma mandala e se concentrasse nela por 15 minutos. Busque mandalas na internet ou crie uma própria, usando cores e formas que lhe agradem: procure a inspiração em livros ou na internet (pode-se ainda olhar os padrões formados nos caleidoscópios infantis). Durante a contemplação, deixe o olhar vagar pelas formas e ângulos da mandala. Absorva as cores e padrões com a mente.

décimo segundo dia

Cardápio diário
- Café-da-manhã: müsli caseiro (*veja p. 100*) com kiwi
- Lanche matinal: uma fruta
- Almoço: sopa de cenoura e coentro (*veja p. 101*). Pãozinho integral. Salada de folhas mistas borrifadas com óleo de nozes. Iogurte bio desnatado com fruta fresca
- Lanche da tarde: um punhado de nozes e castanhas sortidas
- Jantar: cavala grelhada com cubos de manga servida sobre salada de folhas mistas. 40-50 g de chocolate meio-amargo
- Bebidas: 570 ml de leite semidesnatado ou desnatado. Suco natural de fruta sem açúcar. Chá verde, preto, branco ou de ervas e água mineral à vontade. 150 ml de vinho tinto ou suco de uva integral sem açúcar
- Suplementos: veja p. 81

A cavala do jantar de hoje é uma rica fonte de ácidos graxos ômega-3: o dobro do arenque. Parece existir algo de especial na cavala, já que ela reduz a atividade da renina (*veja p. 13*) em mais de 60 por cento. Portanto, ao escolher um peixe gordo, a primeira opção deve ser a cavala.

Rotina diária de exercícios
Faça as primeiras quatro posturas de ioga durante a sequência noturna (*veja do 8º ao 11º dia*) e, em seguida, a postura abaixo. Continue com a rotina matinal de exercícios (*veja do 1º ao 7º dia*) e a partir de hoje aumente a caminhada diária para 25-30 minutos.

Postura do bastão
1 Da postura da prancha, dobre vagarosamente os braços e abaixe o corpo até ficar rente ao chão. Aproxime os cotovelos do tórax. Encolha o abdome, eleve a pelve e abaixe o queixo. Alongue a coluna.
2 Eleve um pouco o corpo, mantendo apenas os dedos dos pés e das mãos em contato com o chão. Mantenha a posição do bastão por cinco sequências respiratórias lentas e profundas.

Meditação
Escolha uma vela de aromaterapia com um perfume relaxante como lavanda, gerânio ou capim-cidreira (*para mais informações sobre os óleos essenciais, veja p. 30*). Sente-se no chão ou à mesa num ambiente tranquilo. Acenda a vela e coloque-a perto de você.

Concentre-se no interior da chama. Explore o tremular do fogo. Se surgirem pensamentos paralelos, apenas observe-os e deixe-os desaparecer do mesmo modo que surgiram, e torne a prestar atenção à chama. Após certo tempo, feche os olhos e veja a chama tremeluzindo com os olhos da mente. Caso a imagem comece a se dissipar, abra os olhos para ver a chama novamente. Prossiga a meditação por até 20 minutos, antes de apagar a chama.

programa suave décimo terceiro dia

Cardápio diário
- **Café-da-manhã:** vitamina de frutas frescas *(veja o 4º dia)*. Torrada integral
- **Lanche matinal:** uma fruta
- **Almoço:** salada de pera, abacate e nozes *(veja p. 102)*. Uma porção de salada de folhas mistas borrifadas com óleo de nozes. Iogurte bio desnatado com fruta fresca
- **Lanche da tarde:** patê de truta defumada ao limão *(veja p. 109)*
- **Jantar:** fatia de melão. Trigo com pimentão e brotos de feijão *(veja p. 106)*. Filé de frango ou salmão grelhado
- **Bebidas:** 570 ml de leite semidesnatado ou desnatado. Suco natural de fruta sem açúcar. Chá verde, preto, branco ou de ervas, e água mineral à vontade. 150 ml de vinho tinto ou suco de uva integral sem açúcar
- **Suplementos:** veja p. 81

Agora já deve ter se acostumado a comer iogurte bio todos os dias; ele contém bactérias probióticas, que quebram a proteína do leite. Durante o processo, produzem os peptídeos, substâncias com propriedade anti-hipertensiva.

Rotina diária de exercícios
Faça as cinco primeiras posturas de ioga em sua sequência noturna *(veja do 8º a 12º dia)* e adicione a postura da cobra. Continue os exercícios matinais *(veja do 1º ao 7º dia)* e a caminhada de 25-30 minutos em ritmo acelerado.

Postura da cobra
1. Da postura do bastão, deixe seu corpo descer ao chão lentamente.
2. Relaxe as pernas e deixe a ponta dos pés para fora, atrás de si.
3. Coloque as mãos exatamente abaixo dos ombros, erga a cabeça, o pescoço e o tórax, mantendo a cabeça alinhada com a coluna. Mantenha os quadris no chão e as pernas relaxadas.
4. Olhe adiante e para cima enquanto apoia o peso sobre as mãos. Mantenha a postura durante cinco sequências respiratórias lentas e profundas.

Meditação com cristais
Os cristais podem aumentar o poder da meditação. Escolha um cristal que o atraia, ou selecione-o entre os tradicionais, usados para reduzir a pressão e induzir o relaxamento: ametista (acalma e relaxa); aventurina (aumenta a criatividade e reduz a hipertensão); sodalita (aumenta a resistência e reduz a hipertensão) ou a prenita (usada quando a hipertensão está associada a problemas renais).

Sente-se de forma confortável num quarto silencioso e segure o cristal escolhido nas mãos. Feche os olhos e tente ver o cristal com a mente. Deixe que as cores, formas e textura do cristal rodopiem em sua mente, enquanto o levam, cada vez mais profundamente, a um espaço calmo e relaxante.

Caso se disperse, abra os olhos e volte a olhar o cristal, explorando suas formas. É muito fácil se imaginar dentro do cristal, explorando suas várias facetas. A seu tempo, termine a meditação: 20 minutos é um bom período.

décimo quarto dia

Cardápio diário

- Café-da-manhã: mingau de banana e canela (*veja p. 100*)
- Lanche matinal: uma fruta
- Almoço: salada imperial de peru com cranberries ou amoras (*veja p. 102*). Salada de folhas mistas borrifadas com óleo de nozes. Pãozinho integral. Iogurte bio desnatado com fruta fresca
- Lanche da tarde: vitamina de fruta
- Jantar: meio abacate polvilhado com nozes picadas. Salmão oriental ao forno (*veja p. 103*). Brócolis. Cenouras
- Bebidas: 570 ml de leite semidesnatado ou desnatado. Suco natural de fruta sem açúcar. Chá verde, preto, branco ou de ervas, e água mineral à vontade. 150 ml de vinho tinto ou suco de uva integral sem açúcar
- Suplementos: veja p. 81

Rotina diária de exercícios

Faça as primeiras seis posturas de ioga durante a sequência noturna (*veja do 8º ao 13º dia*) e, em seguida, a postura do cadáver. Continue com a rotina matinal de exercícios (*veja do 1º ao 7º dia*) e faça a caminhada diária de 25-30 minutos. De hoje em diante, tente caminhar na maioria dos dias da semana, em ritmo acelerado, por 30 minutos, no mínimo. Para variar a rotina de exercício cardiovascular, tente nadar, dançar ou andar de bicicleta alguns dias em vez de andar.

Postura do cadáver

1. Deite de costas, com os braços ao longo do corpo e as palmas voltadas para cima. Comece com os pés apontando para cima, então gire os quadris, de modo que os pés caiam confortavelmente para um dos lados.
2. Feche os olhos e deixe cada músculo do corpo relaxar, como se estivesse afundando no solo. Faça uma varredura mental do corpo, procurando qualquer bolsão de tensão remanescente.
3. Respire lenta e suavemente, tente sentir a energia fluindo pelo corpo. Permaneça na postura 5-10 minutos.

Consulte um aromaterapeuta

Agora que está no final do programa, sugiro tentar uma massagem relaxante e terapêutica de aromaterapia. Para encontrar um aromaterapeuta, verifique as referências ao final do livro (*veja p. 175*). Ele selecionará os óleos essenciais que auxiliarão a baixar a pressão arterial e a relaxar. Na 1ª sessão, ele perguntará sobre seu histórico médico e estilo de vida. Ele mesmo selecionará os óleos essenciais ou o estimulará a escolher os aromas preferidos de um grupo. Em geral, a massagem da aromaterapia se baseia em técnicas suecas e pode incluir acupressão.

Uma massagem de corpo inteiro demora por volta de 60 minutos, deixando uma sensação de relaxamento e, às vezes, sono. Um aromaterapeuta pode lhe fornecer óleos para levar para casa e inalar ou friccionar na pele. Ele pode prescrever ainda óleos para uso interno: nunca consuma óleos de aromaterapia, a não ser sob supervisão de um profissional. Caso goste da massagem, marque uma sessão por semana.

a sequência do programa suave

Parabéns por ter seguido o programa suave durante duas semanas! Sugiro que continue com o plano de alimentação por mais duas semanas. Desse modo, terá se alimentado de modo saudável por um mês e se familiarizado com os alimentos que precisa consumir todos os dias. Varie os alimentos e inclua algumas receitas novas. As informações a seguir vão ajudá-lo a se planejar, seguindo os princípios do programa suave.

A dieta a longo prazo

O programa suave propicia uma dieta simples, baseada em princípios saudáveis, com baixo teor de açúcar, como os descritos na dieta DASH (veja p. 46). Ele o encoraja a ingerir muitos grãos integrais, frutas, legumes, laticínios magros, peixe, aves, nozes e castanhas e feijão, ao mesmo tempo em que elimina a carne vermelha, doces, gorduras saturadas e o sódio. Continue a se alimentar de acordo com esses princípios. Esta lista ajuda a verificar, num olhar, o que comer todo dia:

- No mínimo cinco (de preferência oito a dez) porções de frutas, legumes e verduras.
- Duas a oito porções de grãos integrais. Uma porção equivale a uma fatia de pão integral, ou 100 g de arroz ou macarrão integral cozido.
- Duas a três porções de laticínios magros.
- Não mais do que duas porções de carne/peixe/aves/ovos (o ideal é não exceder 85 g de carne magra por refeição). Sempre que possível, escolha ovos enriquecidos com ômega-3, que, ao contrário dos comuns, melhoram a pressão arterial e os níveis de colesterol.
- No mínimo uma porção de nozes, castanhas, sementes ou feijão.

Adaptação de receitas Em geral, quaisquer receitas podem ser adaptadas seguindo os princípios do programa suave. Aqui vão algumas dicas:

- Elimine o sal e o açúcar das receitas. Adicione mel, se desejar.
- Incremente o sabor da comida com muitas ervas frescas picadas. Se tiver espaço em casa para cultivar ervas, isso pode se tornar um *hobby* compensador.
- Troque o creme de leite integral por iogurte desnatado e o creme de leite fresco por uma mistura de iogurte e creme de leite. Experimente para ver o que dá mais certo.
- Adicione iogurte a molhos e ensopados fora do fogo e não a líquidos ferventes, para não talhar. Embora o sabor não se altere, o visual fica comprometido. O iogurte grego é mais gorduroso e estável que o natural; talvez seja mais adequado para algumas receitas do que os iogurtes mais ralos.
- Pode-se evitar que o iogurte talhe estabilizando-o. Misture uma colher de chá de amido de milho em 150 ml de iogurte antes de usá-lo numa receita.
- Em vez de usar iogurte na cobertura de assados, use fromage frais (a proteína do iogurte coagula); ou adicione o iogurte (misturado com ervas e temperos) depois de retirar o prato do forno.

Seu regime de suplementos a longo prazo

Continue a tomar os suplementos sugeridos no programa suave (*veja p. 81*) a longo prazo. As pesquisas apoiam o seu uso neste nível para obtenção de efeitos suaves porém eficientes sobre a pressão arterial e a saúde futura. Se até o momento tiver tomado apenas os suplementos da lista recomendada, talvez seja bom adicionar um ou mais suplementos da lista para benefícios adicionais. Leia nas pp. 60-63 sobre o suplemento que lhe interessar.

A rotina de exercícios

Após duas semanas de exercícios regulares, deve ter começado a sentir a diferença na forma. Continue com o regime de exercícios matinais no início do dia: caminhe, pedale, nade, dance ou cuide do jardim – qualquer atividade de que goste. Varie o tipo de exercício de um dia para outro. Depois, ao final de cada dia, pratique a sequência de ioga para baixar a pressão e relaxar, preparando-se para uma boa noite de sono.

Programa terapêutico

O programa suave mostrou como usar a aromaterapia e a meditação para relaxar. Embora essas atividades pareçam simples, não subestime seu poderoso efeito sobre a saúde cardiovascular e o bem-estar geral. Tente praticar uma técnica de relaxamento a cada dia, ou combine as duas terapias, meditando enquanto aspira o aroma dos óleos essenciais. Caso tenha comprovado a eficácia da homeopatia e da aromaterapia, continue as sessões de forma regular.

Monitoramento da pressão

Sugiro que monitore a pressão semanalmente, sempre no mesmo horário, a menos que haja orientação do médico para medi-la com maior frequência. Registre a medição de pressão num quadro, como o da p. 77, que lhe dará uma indicação visual imediata sobre se a pressão está diminuindo (como deveria, durante este programa), se está estável, ou subindo.

Se sua pressão está sempre abaixo de 130/80 mmHg, o programa está dando certo. Agora você talvez queira rediscutir com o médico o tratamento, já que está com a pressão mais baixa. Porém, é importante ter em mente que a dose de alguns medicamentos anti-hipertensivos deve ser reduzida aos poucos, para evitar qualquer efeito rebote, quando então a pressão se eleva novamente.

Caso a pressão se mantenha constantemente entre 130/80 mmHg e 140/90 mmHg, considere passar para o programa moderado (*veja pp. 111-141*) para tentar diminuir até abaixo de 130/80 mmHg. Caso a pressão esteja sempre acima de 140/90 mmHg, passe para o programa moderado, mas consulte o médico para aconselhamento individual.

Queime calorias caminhando
Os exercícios podem queimar uma quantidade surpreendente de calorias e o ajudarão a manter o peso e a pressão arterial baixos. Por exemplo, andar em ritmo acelerado (7,2 km por hora) durante 30 minutos queima 200 calorias. A caminhada é uma forma ideal de exercício para os que foram inativos por longo tempo. Deve-se começar com calma e aumentar a intensidade conforme o nível da forma física evolui.

café-da-manhã receitas

müsli caseiro

rendimento: 4 porções

um punhado de aveia em flocos
três punhados de cereais sortidos (trigo torrado, centeio, flocos de cevada e farelo de trigo)
um punhado de nozes e castanhas mistas picadas
um punhado de sementes mistas de girassol, abóbora e gergelim
um punhado de uvas-passas
um punhado de damascos, tâmaras ou figos secos picados (opcional)
leite para servir

1. Misture bem os ingredientes numa vasilha grande, exceto o leite.
2. Reparta em quatro tigelas e complete com leite, a gosto.

mingau de banana e canela

rendimento: 4 porções

600 ml de água
150 g de mingau de aveia instantâneo
1 colher (chá) de canela em pó
1 banana grande fatiada

1. Ferva a água numa panela média. Junte a aveia e uma boa pitada de canela. Diminua o fogo e deixe apurar, mexendo sempre, por 1 minuto. Tire do fogo, tampe e deixe em repouso por 5 minutos, pelo menos, até que todo o líquido tenha sido absorvido.
2. Divida em quatro tigelinhas e cubra com banana e a canela restante.

müsli silvestre

rendimento: 4 porções

1 maçã ralada
raspas e suco de um limão-siciliano
350 g de aveia em flocos
600 ml de leite desnatado, de soja ou de amêndoas (ou iogurte bio desnatado)
100 g de uvas-passas
1 banana fatiada
1 laranja picada
um punhado de nozes picadas
um punhado de frutas da estação picadas: frutas vermelhas, pêssego, nectarina, pera ou cerejas

1. Coloque a maçã ralada numa vasilha; borrife com o suco e as raspas de limão (para evitar que escureça).
2. Junte a aveia, o leite, as passas, a banana e a laranja e misture bem. Tampe e deixe na geladeira a noite toda.
3. Distribua em quatro tigelas. Sirva com uma cobertura ou com nozes, castanhas ou frutas picadas.

müsli silvestre

almoço receitas

fritada

rendimento: 4 porções

8 ovos orgânicos com ômega-3
1/2 colher (sopa) de azeite
2 cebolas fatiadas
2 dentes de alho amassados
1 pimentão vermelho ou amarelo fatiado
3 punhados de espinafre picado
4 tomates médios fatiados
um punhado de manjericão fresco rasgado
pimenta-do-reino moída na hora
um maço pequeno de agrião para servir

1. Preaqueça o forno até ficar bem quente. Bata bem os ovos e tempere com pimenta-do-reino a gosto. Reserve.
2. Aqueça bem uma frigideira antiaderente. Junte o azeite, as cebolas, o alho e o pimentão e salteie por 5 minutos. Derrame a mistura de ovos, espalhe por cima o espinafre, os tomates e o manjericão. Cozinhe em fogo baixo, sem mexer, por 3 minutos.
3. Leve a frigideira ao forno e deixe até a parte de cima da fritada dourar bem. Sirva guarnecida com raminhos de agrião.

sopa de cenoura e coentro

rendimento: 4 porções

1/2 colher (sopa) de azeite
1 cebola picadinha
2 dentes de alho amassados
450 g de cenoura ralada e um pouco para servir
1 colher (sopa) de coentro em grão moído
750 ml de caldo de legumes (*veja p. 109*) ou água
suco de limão-siciliano (a gosto)
100 ml de iogurte bio desnatado
um punhado de folhas de coentro picadas
uma pitada de noz-moscada ralada (opcional)
pimenta-do-reino moída na hora

1. Aqueça o azeite numa panela grande. Adicione a cebola e o alho e cozinhe em fogo baixo até amolecer.
2. Junte as cenouras, o coentro em grão e o caldo e deixe ferver. Diminua o fogo e apure por 20 minutos. Deixe esfriar um pouco e bata no liquidificador até virar um purê. Tempere com pimenta-do-reino e suco de limão.
3. Recoloque na panela e aqueça de novo um pouco. Sirva com iogurte, cenoura ralada, coentro fresco picado e noz-moscada, se desejar.

tomate grelhado com espinafre

rendimento: 4 porções

4 fatias grandes de pão de centeio
azeite extravirgem ou óleo de nozes para borrifar
3 punhados grandes de folhas de espinafre no vapor
4 tomates médios maduros em rodelas finas
4 fatias finas de mussarela (opcional)
pimenta-do-reino moída na hora

1. Preaqueça bem o forno. Torre o pão de centeio dos dois lados.
2. Retire e borrife as torradas com um pouco de azeite. Arrume o espinafre e os tomates por cima. Salpique mais azeite ou, se preferir, cubra com uma fatia de mussarela. Tempere a gosto com a pimenta-do-reino.
3. Leve de volta ao forno por alguns minutos até dourar um pouco e o queijo derreter. Sirva imediatamente.

receitas do programa suave

salada de atum, feijão e pimentão

rendimento: 4 porções

400 g de feijões mistos cozidos
200 g de atum em água ou azeite drenado
1 pimentão vermelho sem sementes picado
1 pimentão verde sem sementes picado
1 cebola roxa picada
um punhado de salsa picadinha

Molho:
2 colheres (sopa) de azeite extravirgem ou óleo de nozes
2 colheres (sopa) de vinagre de vinho tinto
1 dente de alho amassado
pimenta-do-reino moída na hora

1. Misture o feijão, o atum, os pimentões, a cebola e a salsa em uma saladeira grande.
2. Prepare o molho: coloque o azeite, o vinagre e o alho num recipiente hermético. Agite bem e tempere a salada com o molho.

salada imperial de peru com cranberries ou amoras

rendimento: 4 porções

um punhado grande de cranberries secos (ou amoras) ou uvas-passas
4 colheres (sopa) de vinagre de vinho tinto
1/2 colher (sopa) de azeite
3 colheres (chá) de curry em pó
1 alface-americana rasgada
150 ml de iogurte bio desnatado
450 g de peito de peru cozido em cubos
1 cenoura média ralada
1 pepino sem sementes picado
um punhado de coentro fresco picado
3 colheres (sopa) de lascas de amêndoas
pimenta-do-reino moída na hora

1. Coloque os cranberries secos com o vinagre em potência alta no microondas por 90 segundos.
2. Aqueça o azeite numa panela, junte o curry e mexa por 1 minuto. Adicione os cranberries e o vinagre e refogue por mais 1 minuto. Passe para uma tigela e deixe na geladeira por 5 minutos. Coloque a alface numa saladeira grande.
3. Misture o iogurte com a mistura resfriada de cranberry. Tempere com a pimenta-do-reino. Junte o peru, a cenoura, o pepino e as folhas de coentro. Amontoe sobre a alface. Polvilhe com lascas de amêndoas e sirva.

salada waldorf com pimentão vermelho

rendimento: 4 porções

4 maçãs vermelhas sem casca picadas
raspas e suco de 1 limão-siciliano
150 g de ricota
4 talos de aipo picados
1 pimentão vermelho sem sementes picado
100 g de nozes cortadas ao meio
1 pé de alface-americana rasgada
um punhado de salsa picada
pimenta-do-reino moída na hora

1. Misture todos os ingredientes, exceto a alface e a salsa.
2. Amontoe a mistura sobre a alface. Salpique com a salsa.

salada de pera, abacate e nozes

rendimento: 4 porções

150 g de ricota
raspas e suco de 1 limão-siciliano
3 colheres (chá) de vinagre de vinho branco
um punhado de cebolinha picada
2 abacates sem casca fatiados
1 pera sem casca picada
folhas mistas de salada
8 metades de nozes
um punhado de lascas de amêndoas
pimenta-do-reino moída na hora

1. Misture todos os ingredientes, exceto as folhas de salada e as nozes. Tempere.
2. Disponha a mistura sobre as folhas e salpique as nozes por cima.

jantar receitas

frango ao alho

rendimento: 4 porções

1 cebola picada
4 talos de aipo picados
2 cenouras picadas
1 pimentão vermelho pequeno picado
1 ramo de tomilho
1 ramo de alecrim
um punhado de folhas de manjericão rasgadas
1 folha de louro
2 bulbos de alho com os dentes descascados sem soltar do bulbo
4 peitos de frango (200 g cada) sem pele
100 ml de vinho branco semisseco
pimenta-do-reino moída na hora
pão integral com crosta para servir (opcional)

1. Preaqueça o forno a 180°C.
2. Coloque os legumes, as ervas e o alho num refratário. Junte os peitos de frango e o vinho e tempere com a pimenta-do-reino. Tampe e asse por 1 1/2 hora.
3. Retire o alho do refratário, tampe e mantenha aquecido. Esprema o alho e passe a pasta resultante no pão. Sirva com o cozido, se quiser.

salmão oriental ao forno

rendimento: 4 porções

4 filés de salmão
4 talos de cebolinha picados
1 pimentão vermelho pequeno em fatias finas
5 cm de gengibre fresco descascado e ralado
um punhado de folhas de coentro picadas
4 colheres (sopa) de azeite
suco de 1 limão
1 colher (sopa) de shoyu light
1 colher (chá) de mel claro (opcional)
pimenta-do-reino moída na hora

1. Preaqueça o forno a 180°C.
2. Forre com papel-alumínio uma assadeira rasa. Coloque os filés de salmão numa camada única no centro. Espalhe por cima a cebolinha, o pimentão vermelho, o gengibre e o coentro.
3. Misture o azeite, o suco de limão, o shoyu e o mel (se usar). Tempere e derrame a mistura sobre o peixe. Cubra com mais papel-alumínio e vede.
4. Asse por 45 minutos. Desembrulhe o peixe e sirva em pratos aquecidos regando com o caldo de cozimento do peixe.

salmão com pimentão vermelho salteado

rendimento: 4 porções

4 filés de salmão
1/2 colher (sopa) de azeite
um punhado de manjericão, dill ou salsa picada
Pimentão salteado:
1 colher (chá) de azeite
1 cebola em rodelas finas
2 dentes de alho amassados
2 pimentões vermelhos picados
100 ml de vinho tinto seco
pimenta-do-reino moída na hora

1. Preaqueça o forno a 180°C.
2. Coloque o salmão num refratário raso. Unte com o azeite e tempere com a pimenta. Asse por 20 minutos, até ficar cozido.
3. Enquanto isso, prepare o pimentão. Aqueça uma wok com o azeite e gire-a para espalhar. Refogue a cebola e o alho por 5 minutos. Junte o pimentão e deixe mais 5 minutos. Despeje o vinho e cozinhe mais 5 minutos, até a maior parte do líquido evaporar.
4. Distribua o salteado entre quatro pratos. Coloque um filé por cima e salpique as ervas por cima.

receitas do programa suave

peru picante à mexicana

rendimento: 4 porções

4 colheres (sopa) de amêndoas branqueadas
6 colheres (sopa) de sementes de gergelim
6 colheres (sopa) de uvas-passas
1-2 pimentas vermelhas sem sementes
2 dentes de alho amassados
2 colheres (chá) de canela em pó
1 colher (chá) de cominho em pó
1 cebola picada
4 tomates grandes sem pele nem sementes picados
2 colheres (sopa) de azeite
350 ml de caldo de legumes (veja p. 109) ou água
30 g de chocolate meio-amargo ralado
1 kg de peito de peru sem pele em cubos médios
um punhado de folhas de coentro picadas
pimenta-do-reino moída na hora

1. Preaqueça o forno a 180°C.
2. Toste as amêndoas e o gergelim numa frigideira seca em fogo médio. Bata no liquidificador com as passas, a pimenta vermelha, o alho, a canela e o cominho. Junte a cebola e os tomates e bata mais um pouco.
3. Aqueça o azeite numa panela, junte o molho e cozinhe por 5 minutos. Adicione o caldo e o chocolate e mexa. Tempere com a pimenta-do-reino.
4. Coloque o peito de peru num refratário e regue com o molho. Cubra e asse por 45 minutos. Junte o coentro. Sirva.

frango à cubana

rendimento: 4 porções

4 peitos de frango sem pele
suco de 2 laranjas e casca em tirinhas para servir
suco de 1 limão
1 colher (chá) de azeite
2 dentes de alho amassados
um punhado de ervas frescas picadas
1 pimenta vermelha sem sementes picada
um punhado de rúcula
1/4 de pepino grande fatiado
pimenta-do-reino moída na hora

1. Preaqueça o forno a 180°C.
2. Disponha o frango num refratário. Misture os ingredientes restantes, exceto a rúcula e o pepino, e distribua sobre o frango. Deixe marinar por 1 hora.
3. Asse por 25 minutos, até cozinhar. Sirva com a casca de laranja e a salada de rúcula e pepino.

badejo ao estragão

rendimento: 4 porções

1 litro de caldo de legumes (veja p. 109) ou água
400 g de batatas-bolinha em fatias
450 g de legumes verdes mistos (brócolis, vagem, ervilha-torta, abobrinha fatiada e ervilhas)
150 g de ricota
um punhado de estragão picado
pimenta-do-reino moída na hora
4 filés de badejo (200 g cada)

1. Preaqueça o forno a 180°C.
2. Despeje o caldo numa panela grande e deixe ferver. Junte as batatas e cozinhe em fogo brando por 10 minutos. Disponha-as num refratário e reserve o caldo. Distribua os legumes sobre as batatinhas.
3. Misture a ricota e o estragão com um pouco do caldo formando um molho grosso. Tempere com a pimenta e derrame sobre os legumes. Disponha o peixe por cima e asse por 30 minutos. Sirva.

à direita: frango à cubana

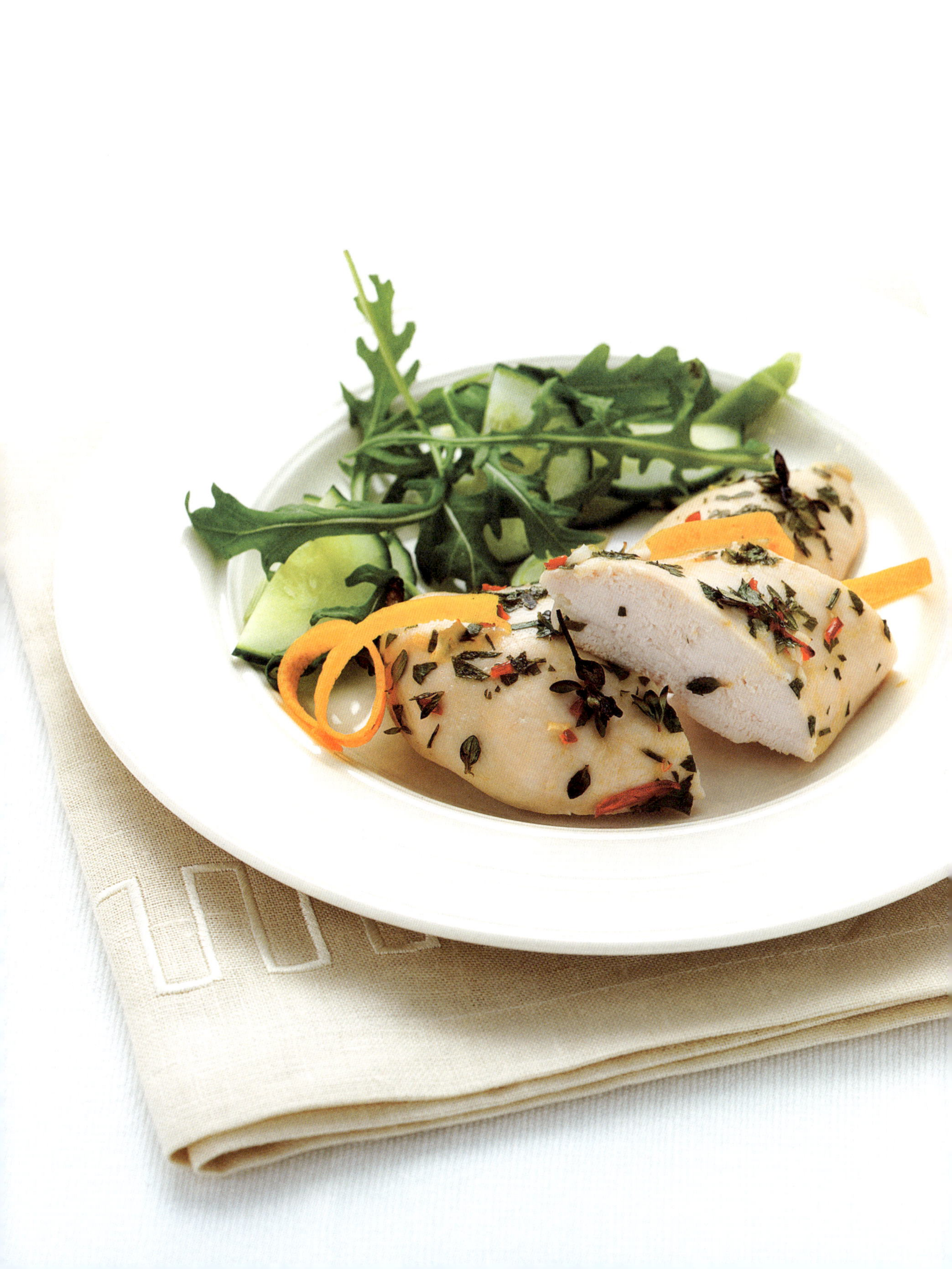

trigo com pimentão e brotos de feijão

rendimento: 4 porções

200 g de trigo integral deixado de molho na véspera
1,2 litro de caldo de legumes (*veja p. 109*)
1 pimentão vermelho, 1 verde e 1 amarelo em fatias finas
4 tomates em rodelas finas
um punhado de brotos de feijão
1 pimenta vermelha picada
um punhado de salsa e hortelã
raspas e suco de 1 limão-siciliano
pimenta-do-reino moída na hora

1. Coloque os ingredientes numa panela grande e cozinhe por cerca de 1 hora, até o trigo ficar macio.
2. Sirva quente ou frio.

truta com amêndoas e batata-doce

rendimento: 4 porções

4 batatas-doces pequenas em fatias grossas
um punhado de lascas de amêndoas
2 colheres (sopa) de azeite
2 colheres (sopa) de vinagre de vinho tinto
4 filés de truta untados com azeite
raspas e suco de 1 laranja
raspas e suco de 1/2 limão-siciliano
um punhado de salsa picada
pimenta-do-reino moída na hora

1. Preaqueça o forno a 180°C.
2. Coloque a batata-doce, as amêndoas, o azeite e o vinagre numa tigela e misture. Adicione a pimenta. Ponha numa assadeira grande e asse por 20 minutos.
3. Tire a assadeira do forno e amontoe as batatas e as amêndoas de um lado. Coloque cada filé no centro de um pedaço de papel-alumínio. Borrife com os sucos de laranja e limão, polvilhe com as raspas e feche bem, vedando o peixe. Coloque os envelopes na parte livre da assadeira. Leve ao forno e asse por mais 20 minutos, até o peixe cozinhar.
4. Salpique a salsa e sirva.

salada mediterrânea ao molho balsâmico

rendimento: 4 porções

Molho balsâmico:
5 colheres (sopa) de vinagre balsâmico
5 colheres (sopa) de azeite extravirgem
1 colher (chá) de mostarda em grão
3 dentes de alho amassados
folhas de 1 ramo de alecrim picadas
pimenta-do-reino moída na hora

1 cebola roxa cortada em oito
2 abobrinhas em quartos no sentido do comprimento
8 tomates-cerejas cortados ao meio
1 pimentão vermelho, 1 verde e 1 amarelo picados
250 g de rúcula ou verduras baby
um punhado de salsa picada

1. Preaqueça bem o forno.
2. Ponha todos os ingredientes do molho num pote com tampa e agite.
3. Coloque a cebola, a abobrinha, os tomates e os pimentões numa assadeira e unte com um pouco do molho. Grelhe por 8 minutos, até cozinhar. Deixe esfriar um pouco e transfira para uma saladeira.
4. Adicione as folhas de rúcula, o restante do molho e misture bem. Salpique a salsa e sirva.

perna de cordeiro ao vinho tinto

rendimento: 4 porções

folhas de 2 ramos de alecrim picadas
2 dentes de alho picados
2 colheres (sopa) de azeite
4 pernas de cordeiro
600 ml de vinho tinto encorpado
1 cebola picada
2 talos de aipo picados
2 cenouras picadas
um punhado de hortelã picada
pimenta-do-reino moída na hora

1. Misture o alecrim, o alho e o azeite. Tempere com a pimenta.
2. Coloque as pernas de cordeiro numa vasilha grande e funda. Faça vários talhos profundos na carne e enfie neles um pouco da mistura de alecrim e alho. Espalhe o resto da mistura na carne. Regue com o vinho, cubra e deixe marinar na geladeira por 2 horas no mínimo, mas de preferência a noite toda.
3. Preaqueça o forno a 170°C. Coloque a cebola, o aipo, as cenouras e a hortelã num refratário. Coloque as pernas de cordeiro por cima e despeje a marinada. Tampe e cozinhe por 1 hora. Tire a tampa e asse por mais 1 hora. Sirva.

sobremesa receitas

banana assada ao limão com sementes de abóbora

rendimento: 4 porções

4 bananas picadas
um punhado de sementes de abóbora
3 colheres (chá) de coco ralado seco
1 colher (sopa) de mel claro (opcional)
suco de 1 limão
iogurte desnatado para servir

1. Preaqueça o forno a 180°C.
2. Misture todos os ingredientes, exceto o iogurte, num refratário. Asse por 15 minutos. Sirva morno acompanhado de iogurte.

pera ao chocolate

rendimento: 4 porções

4 peras maduras
4 nozes picadas
um punhado de lascas de amêndoas
um punhado de frutas silvestres picadas
100 g de chocolate amargo
4 colheres (sopa) de café preto descafeinado frio
4 colheres (sopa) de leite desnatado (ou de amêndoas)

1. Descasque as peras e corte uma fatia da base, para que parem em pé. Retire o miolo pela base. Deixe a parte de cima intacta.
2. Misture as nozes e as frutas e pressione um pouco da mistura na parte oca da pera. Coloque as frutas em pé num prato de sobremesa.
3. Derreta o chocolate em banho-maria. Adicione o café, o leite e mexa. Com uma colher, derrame a mistura sobre as peras e leve-as à geladeira por 2-3 horas. Sirva com o resto da mistura de nozes e frutas por cima.

receitas do programa suave

pêssegos assados com framboesa

rendimento: 4 porções

4 pêssegos grandes
100 ml de vinho branco seco
2 punhados de framboesas
iogurte desnatado para servir

1. Preaqueça o forno a 180°C.
2. Escalde os pêssegos por 3 minutos em água fervente. Retire da água e descasque. Corte-os ao meio e retire o caroço. Arrume as metades numa assadeira com a parte cortada para cima.
3. Coloque 4 ou 5 framboesas na cavidade de cada pêssego, com um pouco de vinho. Derrame o vinho restante ao redor dos pêssegos.
4. Asse por 15-20 minutos. Sirva mornos com iogurte.

pudim de verão sem açúcar

rendimento: 4 porções

6 fatias finas de pão integral sem a casca
350 g de frutas silvestres mistas lavadas e limpas
iogurte desnatado para servir

1. Forre uma tigela pequena de pudim com 4 fatias de pão; corte-os de forma que encaixem bem. Coloque as frutas e 2 colheres (sopa) de água numa panelinha e ferva em fogo baixo. Cozinhe por 2 minutos.
2. Com uma colher, passe as frutas para a tigela forrada de pão, reservando o excesso de suco. Cubra as frutas com as fatias restantes. Coloque um prato sobre o pudim e um peso por cima do prato. Deixe na geladeira por cerca de 8 horas.
3. Retire o peso e o prato. Coloque um prato de servir sobre a tigela e, com cuidado, vire para desenformar o pudim. Despeje o resto do caldo reservado por cima. Sirva com iogurte.

pudim de verão sem açúcar

programas naturais de saúde

petiscos, lanches e bebidas

guacamole

rendimento: 4 porções

1 abacate maduro descascado
suco de 1/2 limão
2 colheres (chá) de azeite extravirgem
1 pimenta verde pequena
pimenta-do-reino moída na hora
um punhado de cebolinha picada
torradas integrais ou bolachas de aveia

1. Bata o abacate, o suco de limão, o azeite e a pimenta verde no liquidificador, até obter uma pasta uniforme. Tempere com pimenta-do-reino e ponha numa tigela. Salpique a cebolinha por cima.
2. Passe o guacamole nas torradas ou nas bolachas e sirva.

patê de truta defumada ao limão

rendimento: 4 porções

250 g de filés de truta defumada
4 colheres (sopa) de iogurte bio desnatado
raspas e suco de 1 limão-siciliano
um punhado de salsa picada
pimenta-do-reino moída na hora
pão de centeio, bolachas de arroz ou pão sueco

1. Despedace o peixe e retire as espinhas. Misture o iogurte, o suco e as raspas de limão e a salsa. Tempere com pimenta-do-reino.
2. Sirva sobre o pão ou sobre as bolachas.

vitamina de manga e papaia

rendimento: 4 porções

1 manga grande em cubos
1 papaia descascada picada
600 ml de leite desnatado (ou de amêndoas)
150 ml de iogurte bio desnatado
um punhado de gelo picado

1. Bata todos os ingredientes no liquidificador até ficar uniforme. Sirva imediatamente.

suco de laranja com cenoura

rendimento: 4 porções

10 laranjas sem casca nem caroço em quartos
4 cenouras grandes raladas
um punhado de gelo picado para servir

1. Bata no liquidificador as laranjas e as cenouras. Sirva com gelo picado.

caldo de legumes

rendimento: 3 litros

6 cenouras picadas
3 cebolas picadas
3 alhos-porós picados
3 talos de aipo picados
um punhado de verduras tipo alface
6 ramos de salsa com os talos
3 ramos de tomilho
1 ramo de alecrim
1 folha de louro
6 grãos de pimenta
3,5 litros de água

1. Coloque todos os ingredientes numa panela grande, tampe e deixe ferver. Retire toda a espuma que se formar. Apure por 1 hora.
2. Deixe esfriar e coe. Não force a passagem de sólidos pela peneira.

receitas do programa suave

introdução ao programa moderado

O programa moderado é um passo adiante do programa suave. É ideal para quem completou o suave e quer continuar; ou para quem quer atingir maiores benefícios no controle pressão arterial dos que os oferecidos pelo programa suave. É preciso estar relativamente em forma e saudável e já se alimentar com muitas frutas e legumes frescos.

Há 14 planejamentos diários, que podem ser repetidos para se chegar a um programa de 28 dias. Siga o programa durante um mês pelo menos, antes de verificar os benefícios. Assim que se sentir confortável com as mudanças na dieta e em sua rotina diária, fique à vontade para fazer ajustes que levem em consideração suas preferências e estilo de vida.

A dieta do programa moderado

Os planos diários de alimentação se baseiam numa dieta de baixo índice glicêmico (IG). Além de seguir os princípios do programa DASH (*veja p. 46*), a dieta inclui mais superalimentos que são benéficos em especial para os hipertensos (*veja pp. 56-59*). Há mais pratos vegetarianos e à base de peixes do que no programa suave, e eu ainda introduzo brotos de sementes e feijão preparados em casa, suco de frutas e de legumes caseiros e uma maior variedade de grãos do que a consumida até aqui.

Esta dieta tem o potencial de baixar a pressão de 7/4 a 11/5 mmHg ou mais, em 30 dias, mesmo se estiver tomando anti-hipertensivos. Esta dieta também diminuirá os níveis de colesterol total e LDL e de triglicérides.

Como parte do programa moderado, pode-se comer 40-50 g de chocolate amargo (com no mínimo 70 por cento de cacau) por dia e tomar até 150 ml de vinho tinto por dia, se desejar. O suco de uva roxa sem açúcar fornece uma fonte alternativa de antioxidantes para os que preferem não ingerir álcool.

Brotos de feijão e de sementes Recomendo que durante este programa você comece a produzir seus próprios brotos de feijão e sementes. É fácil fazê-lo num pote de geléia, mas é possível adquirir um germinador próprio que apresente as condições necessárias de calor e umidade ideais. Os brotos obtidos em casa são uma ótima fonte de vitaminas, minerais, oligoelementos e enzimas vivas. Pode-se adicioná-los a saladas, refogados, arroz, sopas e a todo o tipo de pratos com frango e peixe ou vegetarianos. Adquira as sementes em lojas de produtos naturais; nunca use sementes especializadas para o plantio, pois muitas vezes são preparadas com defensivos tóxicos. Simplesmente lave 4-6 colheres de sopa de sementes ou feijão-mungo orgânicos. Coloque num recipiente de vidro ou espalhe sobre um germinador, deixando-os crescer por três a cinco dias. Escolha entre: sementes de alfafa, rabanete, brócolis, nabo, trevinho, mostarda e agrião; use também trigo, lentilhas, quinua ou feijão-mungo (moyashi).

Sucos feitos em casa É importante ter um espremedor de frutas, para fazer sucos em casa. Sucos preparados na hora têm uma textura cremosa, um matiz leitoso e são mais ricos em vitaminas e antioxidantes do que os deixados na prateleira ou geladeira por alguns dias. Embora se retire grande parte das fibras insolúveis

Lista de compras

Você precisará de todos os itens de alimentos e bebidas da lista de compras do programa suave (*veja p. 80*). Além disso, precisa ter os seguintes produtos (se possível, compre-os regularmente, em pequenas quantidades, para garantir o frescor):

bebidas
café descafeinado
chá rooibos de baunilha
vinho rosé

laticínios e derivados de soja
tofu firme
tofu silken (macio)

frutas e legumes
abóbora-moranga
ameixa
azeitonas pretas
beterraba
brotos de feijão e sementes para brotos
cogumelos
erva-doce
folhas de uva
radicchio
romã

nozes, castanhas e sementes (escolha sempre as sem sal)
avelãs
castanhas-de-caju
pinholes
sementes de papoula

ervas e molhos
erva-cidreira
molho pesto com pouco sódio

grãos
arroz selvagem
arroz vermelho
massa de lasanha integral ou verde
quinua
semolina

proteínas
camarão
carne de siri
corvina
feijão-preto

diversos
água de rosas

---

da fruta ou legume ao prepará-los, obtêm-se significativamente mais vitaminas e minerais do que ao ingerir frutas e vegetais em seu estado cru natural. O segredo está na concentração. Uma porção de 100 ml de suco de cenoura fornece tanto betacaroteno quanto 0,5 kg de cenoura crua. Aqui vão algumas dicas de como preparar sucos deliciosos em casa:

- Apanhe frutas e legumes frescos (da horta e do pomar). Após a colheita, o conteúdo de vitaminas cai.
- Se possível, compre alimentos orgânicos, que não tenham tido contato com fertilizantes ou pesticidas artificiais.
- Escolha alimentos firmes, roliços, com uma boa cor.
- Frutas cítricas com a casca firme precisam ser descascadas antes do preparo do suco, mas limões podem ser processados intactos para obter sabor mais intenso.
- Selecione variedades de uvas sem sementes e retire os cabinhos para evitar que fique amargo.
- Algumas frutas, como banana e abacate, podem ser difíceis de transformar em suco: é melhor amassá-las ou bater no liquidificador e então misturar em outras bases de suco.
- É possível fazer qualquer mistura de fruta, legume ou erva: experimente!
- Dilua os sucos com água mineral para matar a sede. O leite pode também ser adicionado a alguns sucos, como o de cenoura.

Varie os grãos Alguns grãos apresentados no programa moderado podem não ser familiares, então segue um breve guia para o arroz vermelho, o arroz selvagem e a quinua.

O arroz vermelho (como o da Camargue, no sul da França, e o do Butão) lembra o sabor das nozes e tem textura borrachuda. Tem o mesmo valor nutricional do integral, mas cozinha na metade do tempo. O arroz selvagem é a semente de uma planta aquática. É fermentado para ser mais fácil de debulhar e para melhorar o sabor, que lembra nozes. É comum misturá-lo

Suplementos do programa moderado

Os suplementos que sugiro que tome ao seguir o programa moderado são similares aos do programa suave, mas, quando apropriado, numa dose mais alta e terapêutica. Outras informações sobre os suplementos e seus efeitos para baixar a pressão arterial se encontram nas páginas 60-63.

suplementos diários recomendados

- vitamina C (1.000 mg)
- vitamina E (400i.u/268 mg)
- complexo de licopeno carotenoide (15 mg)
- selênio (100 mcg)
- coenzima Q10 (90 mg)
- cápsulas de alho (com alicina 1.000–1.500 mcg)
- óleo de peixe ômega-3 (600 mg diários; por exemplo, 2 x 1 g de cápsulas de óleo de peixe, cada uma suprindo 180 mg EPA mais 120 mg DHA)

suplementos diários opcionais (fornecem benefícios adicionais para a saúde)

- ácido alfalipoico (200 mg). Pode ser combinado com L-carnitina em uma proporção de 1:1
- magnésio (300 mg)
- cálcio (800 mg)
- ácido fólico (600 mcg) mais vitamina B12 (50 mcg)
- reishi (1000 mg)
- extrato de mirtilo (120 mg – padronizado para fornecer 25 por cento de antocianinas)
- probióticos (bebidas fermentadas à base de leite, iogurte bio ou suplementos)

---

com arroz integral ou vermelho.

A quinua é a semente de uma planta parente do espinafre. É uma excelente fonte de proteína (50 por cento mais que a maioria dos grãos), vitaminas E e do complexo B, e folato, além de minerais como potássio, magnésio, zinco, cobre e manganês.

Alimentos a evitar ou a moderar Como já recomendei no programa suave, retire da despensa quaisquer alimentos que contenham muito açúcar, sal, gordura saturada ou trans. Não coloque sal durante o preparo dos alimentos ou à mesa. Dê mais sabor aos alimentos adicionando ervas frescas ou pimenta-do-reino.

A rotina de exercícios do programa moderado

O programa moderado de exercícios foi planejado para os que estão relativamente em forma e que já se exercitam com regularidade, durante 30 minutos ou mais, na maioria dos dias da semana. No decorrer do programa, você aumentará o tempo de exercícios. Também fará exercícios com pesos, para complementar os aeróbicos que já está fazendo. Na segunda metade do programa, apresento o chi kung (veja p. 44). Além de ajudar na melhora do bem-estar físico, o chi kung relaxa a mente.

Ao iniciar um programa de exercícios, sempre monitore a pulsação durante 10 segundos (veja p. 69). Se tiver angina ou histórico familiar de ataque cardíaco, peça orientação ao médico sobre a quantidade de exercícios que pode fazer.

As terapias do programa moderado

Neste programa, apresento terapias complementares que podem reduzir a pressão arterial. Você encontrará ainda técnicas diretas de relaxamento para praticar durante muitos dias do programa. Verifique agora mesmo os 7º, 13º e 14º dias do programa, e agende consultas com os terapeutas indicados.

programa moderado primeiro dia

Cardápio diário
- **Café-da-manhã:** müsli caseiro (*veja p. 100*) com amêndoas picadas e frutas vermelhas
- **Lanche matinal:** uma fruta (*escolha da lista na p. 80*)
- **Almoço:** meio abacate. Uma porção de salada de folhas mistas regadas com uma colher (sopa) de sementes e molho balsâmico (*veja p. 106*). Iogurte bio desnatado com mirtilos
- **Lanche da tarde:** um punhado de amêndoas
- **Jantar:** lasanha de cogumelos e nozes (*veja p. 138*). Brócolis. Minicenouras. 40-50 g de chocolate amargo
- **Bebidas:** 570 ml de leite semidesnatado ou desnatado. Suco natural de fruta ou de legumes preparado na hora. Chá verde, preto, branco ou de ervas, e água mineral à vontade. 150 ml de vinho tinto ou suco de uva integral sem açúcar
- **Suplementos:** veja p. 113

Rotina diária de exercícios
Durante a primeira semana deste programa, estabeleci exercícios que tonificam os músculos, dando força e flexibilidade, importantes para prepará-lo para um nível crescente de atividade física. Comece sentado, erguendo os pés, trabalhando os músculos anteriores das coxas. Além dos exercícios de fortalecimento muscular, caminhe durante 30 minutos em ritmo moderado para rápido.

Elevação das pernas sentado
1. Sente-se ereto na ponta da cama com os pés bem apoiados no chão e as mãos sobre a cama.
2. Estenda a perna esquerda até ficar reta, à frente.
3. Mantenha-a elevada, conte até três e abaixe-a devagar.
4. Repita 10 vezes. Faça o mesmo com a perna direita.

Respiração de ioga
No decorrer dos próximos dias, explicarei algumas técnicas básicas de respiração da ioga chamadas pranayama, que podem ser usadas como preparação para a meditação mais profunda. A técnica de hoje é conhecida como dirgha, a respiração em três partes. Talvez seja a mais importante pranayama iogue, pois supera a aflição moderna da respiração superficial.

Dirgha – a respiração de três partes
1. Sente-se com as pernas cruzadas e as costas eretas. Feche os olhos e inspire e expire, concentrando-se na expansão e contração da caixa torácica.
2. Inspire para a parte inferior da caixa torácica e, a cada expiração, sinta toda a tensão se esvaindo.
3. Agora inspire para a parte inferior da caixa torácica e, então, inspire mais um pouco, expandindo ainda mais a parte mediana do tórax.
4. Continue a inspirar, fazendo que a terceira parte da inspiração expanda a parte superior de seus pulmões – sinta as clavículas se elevarem.
5. Respire dessa maneira suave por 5 minutos ou por quanto tempo quiser. Se sentir a cabeça muito leve, pare. Termine respirando normalmente por 10 minutos em contemplação tranquila. Mantenha o sentimento adquirido de calma durante o dia.

segundo dia

Cardápio diário
- **Café-da-manhã:** mingau de aveia com fatias de maçã
- **Lanche matinal:** uma fruta
- **Almoço:** uma porção de pimentão verde, amarelo e vermelho fatiados, brotos de feijão, aipo e salada de folhas mistas borrifadas com molho balsâmico (*veja p. 106*). Macarrão integral. Iogurte bio desnatado com uvas roxas ou pretas
- **Lanche da tarde:** um punhado de nozes
- **Jantar:** filé de salmão assado com limão, alho e dill. Vagem ao vapor borrifada com óleo de amêndoas. Arroz integral, vermelho ou selvagem, ou quinua. Banana assada com iogurte bio
- **Bebidas:** 570 ml de leite semidesnatado ou desnatado. Suco natural de fruta ou legumes preparado na hora. Chá verde, preto, branco ou de ervas, e água mineral à vontade. 150 ml de vinho tinto ou suco de uva integral sem açúcar
- **Suplementos:** veja p. 113

A sobremesa de hoje é banana assada. Na medicina aiurvédica, a banana é utilizada para ajudar a abaixar a pressão. É uma boa fonte de potássio e também tem uma enzima com ação bloqueadora da conversão em angiotensina (maior em bananas maduras).

Rotina diária de exercícios
Hoje, caminhe durante 30 minutos em ritmo moderado/rápido. Faça os exercícios tonificantes dos músculos do 1º dia, seguidos destes agachamentos, que tonificam os braços e as pernas. Para os agachamentos, precisará de dois pesos pequenos de cerca de 450 g cada. Podem ser latas de alimentos ou halteres.

Agachamento a partir da posição sentada
1. Sente-se na beira da cama, de modo que os dedos dos pés estejam abaixo dos joelhos e os pés e joelhos estejam alinhados com os ombros.
2. Segure um peso em cada mão e posicione os cotovelos na lateral, de modo que a parte de trás das mãos repouse sobre a cama.
3. Inspire profundamente e, ao expirar, erga-se devagar, levantando os pesos na altura dos ombros.
4. Inspire profundamente e, ao expirar, sente-se devagar, ao mesmo tempo em que abaixa os braços. Faça os movimentos o mais lentamente possível, sentindo a contração muscular. Repita 10 vezes.

Respiração de ioga
A pranayama de hoje pode ser feita em praticamente qualquer momento, sem que ninguém note.

Extensão da expiração
1. Sente-se confortavelmente com os braços soltos na lateral. Inspire devagar até os pulmões se encherem de ar. Concentre-se na elevação do abdome e não no tórax. Expire e tente esvaziar totalmente os pulmões.
2. Aos poucos, acelere as inspirações e deixe as expirações mais vagarosas, até levar 3 segundos para inspirar e 7 para expirar.
3. Continue a respirar dessa forma, numa proporção de seis respirações por minuto (metade do ritmo normal). Concentre-se no esvaziamento dos pulmões e mantenha o fluxo de ar contínuo – não prenda a respiração entre a inspiração e a expiração. Faça a respiração durante 5 minutos.

programa moderado terceiro dia

Cardápio diário

- **Café-da-manhã:** iogurte magro com castanha-do-pará e mirtilos
- **Lanche matinal:** uma fruta
- **Almoço:** creme de agrião (*veja p. 133*). Salada de folhas mistas salpicadas com nozes sortidas, brotos de feijão, dill, beterraba ralada e molho balsâmico (*veja p. 106*). Bolachas de aveia. Iogurte bio desnatado com uva preta
- **Lanche da tarde:** um punhado de amêndoas
- **Jantar:** pimentão assado e trigo com ervas (*veja p. 138*). Salada de folhas mistas salpicadas com nozes sortidas. Salada de frutas tropicais
- **Bebidas:** 570 ml de leite semidesnatado ou desnatado. Suco natural de fruta ou legumes preparado na hora. Chá verde, preto, branco ou de ervas, e água mineral à vontade. 150 ml de vinho tinto ou suco de uva integral sem açúcar
- **Suplementos:** veja p. 113

Hoje, enquanto caminha em ritmo acelerado, lembre-se de que esta sessão de exercício moderadamente intenso pode baixar sua pressão por 24 horas. Após três dias seguidos de exercício, a pressão continua baixa por um período maior. Três entre quatro pessoas que sofrem de hipertensão obtêm benefícios ao fazer exercícios com regularidade, com uma queda de pressão média de 11/8 mmHg. A pressão retorna aos níveis anteriores ao exercício após uma ou duas semanas de inatividade.

Rotina diária de exercícios

Hoje, caminhe por 30 minutos em ritmo moderado/rápido. Faça os exercícios que tonificam os músculos do 1º e 2º dias, seguidos da ponte sentada, que tonifica os músculos das costas, pernas e braços.

Ponte sentada

1. Sente-se na cama, com os pés bem apoiados no chão e os joelhos dobrados em 90°. Apoie as palmas das mãos na beira da cama, de lado, com os dedos para a frente.
2. Inspire profundamente e, ao expirar, erga os quadris apoiando o peso nas palmas das mãos e nos pés. Continue a erguer o corpo e a arquear as costas, até ficar em posição de ponte. Permaneça na posição por 20 segundos (respirando normalmente), depois sente-se devagar.

Respiração de ioga

O exercício respiratório de hoje melhora a concentração e promove um sentimento de poder e singularidade.

Ujjayi – a respiração do oceano

1. Sente-se no chão com as pernas cruzadas. Inspire profundamente e expire pela boca. Comece a sussurrar baixinho: haaaaaaah, quando estiver expirando, contraindo o fundo da garganta, como se quisesse embaçar uma janela.
2. Repita várias vezes ao expirar. Quando se sentir à vontade ao fazê-lo, faça o mesmo ruído ao inspirar. A respiração terá o mesmo som do oceano, da vazante e da montante.
3. Agora repita a mesma respiração pelo nariz. Pratique por alguns minutos.

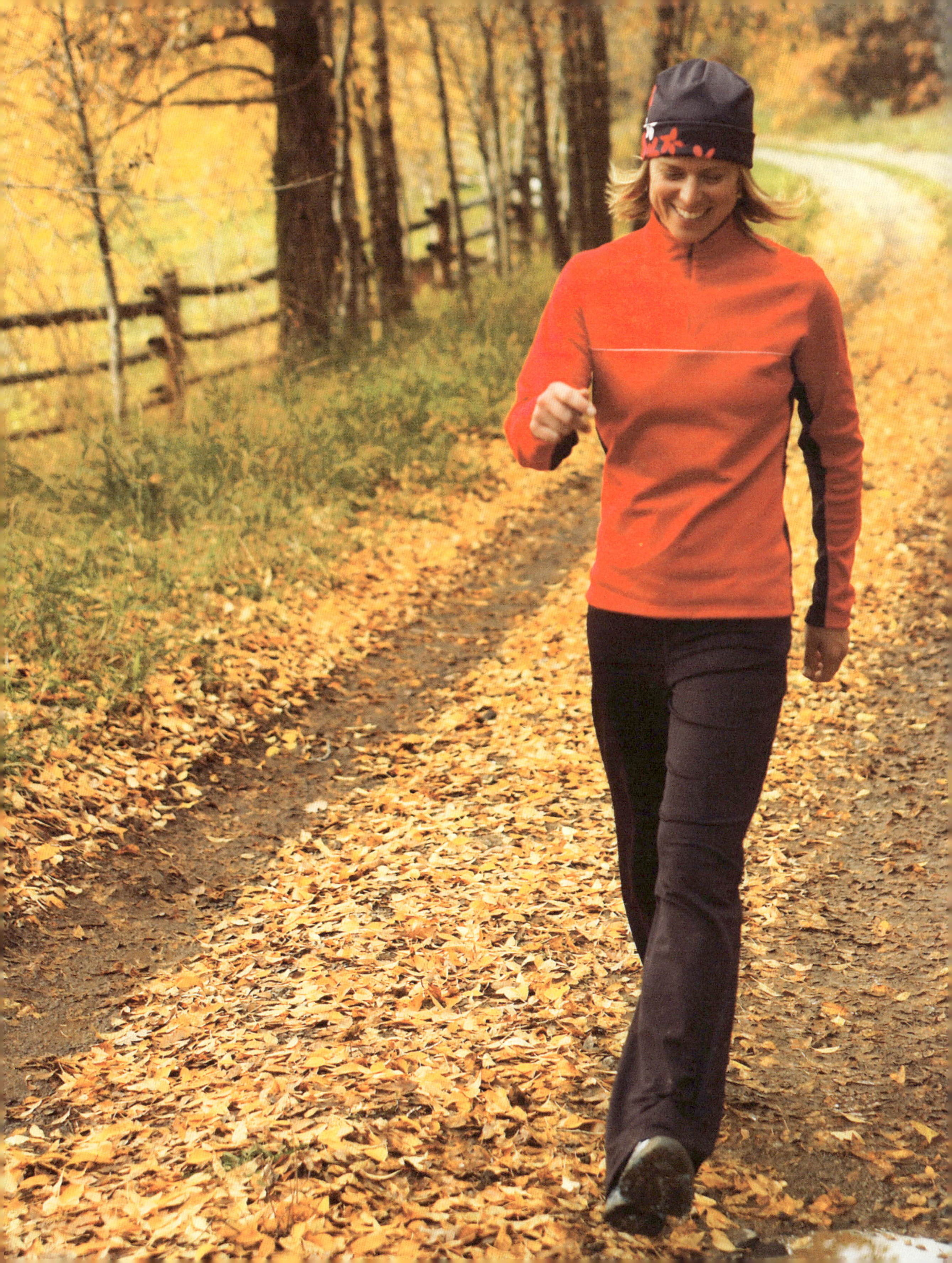

① ② ③ **④**

programa moderado quarto dia

Cardápio diário
- **Café-da-manhã:** müsli caseiro (*veja p. 100*) com tâmaras
- **Lanche matinal:** uma fruta
- **Almoço:** sardinha com manga (*veja p. 134*). Pãozinho integral. Iogurte bio desnatado com fruta fresca
- **Lanche da tarde:** um punhado de nozes
- **Jantar:** peru refogado com brotos de feijão (*veja p. 138*). Couve-chinesa. Arroz vermelho, integral ou selvagem, ou quinua, 40-50 g de chocolate amargo
- **Bebidas:** 570 ml de leite semidesnatado ou desnatado. Suco natural de fruta ou legumes preparado na hora. Chá verde, preto, branco ou de ervas, e água mineral à vontade. 150 ml de vinho tinto ou suco de uva integral sem açúcar
- **Suplementos:** veja p. 113

Rotina diária de exercícios
Hoje, caminhe durante 30 minutos em ritmo moderado/rápido. Faça os exercícios que tonificam os músculos do 1º ao 3º dia, e este exercício de tríceps para tonificar a parte superior dos braços.

Exercício para o tríceps
1 Sente-se na beira da cama, com os pés bem apoiados no chão e os joelhos flexionados. Apoie as mãos na beirada, com os dedos para a frente.
2 Mantenha os braços estendidos e erga os quadris. Deixe as costas eretas e os músculos do abdome contraídos, dobre os cotovelos e abaixe, em direção ao chão. Cuidado para os cotovelos não virarem para fora; tente juntá-los um pouco.
3 Estenda os braços para tornar a erguer os quadris. Repita cinco vezes.

Respiração de ioga
O exercício respiratório de hoje ensina como interromper a inspiração. Serve como introdução para o de amanhã, que baixa a pressão arterial. O exercício de hoje não será repetido, e foi incluído apenas para que se familiarize com a técnica.

1º estágio do viloma pranayama
1 Passe 5 minutos relaxando calmamente, na postura do cadáver (*veja p. 97*), com os olhos fechados.
2 Inspire por 2-3 segundos e prenda a respiração por mais 2-3 segundos. Inspire por mais 2-3 segundos antes de prender a respiração novamente. Repita até os pulmões se encherem (em geral 4-5 minirrespirações)
3 Agora expire lenta e regularmente. Respire normalmente antes de repetir o exercício. Fique um tempo em contemplação silenciosa antes de se levantar.

> **Respiração calmante**
> Pesquisas mostram que a respiração da ioga ajuda a reduzir o consumo de oxigênio, diminui a frequência cardíaca e baixa a pressão arterial.

quinto dia

Cardápio diário
- **Café-da-manhã:** cogumelos picantes ao alho (*veja p. 132*)
- **Lanche matinal:** uma fruta
- **Almoço:** rolinhos de linguado (*veja p. 134*). Salada de folhas mistas borrifadas com óleo de nozes e salpicadas com sementes. Pãozinho integral. Iogurte bio desnatado e kiwi
- **Lanche da tarde:** um punhado de amêndoas
- **Jantar:** berinjela com canela (*veja p. 136*). Espinafre. Milho. Macarrão integral. Manjar de aveia (*veja p. 140*)
- **Bebidas:** 570 ml de leite semidesnatado ou desnatado. Suco natural de fruta ou legumes preparado na hora. Chá verde, preto, branco ou de ervas, e água mineral à vontade. 150 ml de vinho tinto ou suco de uva integral sem açúcar
- **Suplementos:** veja p. 113

A refeição principal de hoje contém berinjela, um legume ao qual se atribui o poder de reduzir as taxas de colesterol, pela ação antioxidante e pelo estímulo de produção de bile no fígado, aumentando a excreção de colesterol. Embora as receitas em geral sugiram retirar o sumo amargo da berinjela utilizando sal, não aconselho tal prática. Não é bom salgar quando se é hipertenso, e os ingredientes amargos da berinjela são os responsáveis pelos benefícios à saúde.

Rotina diária de exercícios
Caminhe durante 30 minutos em ritmo moderado/acelerado. Faça os exercícios que tonificam os músculos do 1º ao 4º dia e o exercício de extensão de pernas, que tonifica as nádegas e a parte posterior das coxas.

Extensão de pernas ajoelhado
1. Fique de quatro, com a cabeça ligeiramente pendida e as costas eretas, paralelas ao chão.
2. Estique uma perna para trás, de modo a esticá-la totalmente. Mantenha a posição, conte até três, e volte à posição inicial.
3. Repita 10 vezes com cada perna.

Respiração da ioga
O 2º estágio do viloma pranayama é um exercício de respiração avançado que reduz a hipertensão. O ritmo fica mais fácil de entender se você fez o exercício do dia anterior, de respiração interrompida.

2º estágio do viloma pranayama
1. Passe 5 minutos relaxando calmamente, na postura do cadáver (*veja p. 97*), de olhos fechados.
2. Quando se sentir pronto, expire totalmente, até sentir o pulmão vazio. Então inspire suavemente, até sentir o pulmão bem cheio.
3. Expire aos poucos, por 2-3 segundos, faça uma pausa e prenda a respiração por 2-3 segundos. Expire por mais 2-3 segundos antes de nova pausa. Repita até sentir o pulmão vazio (em geral, após 5-6 pausas).
4. Inspire e expire normalmente algumas vezes, repita a respiração.
5. Pratique 5-10 expirações interrompidas. Com a prática, poderá passar 10 minutos alternando expirações interrompidas com três ciclos de respiração normal. Por fim, deite-se tranquilamente e respire normalmente.

programa moderado sexto dia

Cardápio diário
- Café-da-manhã: müsli caseiro (*veja p. 100*) com amêndoas, sementes de linhaça e frutas vermelhas

- Lanche matinal: uma fruta

- Almoço: grão-de-bico com homus de abacate (*veja p. 141*). Bolachas de aveia. Salada de folhas mistas salpicadas com sementes variadas, brotos de feijão e molho balsâmico (*veja p. 106*). Iogurte bio desnatado com fruta fresca

- Lanche da tarde: um punhado de nozes

- Jantar: sopa de pimentão vermelho e tomate assado (*veja p. 135*). Peito de frango desossado e sem pele grelhado, marinado em azeite e suco de limão. Brócolis. Arroz vermelho, integral ou selvagem, ou quinua

- Bebidas: 570 ml de leite semidesnatado ou desnatado. Suco natural de fruta ou legumes preparado na hora. Chá verde, preto, branco ou de ervas, e água mineral à vontade. 150 ml de vinho tinto ou suco de uva integral sem açúcar

- Suplementos: veja p. 113

A remoção da pele do frango e de outras aves propicia uma refeição mais saudável. O jantar de hoje contém 17 g de gordura por 100 g (peito com a pele), contra 2,2 g de gordura por 100 g (sem a pele).

Rotina diária de exercícios
Após caminhar todos os dias da semana, sugiro que inicie o regime ciclístico. O ideal é andar de bicicleta em dias alternados e caminhar nos outros dias. Ande de bicicleta orgométrica ou ao ar livre (com capacete). Pratique os exercícios tonificantes do 1º ao 5º dia, mais o exercício de elevação de pernas, que trabalha as coxas e as nádegas.

Elevação de pernas
1. Fique de quatro no chão com a cabeça levemente pendida e as costas paralelas ao chão.
2. Estenda a perna direita para trás. Dobre o joelho direito 90°, de modo que a sola do pé fique paralela ao teto. Com pequenos movimentos, erga o pé direito para cima e para baixo 10 vezes.
3. Abaixe a perna de volta à posição inicial. Repita mais três vezes. Faça o mesmo com a outra perna.

Respiração de ioga
O exercício respiratório de hoje traz tranquilidade e tem ação terapêutica nos hipertensos.

Respiração por narinas alternadas
1. Sente-se confortavelmente, com as costas eretas (o ideal é sentar no chão com as pernas cruzadas).
2. Quando se sentir pronto, prenda a narina direita com o polegar. Inspire com a narina esquerda, devagar e profundamente, e conte até quatro.
3. Solte a narina direita e use o dedo anular e o mínimo para tampar a narina esquerda. Respire por essa narina e conte até oito.
4. Inspire pela narina direita e conte até quatro.
5. Libere a esquerda, tampe a direita com o polegar e expire pela narina esquerda contando até oito. Repita o ciclo duas vezes. Trabalhe até chegar a 10 repetições. Finalize com a contemplação serena.

sétimo dia

Cardápio diário
- **Café-da-manhã:** compota de frutas perfumada com baunilha (*veja p. 132*). Iogurte bio desnatado

- **Lanche matinal:** uma fruta

- **Almoço:** creme de agrião (*veja p. 133*). Salada de folhas mistas borrifadas com óleo de nozes e salpicadas com sementes sortidas; brotos de feijão, beterraba ralada, hortelã picada e molho balsâmico (*veja p. 106*). Pãozinho integral ou sírio. Iogurte bio desnatado e fruta fresca

- **Lanche da tarde:** um punhado de amêndoas

- **Jantar:** lasanha de cogumelos e nozes (*veja p. 138*). Espinafre. Minicenouras. Delícia turca (*veja p. 140*)

- **Bebidas:** 570 ml de leite semidesnatado ou desnatado. Suco natural de fruta ou legumes preparado na hora. Chá verde, preto, branco ou de ervas, e água mineral à vontade. 150 ml de vinho tinto ou suco de uva integral sem açúcar

- **Suplementos:** veja p. 113

Rotina diária de exercícios
Hoje, caminhe durante 35 minutos em ritmo acelerado. Faça os exercícios que tonificam os músculos do 1º ao 6º dia, e as flexões em prancha, que fortalecem os braços e os músculos abdominais.

Flexão em prancha
1. Deite-se no chão, de bruços, com os braços flexionados e as mãos apoiadas no chão ao lado dos ombros, prontas para a elevação. Pressione os dedos dos pés contra o chão, enrijeça o abdome e estique os braços para erguer o corpo em uma posição reta, tipo prancha, dos calcanhares à cabeça.
2. Permaneça na posição de prancha por 3 segundos, então desça aos poucos até o chão. Repita cinco vezes.

Consulte um fitoterapeuta
Agora que a primeira semana acabou, sugiro que consulte um fitoterapeuta, que selecionará os medicamentos fitoterápicos que lhe sejam mais convenientes. Na primeira consulta, que dura, em geral, uma hora, o especialista em ervas investigará seu estado de saúde geral e perguntará sobre quaisquer medicamentos e suplementos que esteja tomando. Ele avaliará sua dieta, trabalho, rotina, histórico médico e estado físico, mental e emocional atual. Examinará o pulso e poderá auscultar o coração e o pulmão, receitando um ou mais fitoterápicos. Muitas vezes, as ervas são receitadas em forma de tinturas (ervas imersas em álcool) ou em decocções (ervas fervidas em água). Os tabletes e cápsulas também são usados. Os resultados do tratamento são verificados em retornos de 15-30 minutos. Para se ter uma idéia, imagine que precisará de um mês de tratamento para cada ano que passou com hipertensão. Para encontrar um fitoterapeuta, consulte a p. 175.

programa moderado oitavo dia

Cardápio diário

- **Café-da-manhã:** mingau de banana e canela (*veja p. 100*)
- **Lanche matinal:** uma fruta
- **Almoço:** uma tigela de abacate picado com tomates, brotos de feijão, romã e radicchio com molho balsâmico (*veja p. 106*). Pãozinho integral. Iogurte bio desnatado com fruta fresca
- **Lanche da tarde:** um punhado de nozes
- **Jantar:** falso caviar (*veja p. 141*). Filé de salmão marinado em azeite e suco de limão e assado. Arroz vermelho, integral ou selvagem, ou quinua. Espinafre com azeite
- **Bebidas:** 570 ml de leite semidesnatado ou desnatado. Suco natural de fruta ou legumes preparado na hora. Chá verde, preto, branco ou de ervas, e água mineral à vontade. 150 ml de vinho tinto ou suco de uva integral sem açúcar
- **Suplementos:** veja p. 113

Rotina diária de exercícios

Caminhe em ritmo acelerado durante 35 minutos ou pedale por 20 minutos. Pratique os exercícios tonificantes do 1º ao 7º dia. Apresentarei hoje uma sequência de chi kung (*veja p. 44*), que o ajudará a relaxar ao final do dia. A posição de abertura preparará a mente e o corpo para a sequência. Retorne a esta postura após cada exercício de chi kung.

A posição de abertura do chi kung

1. Fique em pé, ereto, com os pés juntos e dedos apontando para a frente. Mantenha os braços soltos na lateral, com as palmas para dentro e os joelhos relaxados.
2. Relaxe o corpo: imagine que é uma marionete presa a um cordão. Mantenha a cabeça ereta, olhando para a frente. Relaxe os lábios e, com a ponta da língua, toque o céu da boca. Inspire suavemente pelo nariz e expire pela boca.

Meditação

A partir de hoje, passe 15 minutos por dia em tranquila meditação/visualização, ferramenta poderosa, que pode reduzir bastante a pressão arterial. Eis a primeira meditação.

O sorriso interior

1. Sentado ou de pé, pratique uma das técnicas respiratórias que aprendeu. Imagine algo que o faça sorrir. Deixe o sorriso irradiar pelos olhos e se projetar para dentro.
2. Concentre-se na região do umbigo. Deixe o sorriso se irradiar lá. Relaxe e se acalme. Perceba uma sensação de calor ou de vibração no fundo do estômago.

Musicoterapia

Pesquisas mostram que a música clássica pode relaxar, o que é bom para a pressão arterial. Num estudo, um grupo de pessoas ouviu Mozart, outro, música new age e um terceiro leu revistas. Após três dias, aqueles que escutaram Mozart relataram o nível mais alto de sossego, serenidade mental e relaxamento.

nono dia

Cardápio diário

- **Café-da-manhã:** figos com romã (*veja p. 132*)

- **Lanche matinal:** uma fruta

- **Almoço:** feijão-preto com cominho e coentro (*veja p. 133*). Salada de folhas mistas borrifadas com óleo de nozes e salpicadas com sementes sortidas. Pãozinho integral. Iogurte bio desnatado com fruta

- **Lanche da tarde:** nozes e castanhas tostadas (*veja p. 141*)

- **Jantar:** folhas de uva recheadas com tzatziki (*veja p. 136*). Salada de folhas mistas com azeitonas pretas e sementes sortidas em molho balsâmico (*veja p. 106*). Salada de frutas condimentada cozida (*veja p. 140*)

- **Bebidas:** 570 ml de leite semidesnatado ou desnatado. Suco natural de fruta ou legumes preparado na hora. Chá verde, preto, branco ou de erva, e água mineral à vontade. 150 ml de vinho tinto ou suco de uva integral sem açúcar

- **Suplementos:** veja p. 113

Rotina diária de exercícios

Caminhe durante 35 minutos em ritmo acelerado ou pedale por 20 minutos. Faça os exercícios que tonificam os músculos do 1º ao 7º dia. À noite, pratique a postura de chi kung do 8º dia e o exercício abaixo, que abre o coração e o pulmão e favorece a livre circulação do ki.

Chi kung – abertura do coração

1. Na posição de abertura, inspire e eleve os braços à frente, na altura dos ombros. Enquanto expira, faça o movimento de braçada, na altura do peito: estenda os braços para os lados, dobre os cotovelos e junte as mãos em frente ao tórax.
2. Repita o movimento por 1 minuto. Permaneça em pé, em contemplação, por 1 minuto.

Visualização

Esta poderosa visualização ajuda a baixar a pressão arterial.

Visualização da luz azul

1. Sente-se tranquilamente de olhos fechados. Imagine o corpo como uma imagem pulsante de cor vermelha.
2. Imagine uma lâmpada acesa acima de si, iluminando o seu corpo com luz azul que penetra nas suas células.
3. Visualize sua forma vermelha pulsante mudar para uma suave forma azul ondulante. Sinta-se envolto pela refrescante e tranquilizante luz azul que baixa a pressão. Relaxe na luz por 15 minutos.

Antiestresse

O estresse piora a hipertensão, portanto é importante encontrar suas causas e afastá-las. Os motivos mais comuns são os problemas de relacionamento, de trabalho ou o sentimento de "falta de tempo". Tente aprimorar o gerenciamento do tempo, priorizar e delegar tarefas. Entre no ritmo: arranje tempo para se exercitar e fazer refeições. Faça intervalos regulares. Tente dissociar o serviço do lar e aprenda a ser assertivo, para expressar de modo eficiente suas necessidades. Caso as técnicas de autoajuda não deem resultado, considere a possibilidade de frequentar um curso de controle do estresse ou um terapeuta.

planejamento diário do programa moderado

programa moderado décimo dia

Cardápio diário
- **Café-da-manhã:** müsli caseiro (*veja p. 100*)
- **Lanche matinal:** uma fruta
- **Almoço:** salada morna de grão-de-bico (*veja p. 134*). Salada de folhas mistas salpicadas com nozes sortidas, beterraba ralada e azeite extravirgem. Iogurte bio desnatado com uma fruta fresca
- **Lanche da tarde:** um punhado de nozes
- **Jantar:** truta rosé (*veja p. 139*). Brotos de brócolis. Batata-doce. Milho. Manjar de aveia (*veja p. 140*)
- **Bebidas:** 570 ml de leite semidesnatado ou desnatado. Suco natural de fruta ou legumes preparado na hora. Chá verde, preto, branco ou de ervas, e água mineral à vontade. 150 ml de vinho tinto ou suco de uva integral sem açúcar
- **Suplementos:** veja p. 113

A truta do jantar de hoje é cozida em vinho rosé; esse peixe contém uma boa quantidade de ácidos graxos ômega-3, e a adição de amêndoas e vinho aumenta o valor antioxidante e a propriedade de baixar o colesterol desse prato saboroso.

Rotina diária de exercícios
Caminhe durante 35 minutos em ritmo acelerado ou pedale por 20 minutos. Faça os exercícios que tonificam os músculos do 1º ao 7º dia. À noite, pratique a postura de chi kung do 8º e 9º dias, mais o exercício a seguir.

Chi kung – direcione o ki internamente
1 Fique de pé, na posição de abertura. Esfregue as mãos e apoie-as na base de sua caixa torácica, a mão direita do lado direito e a mão esquerda, do esquerdo. Movimente as mãos em círculo e visualize o ki fluindo das mãos para o fígado, à direita, e para o baço, à esquerda.
2 Sinta um calor se formando nas mãos e irradiando pelo corpo, ajudando no funcionamento dos órgãos internos.
3 Mova as mãos sobre o osso externo e o umbigo. Visualize o ki fluindo das mãos para o coração e principais vasos sanguíneos. Por fim, leve as mãos para a parte inferior das costas e visualize o ki fluindo para dentro dos rins e das glândulas adrenais.
4 Continue enquanto sentir o ki fluindo fortemente, depois retorne à posição original.

Acupressão
A técnica de acupressão o ajudará a relaxar. Encontre o ponto do terceiro olho, entre as sobrancelhas, na parte da raiz do nariz. Massageie-o com o dedo médio, fazendo movimentos circulares em sentido horário e anti-horário, para reduzir o excesso de ki estagnado. Faça isso por 3 minutos para ajudar a clarear e acalmar a mente.

O poder da bicicleta
Ao melhorar a forma, você pode aumentar vagarosamente a intensidade do ciclismo, pedalando mais rápido e subindo ladeiras.

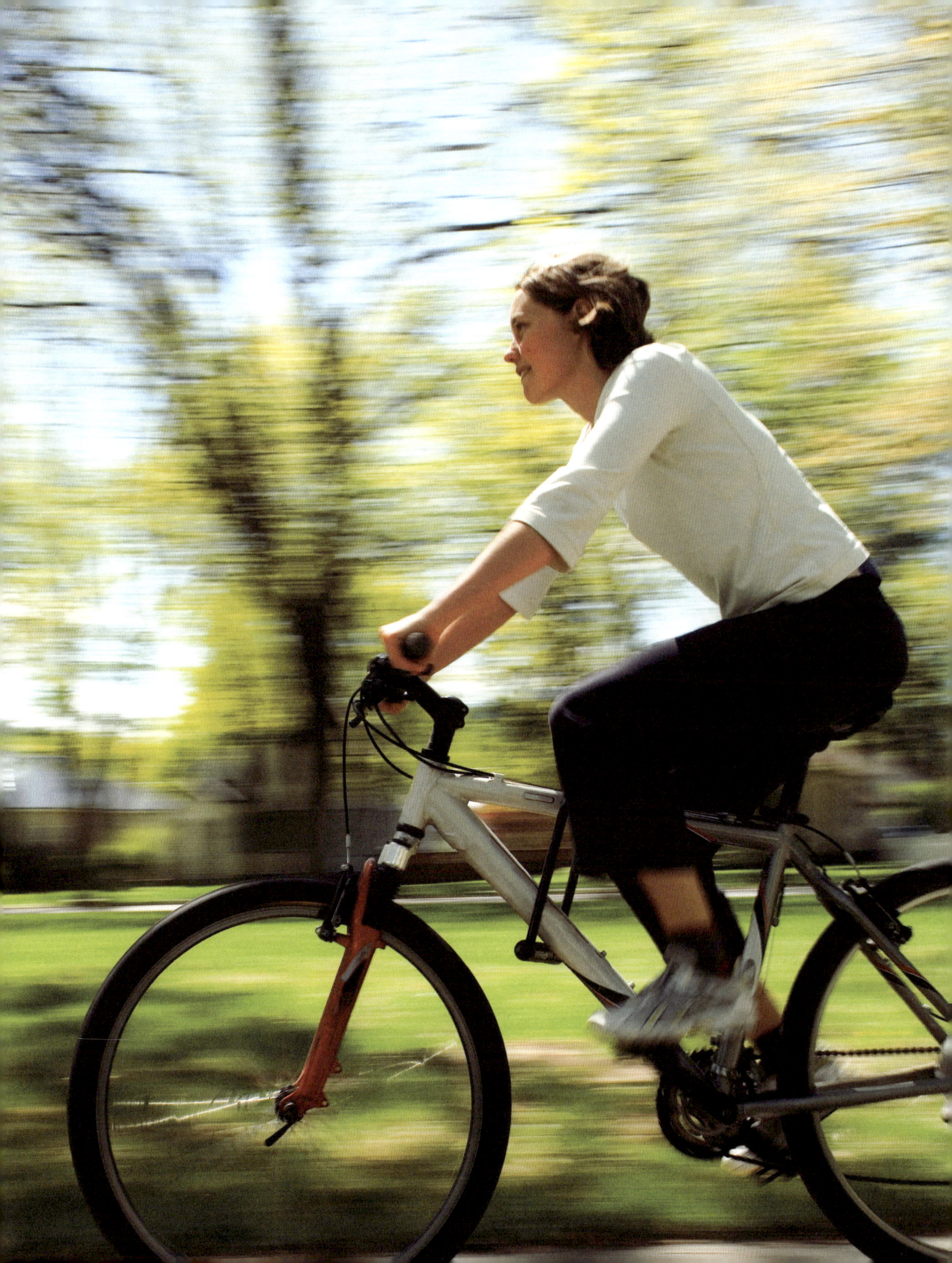

programa moderado décimo primeiro dia

Cardápio diário

- Café-da-manhã: creme de framboesas com castanha-do-pará (*veja p. 133*)
- Lanche matinal: uma fruta
- Almoço: creme de agrião (*veja p. 133*). Pãozinho integral. Iogurte bio desnatado com fruta fresca
- Lanche da tarde: vitamina de frutas vermelhas (*veja p. 141*)
- Jantar: cogumelos grelhados com amêndoas e manjericão (*veja p. 140*). Legumes ao forno (tomate-cereja, abobrinha, berinjela, pimentão vermelho e cebola roxa). Macarrão integral ou de cânhamo. 40-50 g de chocolate meio-amargo
- Bebidas: 570 ml de leite semidesnatado ou desnatado. Suco natural de fruta ou legumes preparado na hora. Chá verde, preto, branco ou de ervas, e água mineral à vontade. 150 ml de vinho tinto ou suco de uva integral sem açúcar
- Suplementos: veja p. 113

Rotina diária de exercícios

Saia para uma caminhada em ritmo acelerado de 40 minutos ou pedale por 25 minutos. Pratique os exercícios tonificantes do 1º ao 7º dia. À noite, faça os exercícios de chi kung do 1º ao 7º dia, e o exercício a seguir, que dirige o ki para a região inferior do corpo, acalmando e melhorando a circulação.

Chi kung – direcione o ki para baixo

1. Fique de pé na posição de abertura. Inspire profundamente. Erga os braços e junte as palmas das mãos diante do tórax, em postura de prece.
2. Com cuidado, erga a perna esquerda e dobre-a de modo que o calcanhar esquerdo repouse sobre o joelho direito. Ao expirar, flexione a perna direita suavemente e deixe todo seu peso sobre ela. Mantenha o equilíbrio por 30-60 segundos. Repita com a outra perna. Volte à posição de abertura e permaneça em contemplação serena.

Relaxamento muscular

Para este exercício, feche as cortinas, acenda algumas velas e coloque uma música clássica suave.

Relaxamento muscular progressivo 1

1. Deite-se num tapete ou na cama, feche os olhos e respire devagar, profundamente. Comece curvando e apertando os dedos dos pés. Mantenha-os assim, conte até 10 e relaxe. Sinta a tensão se esvair.
2. Flexione os pés. Permaneça assim, contando até 10 e relaxe.
3. Continue a retesar e relaxar os músculos das diversas partes do corpo, subindo pelas pernas, nádegas, abdome, costas, ombros, braços, mãos, dedos, pescoço e cabeça.
4. Preste atenção nos músculos retesados, para ter certeza de que não voltaram a ficar tensos. Quando seu corpo inteiro estiver relaxado, permaneça deitado calmamente por 10 minutos.

Busca da tensão
Em vários momentos do dia, pare e percorra mentalmente o seu corpo, buscando áreas de tensão muscular. Os músculos se encontram nas costas, nos ombros ou na mandíbula? Se isso acontecer, procure aliviar essa tensão.

décimo segundo dia

Cardápio diário
- **Café-da-manhã:** cogumelos picantes ao alho (*veja p. 132*)
- **Lanche matinal:** uma fruta
- **Almoço:** salada de folhas mistas salpicadas com sementes sortidas, beterraba ralada e óleo de nozes. Pãozinho integral ou de grãos. Iogurte bio desnatado com fruta fresca
- **Lanche da tarde:** um punhado de nozes
- **Jantar:** sopa de cebola à francesa (*veja p. 135*). Frango ou peru sem pele, marinado em azeite e ervas e grelhado. Espinafre. Cuscuz
- **Bebidas:** 570 ml de leite semidesnatado ou desnatado. Suco natural de fruta ou legumes preparado na hora. Chá verde, preto, branco ou de ervas, e água mineral à vontade. 150 ml de vinho tinto ou suco de uva integral sem açúcar
- **Suplementos:** veja p. 113

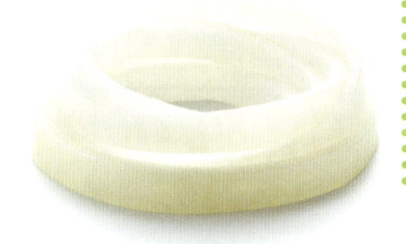

A sopa de cebola de hoje é deliciosa e nutritiva como entrada do jantar. A cebola contém elementos fitoquímicos semelhantes ao alho (*veja p. 57*).

Rotina diária de exercícios
Caminhe durante 40 minutos em ritmo acelerado ou pedale por 25 minutos. Faça os exercícios que tonificam os músculos do 1º ao 7º dia. À noite, acalme-se com a sequência de exercícios de chi kung do 8º ao 11º dia, seguidos do exercício abaixo.

Chi kung – equilíbrio da pressão arterial
1. De pé, na posição de abertura, estique o braço direito para o lado, deixando-o paralelo ao chão, com a palma virada para cima. Agora, arqueie o braço esquerdo formando uma curva ascendente suave, com a palma voltada para a cabeça.
2. Passe o peso do corpo para a perna esquerda, flexionando um pouco o joelho. Mantenha a perna direita esticada e eleve um pouco o calcanhar direito do chão. Vire a cabeça olhando para a mão direita.
3. Agora, repita toda a sequência do lado direito.
4. Com cuidado, mova-se desta maneira de um lado para outro várias vezes.

Relaxamento
A técnica de hoje é semelhante à de ontem, mas promove um nível mais profundo de consciência muscular.

Relaxamento muscular progressivo 2
1. Deite-se, feche os olhos e respire profundamente. Curve ligeiramente os dedos dos pés, de modo a tensioná-los um pouco. Conte até 10, relaxe e deixe a tensão se dissipar.
2. Flexione levemente os pés. Segure contando até 10, solte e sinta a tensão se esvair.
3. Trabalhe em sentido ascendente do corpo, contraindo e relaxando cada grupo muscular. Tome consciência de como um músculo levemente tenso passa uma sensação diferente do músculo totalmente relaxado.
4. Termine tensionando um pouco cada músculo do corpo e relaxando a seguir.

① ② ③ ④ ⑤ ⑥ ⑦ ⑧ ⑨ ⑩ ⑪ ⑫ **⑬**

programa moderado décimo terceiro dia

Cardápio diário

- Café-da-manhã: figos com romã (*veja p. 132*)
- Lanche matinal: uma fruta
- Almoço: sardinha com manga (*veja p. 134*). Salada de folhas mistas salpicadas com brotos de feijão, beterraba ralada e erva-doce, sementes sortidas e óleo de nozes. Pãozinho integral. Iogurte bio desnatado
- Lanche da tarde: um punhado de amêndoas
- Jantar: brotos de feijão, cenoura, cebolinha, cogumelos, ervilhas frescas e brócolis refogados com gengibre, alho, coentro e capim-cidreira. Arroz vermelho, integral ou selvagem, ou quinua. Pera ao vapor sem açúcar com iogurte desnatado de baunilha
- Bebidas: 570 ml de leite semidesnatado ou desnatado. Suco natural de fruta ou legumes preparado na hora. Chá verde, preto, branco ou de ervas, e água mineral à vontade. 150 ml de vinho tinto ou suco de uva integral sem açúcar
- Suplementos: veja p. 113

Rotina diária de exercícios

Faça uma caminhada em ritmo acelerado de 40 minutos ou pedale por 25 minutos. Pratique os exercícios tonificantes do 1º ao 7º dia. À noite, acalme-se praticando os exercícios de chi kung do 8º ao 12º dia, adicionando o exercício a seguir, que inclui a visualização para trocar o ki estagnado pelo fresco e universal.

Chi kung – remoção do ki estagnado

1 De pé, na posição de abertura, inspire profundamente, erguendo os braços acima da cabeça.
2 Ao expirar, abaixe os braços e visualize o ki estagnado sendo eliminado do corpo pela sola dos pés, para o fundo da terra. Enquanto ele drena, imagine o ki fresco penetrando pelo topo da cabeça. Sinta a tensão e a fadiga sendo drenadas enquanto recarrega o ki.
3 Visualize o ki fresco fluindo pelo corpo, alojando-se um pouco abaixo de seu umbigo (numa área denominada tan tien; *veja p. 44*). Com a prática, poderá vir a sentir vibração e calor nessa área enquanto o ki se concentra ali.

Terapia da flutuação

Hoje, gostaria que agendasse uma série mínima de quatro flutuações no centro mais próximo. A terapia da flutuação pode ajudar a atingir o nível mais profundo de relaxamento sem adormecer, e apenas 45 minutos de flutuação bastam para baixar a pressão. Você deita num tanque raso à prova de luz e de som com água na temperatura da pele, à qual se adicionam sais de Epsom (sulfato de magnésio), formando uma solução salina superssaturada, propiciando uma flutuabilidade maior que a do mar Morto. A flutuação libera a mente de distrações sensoriais, fazendo a mente gerar mais facilmente ondas teta, associadas ao sentimento de calma.

Terapia das plantas

Olhar para plantas ajuda a reduzir a pressão e a ansiedade durante as atividades estressantes. Relaxar numa sala com vista para uma árvore reduz a pressão mais rápido do que relaxar numa sala sem vista alguma.

décimo quarto dia

Cardápio diário

- **Café-da-manhã:** müsli caseiro (*veja p. 100*) com romã e mirtilos
- **Lanche matinal:** uma fruta
- **Almoço:** batata-doce assada. Queijo cottage magro. Rúcula. Brotos de feijão com beterraba ralada, aipo e nozes. Iogurte bio desnatado com fruta fresca
- **Lanche da tarde:** um punhado de nozes
- **Jantar:** corvina ao limão e coentro (*veja p. 135*). Brócolis. Cuscuz. Compota de frutas e nozes (*veja p. 140*)
- **Bebidas:** 570 ml de leite semidesnatado ou desnatado. Suco natural de fruta ou legumes preparado na hora. Chá verde, preto, branco ou de ervas, e água mineral à vontade. 150 ml de vinho tinto ou suco de uva integral sem açúcar
- **Suplementos:** veja p. 113

Rotina diária de exercícios

De hoje em diante, caminhe por 45 minutos em ritmo acelerado ou pedale 30 minutos na maioria dos dias da semana. Faça ainda os exercícios que tonificam os músculos do 1º ao 7º dia. À noite, relaxe com a sequência de exercícios de chi kung. O exercício de hoje redireciona o ki ao tan tien, completando a sequência.

Chi kung – exercício final

1. Fique de pé na posição de abertura. Deixe o corpo pender um pouco sobre os joelhos e a cintura, então leve os braços para a frente do corpo, na altura do umbigo, com as palmas para cima e a ponta dos dedos quase se tocando.
2. Inspire e aumente o nível de ki ao endireitar o corpo e ao curvar suavemente os braços para cima, até as palmas alcançarem o nível da testa.
3. Expire e aponte as palmas para baixo, empurre-as para o mais baixo possível, depois deixe os braços relaxarem.
4. Repita a sequência de erguer e abaixar os braços 6 vezes. Depois, deixe as mãos descansarem uma sobre a outra sobre a região do t'an tien.

Visualize a energia do ki fluindo de suas mãos para dentro da região do umbigo. Após um minuto ou dois, retorne à posição de abertura.

Consulte um reflexologista

A sugestão de hoje é uma consulta com um reflexologista. A reflexologia funciona por meio dos pontos reflexos localizados nos pés. Após as perguntas sobre seu histórico médico, estado de saúde atual e estilo de vida, um reflexologista pedirá que tire os calçados e relaxe numa cadeira ou maca, com os pés elevados. Passará um pó leve ou talco nas mãos e usará os dedos e polegares para estimular os pontos reflexos nos seus pés. O objetivo é encontrar pontos sensíveis e massageá-los, para destruir os acúmulos sob a pele. Isso promove a circulação de energia e abre os caminhos nervosos bloqueados. O tratamento enfocará então as áreas dos pés associadas à hipertensão (*veja p. 38*). A sessão em geral dura 45-60 minutos. Depois, haverá uma sensação profunda de relaxamento. Para encontrar um reflexologista, veja a p. 175.

a sequência do programa moderado

Muito bem! Você seguiu o programa moderado por duas semanas. Agora, gostaria que continuasse com o programa de alimentação por mais duas semanas, o que resultará num mês inteiro de alimentação saudável e o fará se acostumar com os alimentos de que precisa. Após este ponto, pode-se começar a variar os alimentos e incluir algumas receitas novas. As informações a seguir possibilitarão o planejamento do futuro a longo prazo usando os princípios do programa moderado.

A dieta a longo prazo

A dieta que vem seguindo é uma dieta avançada, de baixo índice glicêmico, que ainda segue os princípios básicos da dieta DASH (*veja p. 46*); inclui também superalimentos benéficos para os hipertensos (*veja pp. 56-59*), que têm efeito significativo na redução da pressão. As orientações a seguir o ajudarão a prosseguir na dieta:

- Inclua todos os dias tantos superalimentos, como amêndoas, maçãs, aveia, peixes oleosos e sementes de abóbora, quanto possível (*veja pp. 56-59 para a lista completa*).
- Continue a usar os grãos de baixo índice glicêmico, incluídos no plano moderado, como o arroz selvagem, a quinua e o arroz vermelho.
- Toda semana, institua dois ou três dias vegetarianos, coma peixe duas ou três vezes, e carne só uma ou duas vezes.
- Cultive os brotos de feijão e as sementes em casa.
- Continue a fazer a sua combinação de sucos de legumes e frutas e chás frescos de ervas.

Receitas Explore as receitas com peixes e legumes. Não é preciso seguir o plano moderado para experimentar as receitas; ao grelhar ou assar peixe com azeite, suco de limão, ervas frescas e pimenta-do-reino, já estará ingerindo uma refeição rápida, deliciosa e saudável. Sirva o peixe com legumes no vapor ou uma salada, mais alguns grãos de baixo índice glicêmico, e terá uma refeição benéfica para o sistema cardiovascular.

Escolha do pescado Já que o peixe tem uma função essencial na dieta a longo prazo, é útil saber como escolhê-lo e quanto comprar. Aqui vão algumas dicas:

- Tente comprar peixe direto do distribuidor ou da cooperativa.
- Examine o peixe: a pele deve estar brilhante como seda. Deve cheirar a água salgada e a um pouco de ozônio, mas não ter cheiro pronunciado de peixe, o que sugere que não está tão fresco. Os olhos devem ser transparentes e brilhantes, as guelras, rosadas ou vermelho-vivo e as escamas, bem presas.
- Faça o teste "do apertão": pressione o peixe com o dedo. A carne deve estar úmida e firme ao toque, retornando com elasticidade, sem ficar afundada. Este teste é muito útil para comprar peixe ultrafresco, pois até mesmo o peixe fresco pode não ser muito saudável e estar flácido.
- Erga os crustáceos para verificar o peso, pois devem sempre parecer pesados em relação ao tamanho. Verifique se as conchas dos moluscos, como as dos mariscos, estão bem fechadas e se não estão envoltas em algas já apodrecidas, cracas ou lama.

- A proporção de perda nos pescados varia de um a dois terços. De modo geral, compre o dobro ou o triplo da quantidade que quer comer. Não jogue fora as espinhas – cozinhe-as com ervas aromáticas e legumes para fazer um caldo de peixe ou uma sopa.

O regime de suplementos a longo prazo

Continue a tomar os suplementos recomendados para o programa moderado (*veja p. 113*) a longo prazo. Caso tenha tomado apenas os da lista de recomendados, pode-se adicionar um ou dois da lista opcional para benefícios.

A rotina de exercícios

Após duas semanas fazendo exercícios que tonificam os músculos, você deve ter notado a diferença. Continue os exercícios e, caso não frequente uma academia, pense em se inscrever e ter uma aula com um personal trainer. Tenha por objetivo fazer no mínimo 45 minutos de exercícios aeróbicos diários na maioria dos dias e continue os exercícios de chi kung no final do dia.

O programa terapêutico

Continue a meditar pelo menos uma vez ao dia por 20 minutos (o ideal é uma vez de manhã e outra à noite). Prossiga com qualquer tipo de exercício respiratório, já que podem intensificar o poder da meditação. Caso considere benéfico, consulte regularmente um fitoterapeuta e/ou um reflexologista. Se gostou da experiência, pense ainda em marcar sessões regulares de flutuação.

Monitore a pressão sanguínea

Enquanto segue o programa moderado, monitore a pressão semanalmente, sempre à mesma hora do dia, a não ser que o médico tenha pedido para verificar com maior frequência. Registre a pressão numa tabela (*use uma cópia da p. 77*) para ter um registro de fácil consulta.

Qualidade do sono

Preste atenção à qualidade do seu sono. Dormir mal é fonte e, ao mesmo tempo, causa de estresse.
Para evitar a insônia e não acordar durante o dia, siga estas orientações básicas: durma sempre na mesma hora; evite qualquer coisa estimulante ou estressante à noite (cafeína, refeições pesadas, exercícios, trabalho e preocupações); veja se o quarto é silencioso e escuro; faça bastante exercício e tome sol durante o dia.

Caso a pressão permaneça abaixo de 130/80 mmHg, parabéns! O programa moderado lhe é adequado e você deve continuar a segui-lo a longo prazo. Se estiver tomando anti-hipertensivos, o médico poderá considerar apropriado reduzir a dose. Não se deve, no entanto, fazê-lo por conta própria, sem supervisão do médico, já que certas drogas anti-hipertensivas devem ser reduzidas aos poucos.

Caso a pressão fique constantemente entre 130/80 mmHg e 140/90 mmHg, pense em mudar para o programa força total, para verificar se pode diminuí-la abaixo de 130/80 mmHg.

Se a pressão se mantém acima de 140/90 mmHg, pode passar para o programa força total, mas não deixe de consultar um médico.

café-da-manhã receitas

compota de frutas perfumada com baunilha

rendimento: 4 porções

um saquinho de chá perfumado com baunilha
300 ml de água fervente
8 fatias de maçã desidratada
8 damascos secos
8 figos secos
8 ameixas secas
um punhado de uvas-passas
iogurte bio para servir
lascas de castanhas-do-pará para servir (opcional)

1. Coloque o saquinho de chá num refratário, despeje água fervente por cima e deixe esfriar. Retire o saquinho.
2. Coloque as frutas secas numa tigela, cubra com o chá e deixe na geladeira a noite toda. Sirva com iogurte, e as castanhas-do--pará.

cogumelos picantes ao alho

rendimento: 4 porções

2 cebolas roxas fatiadas
2 talos de cebolinhas fatiadas
5 cm de gengibre descascado ralado
2 dentes de alho amassados
1 pimenta vermelha sem sementes fatiada
450 g de champignons cortados ao meio
1 colher (sopa) de azeite
150 ml de vinho branco seco
um punhado de coentro ou salsa picadoo
4 torradas integrais para servir
pimenta-do-reino moída na hora

1. Frite as cebolas roxas, a cebolinha, o gengibre, o alho, a pimenta vermelha e os cogumelos no azeite.
2. Adicione o vinho branco e apure em fogo baixo. Tempere e adicione as ervas, misture bem. Sirva quente sobre as torradas.

figos com romã

rendimento: 4 porções

1 romã
8 figos frescos
125 ml de iogurte bio desnatado

1. Corte a casca da romã de cima a baixo, em seis lugares ao redor da fruta. Coloque a romã numa vasilha com água e abra-a em fatias. Retire a membrana e solte as sementes. Elas afundarão, enquanto a membrana e a pele vão flutuar, o que facilita a separação. Escorra e reserve as sementes.
2. Faça dois cortes profundos na parte superior de cada figo, em forma de cruz. Abra-os com cuidado para que fiquem em formato de tulipa. Misture o iogurte com as sementes de romã, guardando algumas para enfeitar.
3. Coloque os figos num pratinho para servir. Com uma colher, recheie os figos com a mistura, servindo qualquer excesso à parte. Polvilhe com as sementes restantes e sirva.

figos com romã

almoço receitas

creme de framboesas com castanha-do-pará

rendimento: 4 porções

400 g de framboesas
300 g de tofu silken em cubos
100 g de castanhas-do-pará picadas

1. Reserve 2 colheres (sopa) de framboesas para decorar. Coloque as restantes no liquidificador junto com o tofu e bata até ficar uniforme. Distribua o creme em 4 taças de sobremesa.
2. Salpique as castanhas sobre cada taça, enfeite com as framboesas reservadas e sirva.

feijão-preto com cominho e coentro

rendimento: 4 porções

250 g de feijão-preto deixado de molho na véspera
½ colher (sopa) de azeite extravirgem
1 cebola roxa grande picada
1 pimentão verde grande picado
2 dentes de alho amassados
1 colher (chá) de sementes de cominho moídas na hora
4 tomates sem pele nem sementes picados
um punhado de coentro picado
suco de 1 limão
pimenta-do-reino moída na hora
pão integral com crosta

1. Escorra e enxágue o feijão, coloque numa panela, cubra com água e deixe ferver. Apure durante 1-1 ½ hora, até amolecer. Escorra e reserve.
2. Aqueça o azeite numa panela. Junte a cebola, o pimentão verde, o alho e o cominho e refogue por 5 minutos. Adicione os tomates e o feijão e complete com água fria até quase cobrir. Deixe ferver, diminua o fogo e apure por 10 minutos.
3. Adicione o coentro picado e o suco de limão. Tempere com pimenta-do-reino e sirva com pão.

creme de agrião

rendimento: 4 porções

2 batatas sem casca picadas
1 cebola picada
2 dentes de alho amassados
1 litro de caldo de legumes (*veja p. 109*) ou água
1 maço grande de agrião picado
150 ml de creme de leite light
noz-moscada ralada na hora
pimenta-do-reino moída na hora

1. Coloque as batatas, a cebola, o alho e o caldo de legumes numa panela grande. Deixe ferver, diminua o fogo e apure por 15 minutos.
2. Junte o agrião à panela e cozinhe por mais 5 minutos. Deixe esfriar um pouco e passe no processador aos poucos, se necessário. Junte o creme de leite, tempere a gosto com a noz-moscada e a pimenta-do-reino. Sirva quente ou frio.

receitas do programa moderado

salada morna de grão-de-bico

rendimento: 4 porções

½ colher (sopa) de azeite extravirgem
1 cebola roxa picada
2 dentes de alho amassados
1 pimentão vermelho picado
400 g de grão-de-bico cozido escorrido
1 tomate grande sem pele nem sementes picado
suco de 1 limão-siciliano
um punhado de brotos de feijão
um punhado de salsa ou dill picados
pimenta-do-reino moída na hora
pão sírio integral

1. Aqueça o azeite numa panela grande. Junte a cebola, o alho e o pimentão e cozinhe em fogo médio até amolecerem. Junte o grão-de-bico e cozinhe até ficar bem quente e começar a dourar.
2. Adicione o tomate e o suco de limão e cozinhe por 2 minutos. Acrescente os brotos de feijão e misture em fogo baixo até aquecerem. Junte a salsa ou dill e tempere com a pimenta-do-reino. Sirva com pão sírio aquecido.

sardinha com manga

rendimento: 4 porções

250 g de folhas verdes mistas
4 filés de sardinha em lata
1 manga grande descascada em cubos
1 abacate maduro em cubos
4 talos de cebolinha picados
um punhado de brotos de feijão
um punhado de folhas de coentro
suco de 1 limão
2 colheres (sopa) de azeite extravirgem ou óleo de nozes
1 colher (chá) de mel ralo

1. Coloque as folhas numa vasilha. Em outra tigela, misture com cuidado a sardinha, a manga, o abacate, a cebolinha, os brotos de feijão e o coentro. Reserve.
2. Ponha o suco de limão, o azeite e o mel num pote com tampa e agite bem. Regue sobre a sardinha com legumes e frutas e misture com cuidado. Coloque essa mistura sobre as verduras e sirva.

rolinhos de linguado

rendimento: 4 porções

Marinada:
300 ml de vinagre de vinho tinto
2 bagas de zimbro ou alecrim
2 cravos
1 folha de louro
3 grãos de pimenta-do-reino amassados

4 filés de linguado
4 colheres (chá) de mostarda em grão
2 cebolas roxas picadas
pão de centeio para servir

1. Preaqueça o forno a 180°.
2. Coloque os ingredientes da marinada numa panela e deixe ferver. Diminua o fogo e apure por 10 minutos. Deixe esfriar e coe, descartando os temperos e a folha de louro.
3. Espalhe mostarda sobre os filés de peixe. Reserve 1 colher (sopa) de cebola picada e distribua o restante alinhando no meio de cada peixe. Faça um rolinho com o filé e prenda com um palito.
4. Coloque os rolinhos num refratário e regue com a marinada coada. Salpique a cebola picada restante, cubra e asse por 15 minutos. Espere esfriar. Deixe tomar gosto na geladeira por 2 dias no mínimo. Sirva com pão de centeio.

jantar receitas

sopa de pimentão vermelho e tomate assado

rendimento: 4 porções

8 tomates médios cortados ao meio
4 pimentões vermelhos sem sementes cortados ao meio
4 dentes de alho
½ colher (sopa) de azeite e um pouco para regar
1 cebola picada
600 ml de caldo de legumes (*veja p. 109*) ou água
suco de 1 limão-siciliano
pimenta-do-reino moída na hora
um punhado de salsa picada

1. Preaqueça o forno a 190ºC.
2. Coloque os tomates com a parte cortada para baixo numa assadeira junto com o pimentão vermelho e o alho. Borrife com azeite e asse por 30 minutos.
3. Aqueça ½ colher (sopa) de azeite numa panela, junte a cebola e cozinhe até amolecer. Adicione os tomates, o pimentão, o alho e o caldo. Ferva e apure por 15 minutos. Deixe esfriar um pouco e passe no liquidificador para fazer um creme.
4. Devolva à panela e aqueça bem. Junte o suco de limão, tempere com pimenta-do-reino e sirva com salsa salpicada por cima.

sopa de cebola à francesa

rendimento: 4 porções

2 colheres (sopa) de azeite
4 cebolas grandes em rodelas finas
2 dentes de alho amassados
1 litro de caldo de legumes (*veja p. 109*) ou água
1 ramo de alecrim
1 ramo de tomilho
1 folha de louro
pimenta-do-reino moída na hora
um punhado de salsa picada

1. Aqueça o azeite numa panela grande. Adicione a cebola e o alho e refogue em fogo médio até começarem a dourar.
2. Junte o caldo, o alecrim, o tomilho e a folha de louro. Deixe ferver, diminua o fogo e apure por 30 minutos. Retire as ervas, tempere a gosto com pimenta-do-reino e sirva salpicada com salsa.

corvina ao limão e coentro

rendimento: 4 porções

4 filés de corvina (200 g cada)
suco de 2 limões
2 colheres (sopa) de azeite
2 dentes de alho amassados
um punhado de coentro grosseiramente picado
1 limão fatiado para decorar

1. Disponha os filés de corvina num refratário raso. Misture o suco de limão, o azeite, o alho e as folhas de coentro e derrame sobre o peixe. Deixe marinando na geladeira por 30 minutos no mínimo. Enquanto isso, preaqueça o forno até médio-quente.
2. Asse o peixe por 10 minutos até a carne continuar firme. Durante o preparo, regue os filés frequentemente com a marinada. Sirva rodeado de fatias de limão.

receitas do programa moderado

berinjela com canela

rendimento: 4 porções

2 berinjelas grandes
2 colheres (sopa) de azeite
2 cebolas grandes
4 dentes de alho
2 tomates grandes sem pele nem sementes picados
½ colher (chá) de mel
12 folhas de manjericão rasgadas
½ colher (chá) de canela em pó
raspas e suco de 1 limão-siciliano
um punhado de amêndoas picadas
pimenta-do-reino moída na hora

1. Preaqueça o forno a 180°C.
2. Coloque as berinjelas numa panela grande e cubra com água fervente. Deixe levantar fervura novamente e cozinhe por 10 minutos. Escorra e passe em água fria para esfriar. Corte cada berinjela ao meio no sentido do comprimento. Retire a polpa e reserve a maior parte, deixando cerca de 1 cm sobre a casca. Unte as berinjelas com azeite e tempere com pimenta-do-reino. Coloque numa assadeira untada e asse por 30 minutos.
3. Enquanto isso, pique a polpa retirada e reserve. Aqueça o azeite restante numa frigideira, junte a cebola e o alho e refogue por 5 minutos, até amolecer. Junte o tomate, o mel, o manjericão e a canela e deixe apurar por 15 minutos. Adicione a polpa de berinjela, o suco e as raspas de limão, as amêndoas, e cozinhe por mais 10 minutos. Tempere com pimenta-do-reino.
4. Retire as cascas de berinjela do forno e recheie com a mistura quente de tomates e berinjela. Sirva meia berinjela por pessoa.

folhas de uva recheadas com tzatziki

rendimento: 4 porções

20 folhas de uva
½ colher (sopa) de azeite
3 cebolas picadinhas
4 dentes de alho amassados
125 g de arroz integral lavado e escorrido
3 colheres (sopa) de uvas-passas
3 colheres (sopa) de lascas de amêndoas
raspas e suco de 1 limão-siciliano
850 ml de caldo de legumes (*veja p. 109*) ou água
6 talos de cebolinha picados
um punhado de hortelã picada
um punhado de salsa picada
pimenta-do-reino moída na hora

Tzatziki:
1 pepino sem casca ralado grosso
200 ml de iogurte bio desnatado
2 dentes de alho amassados
um punhado de hortelã picada
raspas e suco de 1 limão-siciliano

1. Mergulhe as folhas de uva em água fervente por 1 minuto. Escorra e retire os talos duros.
2. Aqueça o azeite numa panela grande, junte a cebola e o alho e cozinhe por 5 minutos. Adicione o arroz, as uvas-passas, as amêndoas e as raspas de limão e cozinhe por 1 minuto. Adicione caldo suficiente para cobrir o arroz e cozinhe até o arroz ficar tenro. Deixe esfriar e adicione a cebolinha, a hortelã e a salsa. Tempere com a pimenta-do-reino.
3. Coloque uma colher cheia da mistura de arroz dentro de cada folha de uva e dobre-a, fazendo um charutinho; coloque-os juntinhos numa panela. Cubra com o caldo e regue com o suco de limão. Coloque um prato sobre os charutinhos, para mantê-los submersos. Tampe ou cubra com papel-alumínio e apure em fogo bem baixo por 50 minutos.
4. Prepare o tzatziki misturando todos os ingredientes. Tempere com pimenta. Sirva as folhas de uva com o tzatziki como molho.

à direita, berinjelas com canela

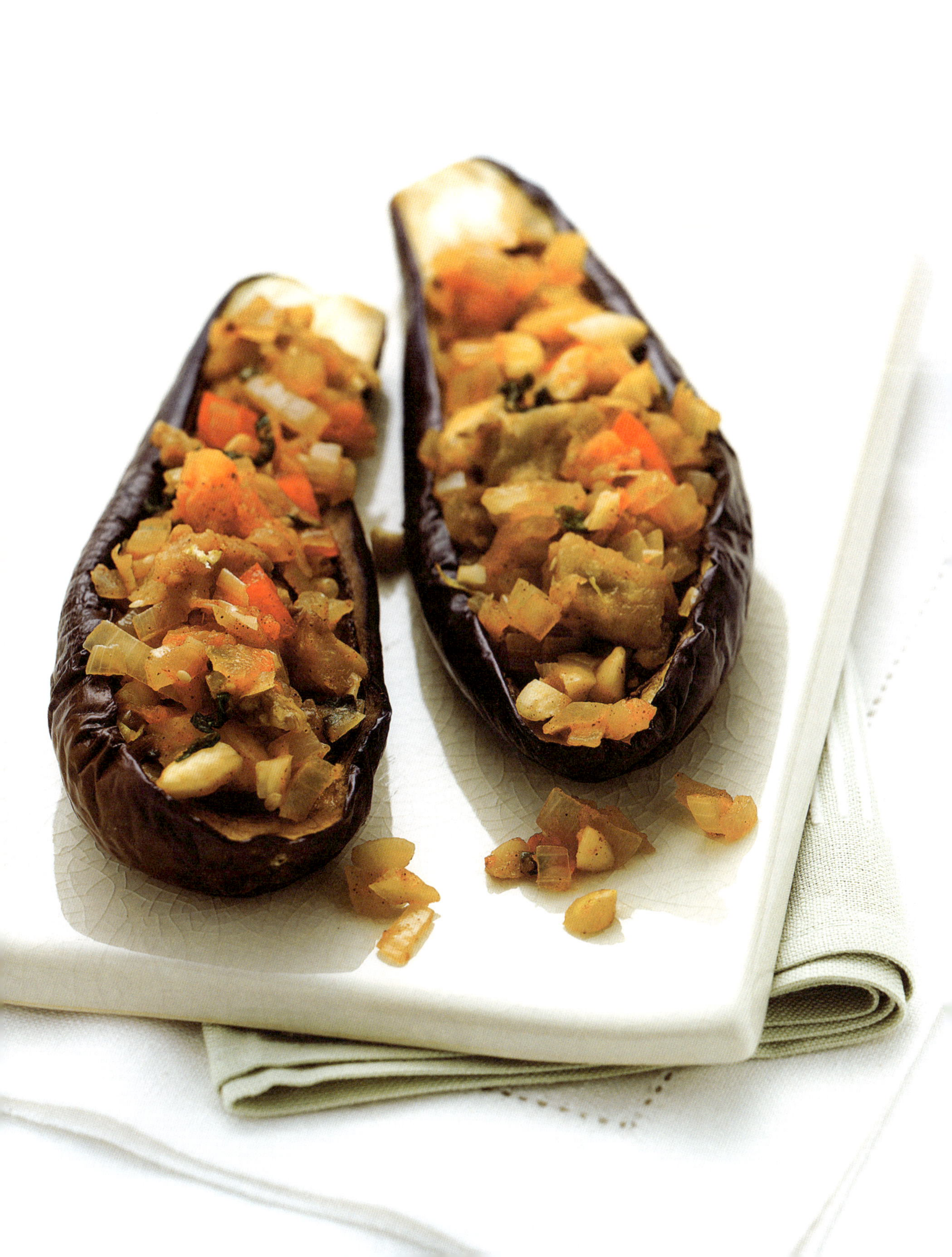

pimentão assado e trigo com ervas

rendimento: 4 porções

2 pimentões vermelhos e 2 amarelos cortados ao meio (sem sementes e com o talo)
2 colheres (sopa) de azeite
16 tomates-cerejas cortados ao meio
125 ml de iogurte bio desnatado
4 colheres (sopa) de pesto
2 dentes de alho amassados
2 colheres (sopa) de pinholes
pimenta-do-reino moída na hora

Trigo com ervas:
125 g de trigo integral deixado de molho na véspera
750 ml de caldo de legumes (*veja p. 109*) ou água
raspas e suco de 1 limão-siciliano
um punhado de coentro picada
um punhado de hortelã picada
um punhado de salsa picado
12 folhas de manjericão rasgadas
4 talos de cebolinha picados

1. Preaqueça o forno a 180°C.
2. Coloque os pimentões com a parte cortada para cima numa assadeira e unte-os com azeite. Coloque 4 metades de tomate em cada metade de pimentão.
3. Misture o iogurte com o pesto e o alho e coloque sobre os tomates, dentro dos pimentões. Tempere a gosto com pimenta-do-reino e cubra com os pinholes. Regue com azeite e asse por 45 minutos, até a pele dos pimentões começar a queimar.
4. Enquanto isso, coloque o trigo e o caldo numa panela grande e deixe ferver. Diminua o fogo, cozinhando até absorver todo o líquido. Junte o suco e as raspas de limão, as ervas e a cebolinha. Sirva meio pimentão vermelho e meio amarelo para cada pessoa, acompanhados de uma porção de trigo-chá ou trigo integral.

peru refogado com brotos de feijão

rendimento: 4 porções

Marinada:
2 colheres (sopa) de shoyu light
3 colheres (chá) de xerez seco
3 colheres (chá) de azeite
3 colheres (chá) de mel claro
suco de 1 laranja
2 dentes de alho amassados
5 cm de gengibre descascado ralado

4 filés de peito de peru sem pele (200 g cada)
3 colheres (sopa) de azeite ou óleo de coco virgem não refinado
4 talos de cebolinha picados
um punhado de brotos de feijão
125 g de repolho rasgado
um punhado de vagens picadas
1 colher (sopa) de gergelim tostado
pimenta-do-reino moída na hora

1. Coloque todos os ingredientes da marinada num recipiente hermético e agite bem. Disponha os filés num refratário raso e cubra com metade da marinada. Vire os filés para que incorporem o molho e reserve por 30 minutos, no mínimo. Preaqueça o forno em temperatura média-quente.
2. Grelhe os filés por 10-15 minutos. Vire-os na metade do tempo. Aqueça o azeite numa frigideira grande. Junte a cebolinha, os brotos de feijão e o repolho e refogue por 3 minutos. Adicione a marinada restante e refogue por mais 2 minutos.
3. Distribua o refogado em quatro pratos. Coloque os filés grelhados sobre cada porção e polvilhe com o gergelim. Tempere com a pimenta-do--reino e sirva.

lasanha de cogumelos e nozes

rendimento: 4 porções

1 colher (sopa) de azeite
250 g de cebola picada
250 g de cenoura picada
4 dentes de alho
6 talos de aipo picados

um punhado de 4 ervas frescas picadas
3 tomates sem pele nem sementes picados
1 tomate em rodelas finas
300 g de cogumelos fatiados
um punhado de nozes em pedaços
pimenta-do-reino moída na hora
12 folhas de massa para lasanha com espinafre ou integral de cozimento rápido
250 g de ricota
200 g de mussarela ralada

1. Preaqueça o forno a 180ºC.
2. Aqueça o azeite numa frigideira grande. Adicione a cebola, a cenoura, o alho, o aipo e as ervas picadas e cozinhe em fogo médio por 10 minutos. Junte os tomates picados, os cogumelos e as nozes, misture bem e deixe mais 10 minutos. Tempere com pimenta-do-reino.
3. Espalhe um terço da mistura de cogumelos e nozes em um refratário. Cubra com três folhas de lasanha e espalhe por cima um terço de ricota. Repita a operação mais duas vezes. Finalize com a mussarela e rodelas de tomate. Asse por 45 minutos e sirva.

truta rosé

rendimento: 4 porções

4 filés de truta (175 g cada)
2 cebolas separadas em anéis
375 ml de vinho rosé
um punhado de lascas de amêndoas
pimenta-do-reino moída na hora
um punhado de dill fresco picado para servir

1. Preaqueça o forno a 180º C.
2. Coloque os filés de truta num refratário. Espalhe a cebola e cubra com o vinho. Espalhe as amêndoas por cima, cubra e asse por 30 minutos, até os filés cozinharem. Sirva imediatamente, salpicados com dill.

lasanha de cogumelos e nozes

cogumelos grelhados com amêndoas e manjericão

rendimento: 4 porções

4 colheres (sopa) de azeite
2 dentes de alho
2 talos de cebolinha picados
um punhado de lascas de amêndoas
um punhado de sementes mistas (abóbora, girassol e gergelim)
4 cogumelos grandes
um punhado de farinha de rosca integral
um punhado de manjericão picado
pimenta-do-reino moída na hora

1. Preaqueça o forno a 180°C.
2. Aqueça o azeite numa frigideira. Junte o alho e a cebolinha e refogue em fogo médio por cerca de 4 minutos, até amolecer. Junte as amêndoas e as sementes mistas e cozinhe por mais 1 minuto, mexendo.
3. Coloque os cogumelos com a parte interna para cima num refratário raso. Com uma colher, encha os cogumelos com a mistura de sementes. Espalhe por cima a farinha de rosca e o manjericão e tempere com a pimenta. Cubra com papel-alumínio e asse por 15 minutos. Sirva imediatamente.

sobremesa receitas

manjar de aveia

rendimento: 4 porções

2 punhados de aveia para mingau
um punhado de amêndoas branqueadas picadas
um punhado de nozes picadas
250 g de tofu silken
2 bananas em rodelas
raspas e suco de 1 limão-siciliano
1 colher (sopa) de mel claro (opcional)

1. Toste ligeiramente a aveia e as nozes no forno. Deixe esfriar.
2. Amasse os outros ingredientes juntos e leve à geladeira. Junte as nozes e a aveia e sirva.

salada de frutas condimentada cozida

rendimento: 4 porções

4 pêssegos cortados ao meio fatiados
8 damascos frescos cortados ao meio fatiados (ou 8 damascos secos)
150 ml de suco de laranja
150 ml de vinho tinto leve
½ colher (chá) de canela em pó
um punhado de uvas-passas
2 bananas em rodelas grossas

1. Apure todos os ingredientes numa panela por 10 minutos.
2. Sirva morna.

delícia turca

rendimento: 4 porções

250 g de tofu silken
raspas e suco de 1 laranja
3 colheres (chá) de mel claro
12 figos maduros
1-2 colheres (sopa) de água de rosas para borrifar

1. Misture no liquidificador o tofu, o suco de laranja e o mel.
2. Faça um corte em cruz no topo de cada figo. Com uma colher, recheie-os com a mistura de tofu. Espalhe as raspas de laranja e borrife com a água de rosas.

compota de frutas e nozes

rendimento: 4 porções

1 melão pequeno (tire a polpa com um boleador)
1 grapefruit em gomos
1 banana grande fatiada
150 ml de suco de maçã sem açúcar
um punhado de nozes picadas

1. Corte os gomos do grapefruit ao meio no sentido do comprimento.
2. Coloque todas as frutas numa tigela. Adicione o suco de maçã, as nozes e sirva.

petiscos, lanches e bebidas

nozes e castanhas mistas tostadas

rendimento: 4 porções

um punhado de amêndoas branqueadas
um punhado de avelãs
um punhado de castanhas-de-caju sem sal
um punhado de nozes
um punhado de castanhas-do-pará
um punhado de uvas-passas (opcional)

1 Aqueça uma frigideira grande em fogo médio. Toste as frutas oleaginosas com cuidado, mexendo e sacudindo a frigideira para dourarem. Cuidado para não queimar.
2 Deixe esfriar. Misture com as passas, se for usá-las, e sirva.

grão-de-bico com homus de abacate

rendimento: 4 porções

400 g de grão-de-bico cozido e escorrido
1 abacate grande maduro
2 dentes de alho amassados
suco de 1 limão-siciliano
pimenta-do-reino moída na hora
um punhado de hortelã fresca
bolachas de aveia ou de arroz para servir

1 Coloque todos os ingredientes, exceto as bolachas de aveia, no liquidificador e bata até virar um creme.
2 Sirva com as bolachas de aveia.

falso caviar

rendimento: 4 porções

2 berinjelas médias cortadas ao meio
2 talos de cebolinha picados
2 dentes de alho amassados
suco de 1 limão-siciliano
12 folhas de manjericão
4 colheres (sopa) de azeite extravirgem
pimenta-do-reino moída na hora

1 Preaqueça o forno a 200°C.
2 Coloque as berinjelas com a parte cortada para baixo numa assadeira. Asse por 30 minutos. Deixe esfriar um pouco e retire a polpa com uma colher. Descarte a casca.
3 Bata a polpa de berinjela no liquidificador com a cebolinha, o alho, o suco de limão, as folhas de manjericão e o azeite, até ficar bem uniforme. Tempere com pimenta-do-reino e sirva.

vitamina de frutas vermelhas

rendimento: 4 porções

4 punhados de frutas vermelhas sortidas (amoras, framboesas, morangos e mirtilos)
600 ml de iogurte bio desnatado
1 colher (sopa) de sementes mistas (abóbora, girassol e gergelim)
2 colheres (sopa) de gelo picado
um pouco de mel (opcional)

1 Processe todos os ingredientes no liquidificador, até ficar uniforme. Se quiser, adoce com um pouco de mel.
2 Despeje em copos altos e sirva.

receitas do programa moderado

introdução ao programa força total

O programa força total foi criado para baixar a pressão arterial da forma mais eficiente possível. É ideal para quem já completou o programa moderado e quer avançar para um programa mais puxado e para quem quer obter o máximo de efeitos benéficos para a hipertensão e a saúde do sistema cardiovascular.

É preciso estar em forma, ser saudável, e já ter uma dieta balanceada com muitas frutas e verduras.

Há 14 planejamentos diários que podem ser repetidos, criando um programa de 28 dias. Siga o programa força total por um mês, pelo menos, antes de avaliar seus benefícios. Assim que se sentir confortável com as mudanças na dieta e na rotina, sinta-se livre para fazer seus próprios ajustes pessoais levando em conta suas preferências e estilo de vida.

O programa de dieta força total

A dieta incorpora alimentos identificados no *British Medical Journal* como tendo os efeitos mais benéficos contra o risco de ataque cardíaco e derrame, demonstrando o potencial de aumentar a expectativa de vida em seis a oito anos para homens e quase cinco anos para mulheres, se consumidos regularmente. A alimentação inclui um alto consumo de amêndoas, alho, chocolate amargo, frutas e legumes, além de peixe três a quatro vezes por semana. Esses superalimentos foram selecionados com base em evidências coletadas de vários experimentos científicos. Cada um dos ingredientes básicos se destaca mais por seu próprio mérito do que como parte de uma dieta em especial, como a alimentação mediterrânea.

Embora os alimentos sejam similares aos encontrados nos programas suave e moderado, são consumidos com maior frequência.

Se você é hipertenso, mas não toma medicação, pode esperar uma redução de pressão de 9/4 mmHg pelo menos no programa força total. Caso também tome suplementos, poderá reduzir a pressão para 15/8 mmHg ou mais no decorrer de um mês. Se estiver tomando anti-hipertensivos, o programa de dieta e suplementos força total melhorará a sua eficiência. Também diminuirá os níveis de colesterol LDL e total e de triglicérides (*veja p. 51*).

Conforme recomendo nos programas suave e moderado, jogue fora da despensa os alimentos com alto teor de açúcar, sal, gordura saturada e trans. Não adicione sal (cloreto de sódio) durante o cozimento ou à mesa. Obtenha o sabor de ervas frescas e da pimenta-do-reino. Se ainda não começou a preparar os seus sucos de frutas e legumes em casa (*veja pp. 111-112*), agora é a hora de começar.

Inclua chocolate e vinho na dieta Embora o consumo de chocolate e vinho tinto pareça ir contra o bom senso convencional, a evidência de seus efeitos positivos sobre a hipertensão é forte. O chocolate amargo (com 70 por cento de cacau) contém poderosos antioxidantes polifenóis similares aos encontrados no vinho tinto e no chá verde.

De todos os superalimentos, o vinho tinto é o que proporciona os maiores benefícios na redução da pressão arterial – mas apenas quando bebido com moderação. Mais de 150 ml por dia pode ter

lista de compras

Você precisará de todos os alimentos e bebidas da lista de compras do programa suave (*veja p. 80*). Além deles, sugiro que tenha sempre à mão estes produtos.
Se possível, compre com regularidade e em pequenas quantidades para garantir o frescor.

laticínios e derivados de soja
mussarela de búfala
tofu firme
tofu silken

frutas e legumes
abóbora comum ou moranga
cranberries em passa
framboesas
goiaba
maçã ácida
mirtilos
morangos

ervas e condimentos
capim-cidreira
dill
pimenta verde em grão
sementes de erva-doce

grãos
arroz selvagem
arroz vermelho
aveia em flocos grandes
pão de centeio
pão de soja
tagliatelle, lasanha ou espaguete de espinafre

proteínas
sardinha
corvina
feijão
filé magro de porco
grão-de-bico
lentilhas

diversos
leite de coco

um efeito nocivo sobre a saúde. Cientistas descobriram que o teor mais alto de antioxidantes benéficos é encontrado no vinho de uvas cabernet sauvignon. Comparando-os aos vinhos de outras partes do mundo, pesquisadores da Universidade de Glasgow comprovaram que o cabernet sauvignon chileno tem mais antioxidantes flavonoides favoráveis ao coração. Para ir mais longe ainda, descobriram que os vinhos da propriedade Viña MontGras têm mais antioxidantes que quaisquer outros vinhos chilenos testados.

A rotina do programa de exercícios força total

Este programa foi preparado para os que estão em relativa boa forma e se exercitam por 45 minutos na maioria dos dias. Durante o programa, recomendo aumentar o nível de exercício para 45-60 minutos diários, durante cinco dias da semana, pelo menos. Tente encontrar novas formas de se exercitar para que tenha um programa físico variado – assim não se aborrecerá. Faça exercícios de alongamento e com pesos nos outros dias para que se exercite na maioria dos dias, ou em todos. Além da caminhada em ritmo rápido, bicicleta e natação, experimente praticar boliche, golfe e atividades similares para melhorar a sua vida social, além da saúde. Aqui estão algumas outras formas de se manter ativo:

- Leve as crianças para a escola a pé e volte praticando corrida para casa.
- Quando caminhar em algum lugar – dentro ou fora de casa – faça-o em um ritmo rápido.
- Quando estiver fazendo tarefas manuais (como marcenaria ou limpeza da casa), faça com o máximo de vigor possível.
- Reduza o tempo gasto em atividades sedentárias, como ver tevê, e substitua-as por passeios de bicicleta, caminhadas com os amigos, a família, ou mesmo passeie com o cachorro de um amigo, se não tiver um.

Suplementos do programa força total

Estes são os suplementos que recomendo tomar enquanto segue o programa força total. Podem ser comprados em farmácias e lojas de produtos naturais. Leia sobre como eles ajudam a baixar a pressão nas pp. 60-63

suplementos diários recomendados

- Vitamina C (2.000 mg)
- Vitamina E (800 i.u/536 mg)
- Complexo de licopeno carotenoide (15 mg)
- Selênio (200 mcg)
- Coenzima Q10 (120 mg)
- Cápsulas de alho (alicina 1.000-1.500 mcg)
- Óleo de peixe ômega-3 (900 mg diários; por exemplo, 3 cápsulas de 1 g, que fornecem 180 mg EPA e 120 mg DHA cada)

suplementos diários opcionais (fornecerão benefícios adicionais à saúde)

- Ácido alfalipoico (300 mg). Pode ser combinado com L-carnitina na proporção 1:1
- Magnésio (300 mg)
- Cálcio (1.000 mg)
- Ácido fólico (1.000 mcg) e vitamina B12 (50 mcg)
- Reishi (1.500 mcg)
- Extrato de mirtilos (180 mg; padronizados para fornecer 25 por cento de antocianina)
- Probióticos (leite fermentado, iogurte bio ou suplementos)

- Prefira as escadas ao elevador ou à escada rolante.
- Caminhe parte ou todo o trajeto de seus destinos – desça do ônibus/metrô um ponto antes.

Se perder um dia de exercício devido a doença ou falta de tempo, não sinta que falhou (as rotinas de exercícios correm risco depois de uma interrupção inesperada). Em vez de desistir, volte a se exercitar o mais rápido possível – planeje exatamente o que vai fazer e quando, e não preencha esse tempo com uma atividade diferente – mesmo que pareça ser mais urgente.

Toda vez que estiver se exercitando, faça o aquecimento e a desaceleração. Se estiver andando de bicicleta ao ar livre, use o equipamento de segurança adequado. Sempre monitore o pulso por 10 segundos (*veja p. 69*) para ver se não está exagerando. As rotinas de exercícios do programa força total são mais intensas que as dos dois programas anteriores; portanto, se tiver dúvidas sobre sua forma ou se tiver histórico de angina ou de ataque cardíaco, consulte o médico para orientação sobre a quantidade de exercícios. Pare os exercícios imediatamente se não se sentir bem.

As terapias do programa força total

O programa força total inclui técnicas de relaxamento como a meditação transcendental e terapias especializadas como a naturopatia ou acupuntura.

Se a meditação é novidade para você, pode achar difícil concentrar-se de início. Seja sentado em contemplação silenciosa, seja concentrado num mantra ou yantra, sua mente pode estar repleta de divagações ativas, isso é normal. Com o tempo, a disciplina da meditação ajudará a diminuir essa divagação.

Você precisará marcar duas consultas com terapeutas complementares com antecedência – por favor, olhe já no 7º e 14º dias do programa.

programa força total primeiro dia

Cardápio diário
- **Café-da-manhã:** tomates recheados (*veja p. 165*)
- **Lanche matinal:** uma porção de fruta superalimento (*veja pp. 56-69*), como maçã, mirtilo, cereja, figo, uva, kiwi, goiaba, manga ou romã
- **Almoço:** truta com amêndoas (*veja p. 167*). Salada de folhas mistas salpicadas com nozes, sementes de abóbora, alho picado, óleo de nozes e vinagre de vinho tinto. Fruta fresca
- **Lanche da tarde:** um punhado de amêndoas
- **Jantar:** salmão grelhado marinado em azeite e limão. Brócolis. Arroz integral, 40-50 g de chocolate amargo
- **Bebidas:** 570 ml de leite semidesnatado ou desnatado. Suco de fruta ou legumes preparado na hora. Chá verde, preto, branco ou de ervas, e água mineral à vontade. 150 ml de vinho tinto ou suco de uva integral sem açúcar
- **Suplementos:** veja p. 145

Nos próximos 14 dias, introduzo uma série de posturas de ioga que formam uma sequência conhecida como saudações ao sol. A prática regular de ioga pode baixar a pressão arterial sistólica em 10-15 mmHg.

Rotina diária de exercícios
Ao acordar pela manhã, faça a primeira postura da saudação ao sol (veja abaixo). Caminhe em ritmo acelerado por 30-45 minutos durante o dia. Ou nade ou ande de bicicleta por 20 minutos. À noite, relaxe na posição do cadáver (*veja p. 97*) por 15 minutos.

Saudação ao sol – 1ª postura
1. Em pé, bem ereto, com os pés juntos, dobre os cotovelos e traga as palmas juntas diante do peito como numa posição de prece.
2. Relaxe nesta posição por 1 minuto. Enquanto inspira e expira, visualize o nascer do sol. Imagine o calor e a luz irradiando através do corpo.

Meditação
A meditação diária pode abaixar a média da pressão sistólica em 10 mmHg, pelo menos, dentro de 12 semanas. Na primeira semana, sugiro que medite uma vez por dia por 10-20 minutos, sempre antes de uma refeição, como o café-da-manhã ou o jantar. Depois aumente a meditação para duas vezes ao dia.

Meditação introspectiva
1. Inicie sua primeira sessão de meditação sentando-se numa posição confortável perto de um relógio silencioso. Feche os olhos. Respire lenta e naturalmente e deixe a mente se esvaziar.
2. Nos próximos 10 minutos, dirija a sua consciência para dentro, cada vez mais profundo, para um lugar de serenidade e paz totais.
3. Abra os olhos. Permaneça sentado mais 1 minuto, pelo menos.

> **Evite a inversão**
> A sequência de ioga deste programa inclui algumas posições em que a cabeça pende para baixo que não são recomendáveis se a pressão for 160/100 mmHg ou mais alta. Se for o caso, siga o programa suave ou moderado até a pressão ceder mais.

① ②

segundo dia

Cardápio diário
- Café-da-manhã: müsli caseiro (*veja p. 100*) com banana e lascas de coco
- Lanche matinal: uma porção de fruta superalimento (*veja 1º dia*)
- Almoço: salada de beterraba e tofu (*veja p. 166*). Salada de folhas mistas salpicada com cenoura ralada, castanhas-do-pará, sementes de abóbora e azeite mediterrâneo de ervas (*veja p. 168*)
- Lanche da tarde: um punhado de amêndoas
- Jantar: guisado de legumes ao alecrim (*veja p. 170*), copinhos de chocolate com amêndoas (*veja p. 172*)
- Bebidas: 570 ml de leite semidesnatado ou desnatado. Suco de frutas e legumes preparado na hora. Chá verde, preto, branco ou de ervas, e água mineral à vontade. 150 ml de vinho tinto ou suco de uva integral sem açúcar
- Suplementos: veja p. 145

Rotina diária de exercícios
Ao acordar pela manhã, faça a primeira postura da saudação ao sol (*veja abaixo*). Caminhe em ritmo acelerado por 30-45 minutos durante o dia. Ou nade ou ande de bicicleta por 20 minutos. À noite, relaxe na posição do cadáver (*veja p. 97*) por 15 minutos.

Saudação ao sol – 2ª postura
1. Enquanto inspira, erga os braços para fora nas laterais e depois para cima num círculo amplo. Deixe as palmas com os dedos esticados se encontrarem sobre a cabeça.
2. Deixe o peito abrir e se expandir enquanto os braços se elevam. Pressione as palmas com firmeza e dirija o olhar para elas.
3. Mantendo os pés fixos no chão, estenda os braços para cima acima da cabeça, elevando-os o máximo que puder. Aos poucos, curve-se para trás até um ponto ainda confortável. Prenda a respiração e fique nessa posição por alguns segundos, esvaziando a mente.

Meditação
Além da meditação básica de ontem, gostaria que se concentrasse na sua respiração, que permitirá a entrada em um estado meditativo mais rapidamente.

Meditação da respiração
1. Sente-se em um lugar silencioso e confortável, de olhos fechados. Inspire devagar e profundamente pelo nariz e expire pela boca.
2. Concentre sua atenção no frescor do ar quando inspira e no calor ao expirar.
3. A cada expiração, imagine a tensão saindo do corpo. Sinta que se torna cada vez mais relaxado a cada respiração.
4. Comece a contar a respiração em voz alta enquanto expira. Assim você se concentra e evita a dispersão em outros pensamentos.
5. Agora inverta: inspire pela boca e expire pelo nariz. Pense qual padrão de respiração é mais confortável para você e continue dessa forma até o resto da meditação de hoje. Medite por 10-20 minutos.

planejamento diário do programa força total

programa força total terceiro dia

Cardápio diário
- Café-da-manhã: anchova com aveia (*veja p. 164*). Tomate grelhado. Torrada de pão integral ou de centeio
- Lanche matinal: uma porção de fruta superalimento (*veja 1º dia*)
- Almoço: salada de folhas mistas salpicada com brotos de feijão, beterraba, pimentão vermelho, nozes, sementes de abóbora, alho picado, óleo de nozes e vinagre de vinho tinto. Iogurte bio desnatado com fruta fresca
- Lanche da tarde: um punhado de amêndoas
- Jantar: cavala à mediterrânea (*veja p. 171*). Macarrão de trigo integral ou de cânhamo. Brócolis. Maçãs ao forno (*veja p. 173*) com iogurte bio desnatado
- Bebidas: 570 ml de leite semidesnatado ou desnatado. Suco de frutas e legumes preparado na hora. Chá verde, preto, branco ou de ervas, e água mineral à vontade. 150 ml de vinho tinto ou suco de uva integral sem açúcar
- Suplementos: veja p. 145

Rotina diária de exercícios
Ao acordar de manhã, faça as primeiras duas posturas da saudação ao sol (*veja 1º e 2º dias*) e a postura a seguir. Ande em ritmo acelerado por 30-45 minutos durante o dia. Ou nade ou ande de bicicleta por 20 minutos. À noite, relaxe deitando na posição do cadáver (*veja p. 97*) por 15 minutos.

Saudação ao sol – 3ª postura
1. Expire e dobre a cintura para a frente, mantendo os braços esticados à frente e as palmas das mãos juntas.
2. Curve-se o máximo que puder, deixando as costas eretas. Encoste o queixo no peito. Mantenha a posição o quanto puder sentindo-se confortável, inspirando e expirando calmamente pelo nariz.

Meditação
Hoje, gostaria que praticasse qualquer uma das meditações dos dias anteriores. Mas antes pratique um exercício de respiração da ioga chamado sitkari (língua dobrada). Esta técnica "esfria" a mente e ajuda a entrar mais rápido em estado meditativo.

Sitkari pranayama
1. Sente-se num lugar calmo e confortável, com as costas eretas e os olhos fechados. Inspire devagar e profundamente pela boca, e expire pelas narinas.
2. Dobre a língua para trás e pressione a ponta contra o céu da boca, deixando uma abertura estreita nas laterais da língua.
3. Inspire por essas aberturas laterais – fazendo um som sibilante com a respiração. Continue a expirar, lenta e profundamente, pelo nariz. Repita várias vezes.
4. Quando estiver pronto, volte à respiração normal, calma e rítmica. Deixe a mente se esvaziar para a meditação escolhida.

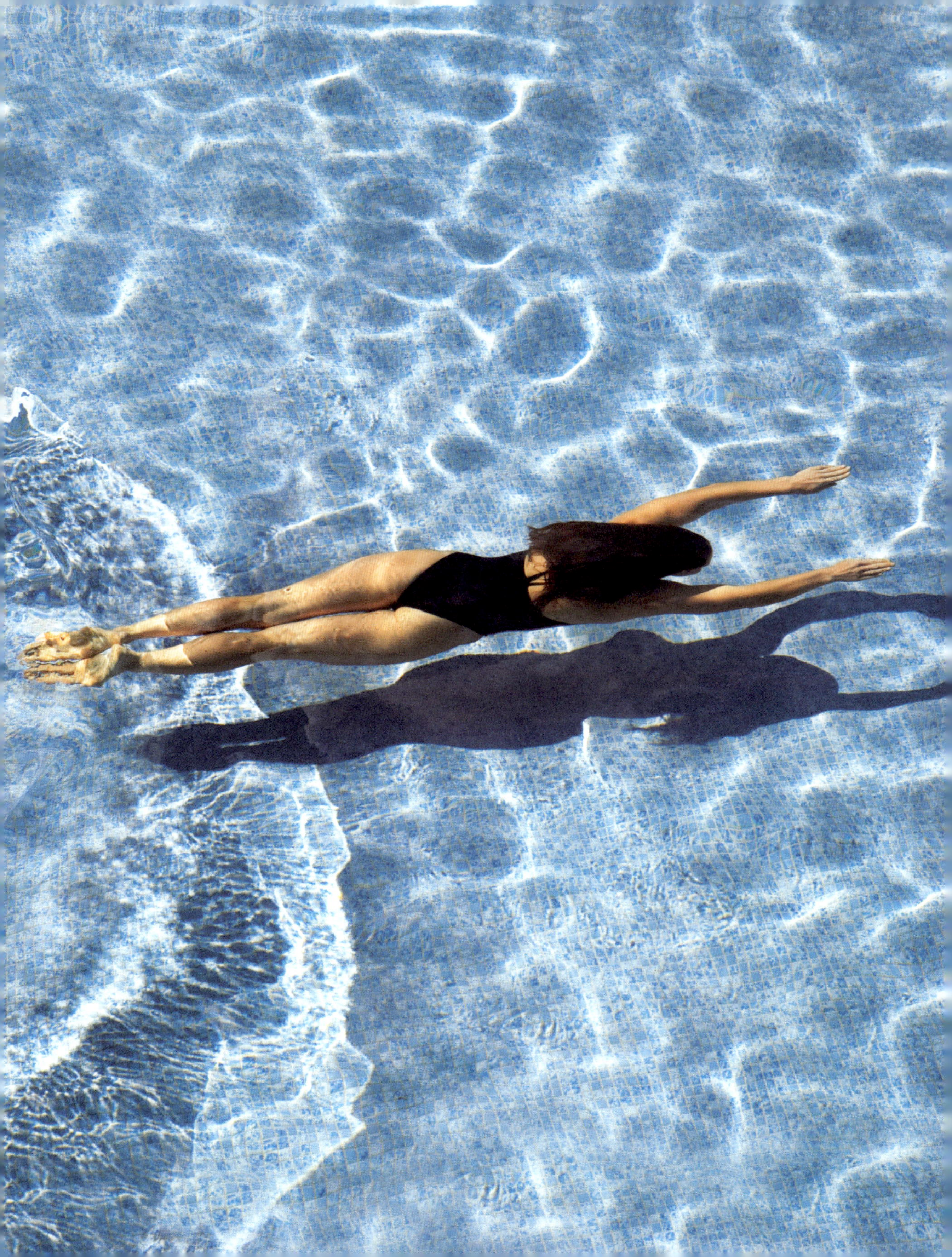

programa força total quarto dia

Cardápio diário
- **Café-da-manhã:** mingau de aveia com castanhas-do-pará e damascos
- **Lanche matinal:** uma porção de uma fruta superalimento (*veja 1º dia*)
- **Almoço:** salada de brócolis com amêndoas (*veja p. 166*), servida com folhas mistas salpicadas com sementes de abóbora e azeite mediterrâneo de ervas (*veja p. 168*). Pãozinho integral. Iogurte bio com frutas frescas
- **Lanche da tarde:** florentinas de chocolate (*veja p. 173*)
- **Jantar:** carne de porco ao limão (*veja p. 171*). Macarrão de trigo integral ou de cânhamo. 40-50 g de chocolate amargo.
- **Bebidas:** 570 ml de leite semidesnatado ou desnatado. Suco de frutas e legumes preparado na hora. Chá verde, preto, branco ou de ervas, e água mineral à vontade. 150 ml de vinho tinto ou suco de uva integral sem açúcar
- **Suplementos:** veja p. 145

Hoje você vai meditar com um yantra, um antigo desenho geométrico que, devido à forma, acredita-se que aja como porta de entrada para as supremas energias universais, deixando-o mais perto da iluminação. Os desenhos do yantra têm vários milhares de anos. Diferentemente de outros tipos de desenhos geométricos usados na meditação, como as mandalas, os yantras são revelados ao mundo pelo guru tântrico, que é clarividente; eles não podem ser criados. A agitação mental cessa imediatamente quando você se concentra em um yantra durante a meditação.

Rotina diária de exercícios
Ao acordar de manhã, faça as primeiras três posturas da saudação ao sol (*veja do 1º ao 3º dia*) e a postura a seguir. Ande em ritmo acelerado por 30-45 minutos durante o dia. Ou nade ou ande de bicicleta por 20 minutos. À noite, relaxe usando a posição do cadáver (*veja p. 97*) por 15 minutos.

Saudação ao sol – 4ª postura
1. A partir da 3ª postura, curve-se mais ainda, para segurar a parte de trás dos tornozelos ou da perna (ou o máximo que conseguir).
2. Abaixo o queixo e dobre os cotovelos para empurrar o tronco delicadamente na direção das pernas.
3. Expire e prenda a respiração por alguns segundos.

Meditação
Escolha um yantra que o atraia (imagens e pôsteres estão disponíveis na internet). Pendure a imagem de forma que o centro fique ao nível dos olhos ao sentar.

Meditação yantra
1. Concentre-se no centro do yantra. Agora amplie a área do foco para que veja todo o desenho.
2. Quando se sentir pronto, feche os olhos e visualize-o mentalmente. Repita esses passos por 10-15 minutos.

> **Posturas na meditação**
> As boas posturas para a meditação incluem sentar-se com as costas eretas numa cadeira com espaldar ou no chão com as pernas cruzadas e as mãos repousando no colo ou sobre os joelhos.

quinto dia

Cardápio diário
- **Café-da-manhã: tomates grelhados com tomilho. Torrada de trigo integral, centeio, soja ou cevada**
- **Lanche matinal: uma porção de fruta superalimento** (*veja 1º dia*)
- **Almoço: minestrone verde** (*veja p. 166*). **Pãozinho integral. Iogurte bio desnatado com frutas frescas**
- **Lanche da tarde: um punhado de amêndoas**
- **Jantar: cavala com pepino ao vinho** (*veja p. 171*). **Arroz integral misturado com arroz selvagem. Petit-fours de chocolate** (*veja p. 173*)
- **Bebidas: 570 ml de leite semidesnatado ou desnatado. Suco de frutas e legumes preparado na hora. Chá verde, preto, branco ou de ervas, e água mineral à vontade. 150 ml de vinho tinto ou suco de uva integral sem açúcar**
- **Suplementos: veja p. 145**

O jantar de hoje oferece uma fonte excelente de ácidos graxos ômega-3, selênio e vitaminas B3, B6 e B12. A cavala fornece mais ácidos graxos ômega-3 do que qualquer outro peixe gordo. Pesquisas demonstram que o consumo de cavala três vezes por semana por oito meses reduz de forma significativa tanto a pressão sistólica quanto a diastólica em pessoas com hipertensão essencial.

Rotina diária de exercícios
Ao acordar de manhã, faça as primeiras quatro posturas da saudação ao sol (*veja 1º ao 4º dia*) e a postura a seguir. Ande em ritmo acelerado por 30-45 minutos durante o dia. Ou nade ou ande de bicicleta por 20 minutos. À noite, relaxe na posição do cadáver (*veja p. 97*) por 15 minutos.

Saudação ao sol – 5ª postura
1. A partir da 4ª postura, inspire, relaxe as pernas e fique de pé, ereto.
2. Enquanto expira, dê um passo à frente o mais largo que puder com a perna direta, flexione o joelho e apóie as duas mãos no chão, com os braços estendidos, um de cada lado do pé direito. Conforme se adiantar apoiando na parte da frente do pé esquerdo, mantenha o joelho esquerdo fora do chão.
3. Deixe a cabeça pender para trás, olhando para cima. Da próxima vez, projete o peso sobre o pé esquerdo.

Meditação
Hoje gostaria que você escolhesse um mantra pessoal – palavra ou frase para dizer enquanto expira. Um mantra ajuda a alcançar um estado mais alto de consciência.

Meditação com mantra
1. Escolha uma palavra que reflita suas crenças espirituais (por exemplo, "Amém" ou "Shalom"), um som que o atraia instintivamente (por exemplo, "om" ou "aaaaaah"), ou uma palavra ou frase que você acha útil (por exemplo, "relaxe" ou "calma").
2. Feche os olhos e fique sentado quieto, respirando com calma: inspire pelo nariz e expire pela boca. Repita o mantra baixinho, de forma suave, rítmica e relaxada, a cada expiração. Prossiga por 10-15 minutos.

programa força total sexto dia

Cardápio diário

- **Café-da-manhã:** musse de mirtilos (*veja p. 164*). Torrada de trigo integral, centeio, soja ou cevada
- **Lanche matinal:** uma porção de fruta superalimento (*veja 1º dia*)
- **Almoço:** travessa de queijo, frutas, nozes e castanhas (*veja p. 167*). Uma porção de salada de folhas mistas salpicadas com castanhas-do-pará, sementes de abóbora, alho picado, óleo de nozes, e vinagre de vinho tinto. Iogurte bio desnatado com frutas frescas
- **Lanche da tarde:** um punhado de amêndoas
- **Jantar:** grão-de-bico ao curry (*veja p. 170*). Arroz com amêndoas (*veja p. 170*). 40-50 g de chocolate amargo
- **Bebidas:** 570 ml de leite semidesnatado ou desnatado. Suco de frutas e legumes preparado na hora. Chá verde, preto, branco ou de ervas, e água mineral à vontade. 150 ml de vinho tinto ou suco de uva integral sem açúcar
- **Suplementos:** veja p. 145

Rotina diária de exercícios

Ao acordar de manhã, faça as primeiras cinco posturas da saudação ao sol (*veja do 1º ao 5º dia*) e a postura a seguir. Ande em ritmo acelerado por 30-45 minutos durante o dia. Ou nade ou ande de bicicleta por 20 minutos. À noite, relaxe na posição do cadáver (*veja p. 97*) por 15 minutos.

Saudação ao sol – 6ª postura

1. A partir da 5ª postura, endireite a parte superior do tronco e levante os braços lentamente para fora e para cima.
2. Junte as palmas das mãos acima da cabeça, os dedos apontando para o céu. Olhe para as mãos.
3. Segure a respiração nessa posição por alguns segundos. Mantenha a mente o mais vazia possível.

Meditação

Hoje, você meditará nos chacras – os sete centros de energia do corpo sutil (*veja p. 43*).

Meditação nos chacras

1. Comece meditando no primeiro chacra, o chacra da raiz, trazendo a sua consciência à base da coluna e visualizando a cor vermelha.
2. Mude a consciência para o chacra sacral (do sacro) e imagine a cor laranja.
3. Suba para o próximo chacra, o plexo solar. Imagine o amarelo lá.
4. Concentre-se no centro do tórax – o chacra do coração – e visualize o verde.
5. Agora vá para a garganta. Pense no azul-celeste.
6. Concentre-se no sexto chacra entre os olhos, o chacra da testa. Visualize o azul-marinho.
7. Finalmente, visualize a cor violeta no topo da cabeça (o chacra coronário). Imagine uma luz branca se expandindo desse chacra e envolvendo-o num círculo de energia. Sinta a sensação de calma e paz.

sétimo dia

Cardápio diário

- **Café-da-manhã:** tainha à moda das ilhas Windward (*veja p. 164*). Torrada de trigo integral, centeio, soja ou cevada
- **Lanche matinal:** uma porção de uma fruta superalimento (*veja 1º dia*)
- **Almoço:** uma porção de salada de folhas mistas salpicadas com cenoura e beterraba raladas, brotos de feijão, champignons fatiados e azeite mediterrâneo de ervas (*veja p. 168*). Pãozinho integral. Iogurte bio com fruta fresca
- **Lanche da tarde:** amêndoas tostadas com sementes (*veja p. 173*)
- **Jantar:** refogado oriental com tofu (*veja p. 168*). Arroz vermelho. Um pedaço de fruta fresca
- **Bebidas:** 570 ml de leite semidesnatado ou desnatado. Suco de frutas e legumes preparado na hora. Chá verde, preto, branco ou de ervas, e água mineral à vontade. 150 ml de vinho tinto ou suco de uva integral sem açúcar
- **Suplementos:** veja p. 145

Rotina diária de exercícios

Ao acordar de manhã, faça as primeiras seis posturas da saudação ao sol (*veja do 1º ao 6º dia*) e da postura a seguir. Ande em ritmo acelerado por 30-45 minutos. Ou nade ou ande de bicicleta por 20 minutos. À noite, relaxe na posição do cadáver (*veja p. 97*) por 15 minutos.

Saudação ao sol – 7ª postura

1. Logo após a última postura, expire e traga as duas mãos para baixo no chão, uma em cada lado do pé direito.
2. Dê um passo para trás com o pé direito para que os dois pés fiquem alinhados. Endireite o corpo para ficar na posição da prancha (*veja p. 121*).
3. Mantenha a posição por quanto tempo conseguir desde que esteja confortável, e respire suavemente, mantendo a mente tão serena quanto possível.

Consulte o naturopata

Agora que está na metade do programa, sugiro que consulte um naturopata (veja indicação à p. 175). Muitos são especializados em homeopatia, fitoterapia, quiropraxia e osteopatia, além de nutrição. Na primeira consulta, o naturopata perguntará sobre sua saúde no passado e no presente, e fará um exame médico, que incluirá a medição da pressão, a auscultação dos pulmões e, às vezes, o exame da íris. Ele pode pedir exames de sangue, do cabelo ou do suor (para ver deficiências de minerais) e radiografias. Em geral, o tratamento com o naturopata envolve conselhos sobre alimentação e estilo de vida, exercícios respiratórios, esfregação com escova (para melhorar a circulação), suplementos nutricionais e remédios fitoterápicos ou homeopáticos. Em geral, são necessárias quatro sessões de avaliação de 30 minutos cada, no mínimo.

> **Respire devagar**
> Se está estressado, faça um esforço consciente para respirar mais lentamente. Imagine uma vela diante do rosto. Expire devagar – para que a chama apenas tremule ligeiramente.

planejamento diário do programa força total

① ② ③ ④ ⑤ ⑥ ⑦ **⑧**

programa força total oitavo dia

Cardápio diário

- **Café-da-manhã:** müsli caseiro (*veja p. 100*) com framboesas e lascas de coco

- **Lanche matinal:** uma porção de uma fruta superalimento (*veja 1º dia*)

- **Almoço:** queijo cottage light misturado com peras picadas e castanhas-do-pará. Salada de folhas mistas salpicada com sementes de abóbora e azeite mediterrâneo de ervas (*veja p. 168*). Pãozinho integral. Frutas frescas

- **Lanche da tarde:** um punhado de amêndoas

- **Jantar:** filé de salmão grelhado marinado em azeite de oliva, suco de limão e coentro. Folhas de rúcula e sementes de abóbora borrifadas com óleo de nozes. Arroz integral. 40-50 g de chocolate amargo.

- **Bebidas:** 570 ml de leite semidesnatado ou desnatado. Suco de frutas e legumes preparado na hora. Chá verde, preto, branco ou de ervas, e água mineral à vontade. 150 ml de vinho tinto ou suco de uva integral sem açúcar

- **Suplementos:** veja p. 145

A partir de hoje, gostaria que meditasse duas vezes ao dia por 10-20 minutos. Comece com duas sessões de 10 minutos ao dia, e aos poucos aumente para 15-20 minutos por sessão. Escolha o tipo de meditação que preferir na segunda sessão.

Rotina diária de exercícios

Ao acordar de manhã, faça as primeiras sete posturas da saudação ao sol (*veja do 1º ao 7º dia*) e da postura a seguir. Ande em ritmo acelerado por 30-45 minutos durante o dia. Ou nade ou pedale por 20 minutos. À noite, relaxe na posição do cadáver (*veja p. 97*) por 15 minutos.

Saudação ao sol – 8ª postura

1 A partir da 7ª postura, expire e prenda a respiração. Incline-se para que os dedos do pé, o queixo, o tórax e os joelhos toquem o chão – seu traseiro ficará elevado.

2 Relaxe. Respire com calma. Mantenha a mente vazia.

Meditação

Hoje você fará uma meditação adiantada que ao mesmo tempo limpa e reenergiza os chacras. É preciso ter um pedaço de ametista, diamante ou quartzo. Esses cristais estão associados aos chacras coronários, e têm sua própria ressonância que amplifica o poder da meditação.

Meditação dos chacras com um cristal

1 Sente-se confortavelmente, segurando um cristal com as mãos no colo. Visualize a luz ou a "energia branca" movendo-se do chacra básico pelos outros até chegar ao chacra coronário.

2 Imagine a luz fluindo do topo da cabeça para baixo até o cristal no qual é amplificado. Deixe a luz fluir de volta à base de sua coluna e para cima, através dos chacras, formando um círculo de luz de fluxo contínuo.

> **Evite a perda de motivação**
> A motivação pode diminuir depois de uma semana de exercícios aeróbicos diários. Continue variando o seu trajeto, exercite-se com um amigo e verifique se a sua pressão baixou.

nono dia

Cardápio diário

- **Café-da-manhã:** tomates recheados (*veja p. 165*). Fatia de torrada integral
- **Lanche matinal:** uma porção de fruta superalimento (*veja 1º dia*)
- **Almoço:** salada de beterraba e tofu (*veja p. 166*). Uma porção de salada de folhas mistas salpicadas com nozes, sementes de abóbora, óleo de nozes, alho picado e vinagre de vinho tinto. Iogurte bio desnatado com frutas frescas
- **Lanche da tarde:** petit-fours de chocolate (*veja p. 173*)
- **Jantar:** trouxinhas de peixe à tailandesa (*veja p. 171*). Couve-chinesa. Milho. Creme de arroz com amêndoas (*veja p. 172*)
- **Bebidas:** 570 ml de leite semidesnatado ou desnatado. Suco de frutas e legumes preparado na hora. Chá verde, preto, branco ou de ervas, e água mineral à vontade. 150 ml de vinho tinto ou suco de uva integral sem açúcar
- **Suplementos:** veja p. 145

A couve-chinesa do jantar é uma ótima fonte de carotenoides, cálcio, magnésio, ácido fólico, vitaminas C e K e potássio, o que a torna ideal para a hipertensão. Pode ser servida crua em saladas, cozida no vapor ou usada em refogados. A couve-chinesa com mais partes verdes tem maior teor de fitonutrientes.

Rotina diária de exercícios

Ao acordar de manhã, faça as primeiras oito posturas da saudação ao sol (*veja do 1º ao 8º dia*) e a postura a seguir. Ande em ritmo acelerado por 30-45 minutos durante o dia. Ou nade ou ande de bicicleta por 20 minutos. À noite, relaxe na posição do cadáver (*veja p. 97*) por 15 minutos.

Saudação ao sol – 9ª postura

1. A partir da última postura, deixe as nádegas baixarem ao chão, eleve o tórax e o estômago e dobre a cabeça para trás na postura da cobra (*veja p. 96*).
2. Prenda a respiração e mantenha a postura por alguns segundos, deixando a mente quieta, antes de começar a inspirar e expirar suavemente de novo.

Meditação

A meditação de hoje é baseada num exercício de respiração.

Meditação com respiração

1. Conte quantas respirações você faz em um minuto – normalmente são 12. Tente reduzi-las para seis respirações.
2. Inspire calma e profundamente pelo nariz, depois expire pela boca. Enquanto inspira, imagine o oxigênio entrando no corpo por todos os poros da pele, não apenas pelo nariz. Assim, o nível de respiração cairá naturalmente. No início, tente inspirar e expirar no mesmo ritmo, por exemplo, inspire por 5 segundos e expire por 5 segundos.
3. Agora acelere as inspirações e desacelere a expiração: inspire por 3 segundos e expire por 7 segundos.
4. Concentre-se em esvaziar os pulmões completamente e manter o fluxo de ar contínuo. Não prenda a respiração entre uma e outra. É preciso prática para respirar de forma mais calma, no ritmo de apenas seis respirações por minuto.

programa força total décimo dia

Cardápio diário

- **Café-da-manhã:** mingau de banana com canela (*veja p. 100*) com lascas de coco

- **Lanche matinal:** uma porção de fruta superalimento (*veja 1º dia*)

- **Almoço:** salada de brócolis com amêndoas (*veja p. 166*). Salada de folhas mistas salpicadas com sementes de abóbora, alho picado, óleo de nozes e vinagre de vinho tinto. Pãozinho integral. Iogurte bio desnatado com frutas frescas

- **Lanche da tarde:** suco poderoso de beterraba (*p. 173*)

- **Jantar:** taça cremosa de cogumelos (*veja p. 168*). Arroz vermelho. Brócolis. Maçãs ao forno (*veja p. 173*).

- **Bebidas:** 570 ml de leite semidesnatado ou desnatado. Suco de frutas e legumes preparado na hora. Chá verde, preto, branco ou de ervas, e água mineral à vontade. 150 ml de vinho tinto ou suco de uva integral sem açúcar

- **Suplementos:** veja p. 145

No almoço de hoje, os brócolis contêm antioxidantes e substâncias como o sulforafane, que aumentam a produção de enzimas desintoxicantes antioxidantes (glutationas) no organismo. Estas reduzem o dano às paredes arteriais e ajudam a combater a aterosclerose e a hipertensão. Para o máximo teor nutritivo, cozinhe-os levemente no vapor.

Rotina diária de exercícios

Ao acordar, faça as primeiras nove posturas da saudação ao sol (*veja do 1º ao 9º dia*) e a postura a seguir. Ande em ritmo acelerado por 30-45 minutos. Ou nade ou ande de bicicleta por 20 minutos. À noite, relaxe na posição do cadáver (*veja p. 97*) por 15 minutos.

Saudação ao sol – 10ª postura

1. A partir da última postura, expire e, apoiando-se nos pés e nas mãos, estique as pernas elevando as nádegas no ar.
2. O corpo ficará em forma de V invertido. Esta é posição do cachorro olhando para baixo (*veja p. 92*). Encoste o queixo no peito, eleve o cóccix ao máximo e prenda a respiração. Mantenha a posição por alguns segundos. Mantenha a mente serena.

Meditação

Hoje gostaria que você se concentrasse na elevação da temperatura de uma das mãos. Pesquisas que usaram o *biofeedback* (*veja p. 45*) indicaram que é possível usar o poder do pensamento para melhorar a circulação do sangue e a temperatura em uma mão em até 5-10 graus. Se conseguir dilatar os vasos sanguíneos dessa forma, isso poderá ajudar a baixar a pressão e pôr fim às dores de cabeça provocadas por tensão.

Meditação da temperatura do corpo

1. Com calma, concentre-se em sua mão dominante. Imagine-a ficando mais quente. Dirija toda a sua atenção à mão e sinta o calor se espalhando pela palma e dedos por 15 minutos, pelo menos.
2. Depois, coloque as mãos no rosto para ver se consegue sentir uma diferença de temperatura entre as duas. Ou use uma fita de termômetro de testa para medir a temperatura da pele de cada palma.

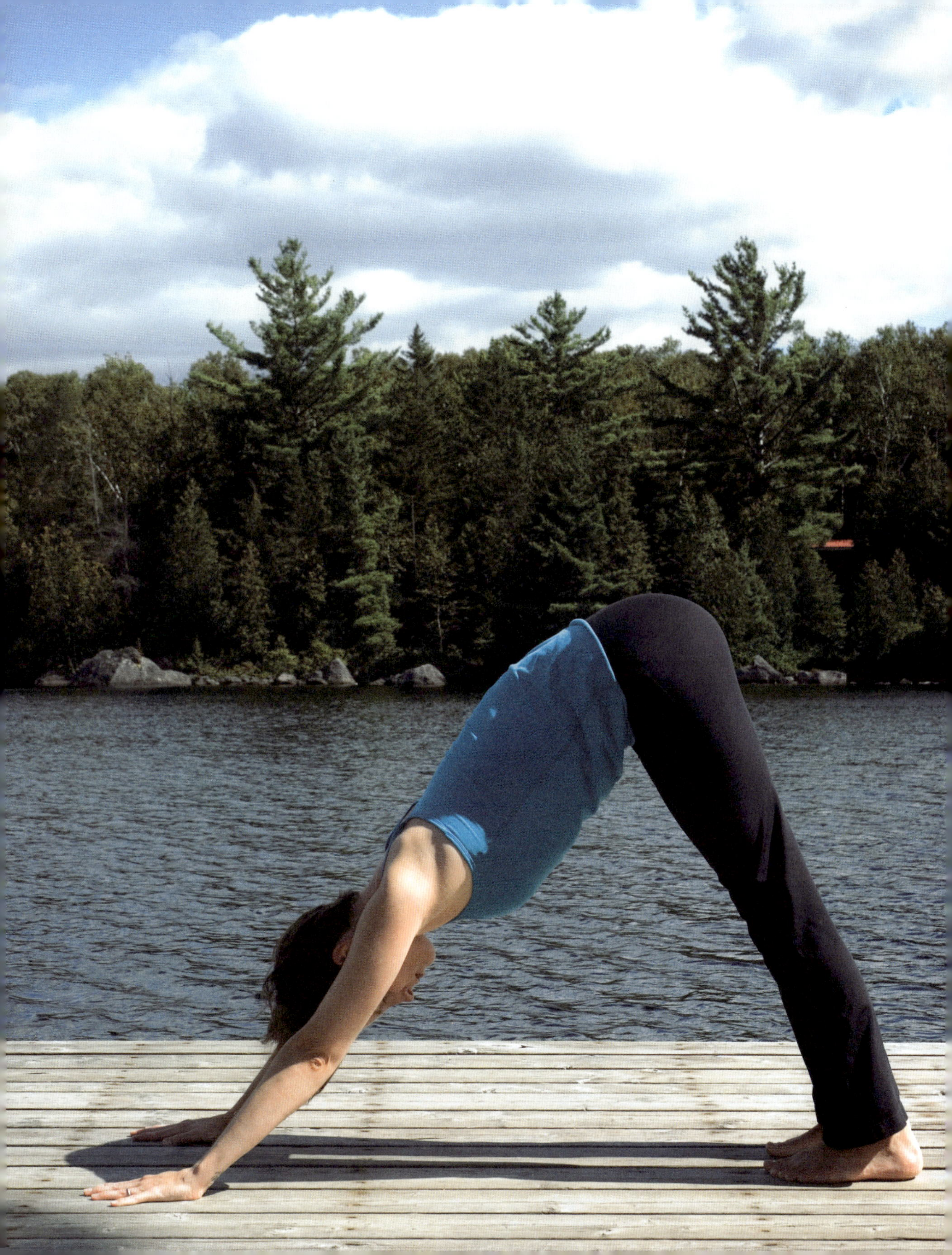

programa força total décimo primeiro dia

Cardápio diário

- **Café-da-manhã:** figos, tâmaras e damascos picados misturados com iogurte, queijo cottage ou ricota light. Torrada de pão integral, centeio, soja ou cevada

- **Lanche matinal:** uma porção de fruta superalimento (*veja 1º dia*)

- **Almoço:** uma tigela com abacate picado, mussarela light picada com tomates, nozes e rúcula com molho de óleo de nozes e vinagre de vinho tinto. Iogurte bio desnatado com frutas frescas

- **Lanche da tarde:** um punhado de amêndoas

- **Jantar:** guisado de legumes ao alecrim (*veja p. 170*). Peras ao vinho tinto (*veja p. 172*)

- **Bebidas:** 570 ml de leite semidesnatado ou desnatado. Suco de frutas e legumes preparado na hora. Chá verde, preto, branco ou de ervas, e água mineral à vontade. 150 ml de vinho tinto ou suco de uva integral sem açúcar

- **Suplementos:** veja p. 145

Rotina diária de exercícios

Faça as primeiras dez posturas da saudação ao sol (*veja do 1º ao 10º dia*) pela manhã, mais a postura abaixo. Ande em ritmo acelerado por 30-45 minutos. Ou nade ou ande de bicicleta por 20 minutos. À noite, relaxe na posição do cadáver (*veja p. 97*) por 15 minutos.

Saudação ao sol – 11ª postura

1. A partir da última postura, inspire e dê um grande passo com a perna esquerda, de modo que o pé fique entre suas mãos.
2. Ainda inspirando, eleve os braços para fora e para cima em um círculo amplo, com as palmas se juntando sobre a cabeça, os dedos apontados para cima.
3. Olhe para as mãos no alto e prenda a respiração, mantendo a mente tão vazia quanto possível.

Meditação

Hoje vou me concentrar na diminuição da frequência cardíaca. Note que se estiver tomando um betabloqueador, não poderá influenciá-la de modo significativo.

Meditação da frequência cardíaca

1. Fique sentado calmamente por 10 minutos lendo um livro ou ouvindo música. Meça a pulsação.
2. Agora fique sentado em contemplação serena, mas em vez de se concentrar num mantra, por exemplo, concentre-se em baixar a frequência cardíaca.
3. Imagine o coração batendo no peito. Envie sinais mentais para que ele bata mais devagar.
4. Depois de 10 minutos, meça o pulso de novo e veja quanto ele baixou.

Verifique a pulsação

Para ajudar na meditação de hoje, compre um equipamento de *biofeedback*, que fornece uma leitura ao vivo da frequência cardíaca no computador doméstico. Pode-se observar a pulsação cair enquanto se medita.

décimo segundo dia

Cardápio diário
- **Café-da-manhã:** müsli caseiro (*veja p. 100*). Banana e nozes
- **Lanche matinal:** uma porção de uma fruta superalimento (*veja 1º dia*)
- **Almoço:** minestrone verde (*veja p. 166*). Pãozinho integral. Iogurte bio desnatado com frutas frescas
- **Lanche da tarde:** vitamina de framboesa (*veja p. 173*)
- **Jantar:** cavala à mediterrânea (*veja p. 171*). Macarrão integral. Brócolis. 40-50 g de chocolate amargo
- **Bebidas:** 570 ml de leite semidesnatado ou desnatado. Suco de frutas e legumes preparado na hora. Chá verde, preto, branco ou de ervas, e água mineral à vontade. 150 ml de vinho tinto ou suco de uva integral sem açúcar
- **Suplementos:** veja p. 145

As meditações feitas até aqui envolvem princípios emprestados do treinamento autogênico e *biofeedback* (*veja p. 45*). Pesquisas mostram que os hipertensos podem aprender a reduzir a pressão em 15,3/17,8 mmHg durante apenas 3 sessões de treinamento de *biofeedback* no período de duas semanas.

Rotina diária de exercícios
Ao acordar, faça as primeiras 11 posturas de saudação ao sol (*veja do 1º ao 11º dia*) e a postura abaixo. Ande em ritmo acelerado por 30-45 minutos durante o dia. Ou nade ou ande de bicicleta por 20 minutos. À noite, relaxe na posição do cadáver (*veja p. 97*) por 15 minutos.

Saudação ao sol – 12ª postura
1. A partir da 11ª postura, expire enquanto traz o pé direito para a frente perto do pé esquerdo.
2. Segure a parte de trás dos tornozelos ou barriga da perna o máximo embaixo, desde que se sinta confortável.
3. Encoste o queixo no peito e dobre os cotovelos para puxar a parte superior do corpo suavemente em direção às pernas.
4. Expire e prenda a respiração por alguns segundos enquanto mantém a postura. Mantenha a mente o mais vazia possível.

Meditação
Hoje gostaria de focar na diminuição da pressão.

Meditação da pressão
1. Fique sentado calmamente por 10 minutos, lendo ou ouvindo uma música. Meça a pressão.
2. Sente-se em contemplação silenciosa – concentre-se na diminuição da pressão.
3. Visualize suas artérias e veias se dilatando e imagine o pulso e a respiração diminuindo gradualmente.
4. Depois de 10 minutos, meça a pressão de novo e descubra quanto ela baixou.

programa força total décimo terceiro dia

Cardápio diário
- **Café-da-manhã:** mingau de aveia com castanhas-do-pará e lascas de coco
- **Lanche matinal:** uma porção de uma fruta superalimento (*veja 1º dia*)
- **Almoço:** uma travessa de queijo, frutas, nozes e castanhas (*veja p. 167*). Salada de folhas mistas salpicadas com castanhas-do-pará, sementes de abóbora, alho picado, óleo de nozes e vinagre de vinho tinto. Iogurte bio desnatado com frutas frescas
- **Lanche da tarde:** florentinas de chocolate (*veja p. 173*)
- **Jantar:** carne de porco ao limão (*veja p. 171*). Espinafre. Macarrão integral ou de cânhamo. Creme de arroz com amêndoas (*veja p. 172*)
- **Bebidas:** 570 ml de leite semidesnatado ou desnatado. Suco de frutas e legumes preparado na hora. Chá verde, preto, branco ou de ervas, e água mineral à vontade. 150 ml de vinho tinto ou suco de uva integral sem açúcar
- **Suplementos:** veja p. 145

Rotina diária de exercícios
Ao acordar de manhã, faça as primeiras 12 posturas da saudação ao sol (*veja do 1º ao 12º dia*) e a postura a seguir. Ande em ritmo acelerado por 30-45 minutos durante o dia. Ou nade ou ande de bicicleta por 20 minutos. À noite, relaxe na posição do cadáver (*veja p. 97*) por 15 minutos.

Saudação ao sol – 13ª postura
1. A partir da última postura, inspiro e fique ereto. Ao endireitar o corpo, estenda os braços para fora e para cima em um círculo amplo.
2. Junte as palmas acima da cabeça, os dedos apontados para cima, olhe para as mãos acima e alongue a coluna.
3. Prenda a respiração e fique nessa postura por alguns segundos. Mantenha a mente tão vazia quanto possível.

Acupressão
Hoje gostaria de introduzir uma nova terapia doméstica: a acupressão. A massagem de dois pontos de acupressão acima da nuca pode ajudar a baixar a pressão. Esses pontos estão no meridiano da vesícula e são chamados de Gb20. Para encontrá-los, coloque os polegares nos lóbulos da orelha e escorregue-os na direção da base do crânio. Eles vão se acomodar numa pequena depressão que existe em cada lado da vértebra do pescoço, uns 2 cm acima da linha do cabelo. Curve a cabeça para a frente e volte para encontrá-los. Massageie esses pontos com pressão firme dos polegares por 1 minuto. Esses pontos também são usados para incentivar o fluxo de energia para cima, através dos chacras (*veja p. 43*).

Sementes de abóbora
Nutritivas, essas sementes são um bom ingrediente para o almoço de hoje – e as várias refeições deste programa. Pode-se comprá-las, mas também é fácil extraí-las. Da próxima vez que comer abóbora, separe as sementes e seque no forno por 3 horas, ou misture com um pouco de azeite e leve ao forno por 10 minutos a 180°C.

programa força total décimo quarto dia

Cardápio diário

- **Café-da-manhã:** café-da-manhã de domingo (*veja p. 165*). Torrada de pão integral, centeio, soja ou cevada
- **Lanche matinal:** uma porção de fruta superalimento (*veja 1º dia*)
- **Almoço:** truta com amêndoas (*veja p. 167*). Salada de folhas mistas salpicadas com coentro fresco, nozes, sementes de abóbora, alho picado, óleo de nozes e vinagre de vinho tinto. Iogurte bio desnatado com frutas frescas
- **Lanche da tarde:** suco poderoso de beterraba (*veja p. 173*)
- **Jantar:** grão-de-bico ao curry (*veja p. 170*). 40-50 g de chocolate amargo
- **Bebidas:** 570 ml de leite semidesnatado ou desnatado. Suco de frutas e legumes preparado na hora. Chá verde, preto, branco ou de ervas, e água mineral à vontade. 150 ml de vinho tinto ou suco de uva integral sem açúcar
- **Suplementos:** veja p. 145

Assim que aprender a postura final da saudação ao sol, terá completado a sequência de posturas a ser feita todas as manhãs. Este antigo hábito de exercícios ajudará a ter concentração e calma. Segundo os adeptos de ioga, se tiver tempo apenas para um exercício de ioga por dia, faça a saudação ao sol.

Rotina diária de exercícios

Quando acordar, faça as primeiras 13 posturas da saudação ao sol (*veja do 1º ao 13º dia*) e a postura final a seguir (*veja abaixo*). Ande em ritmo acelerado por 30-45 minutos durante o dia. Ou nade ou ande de bicicleta por 20 minutos. À noite, relaxe na posição do cadáver (*veja p. 97*) por 15 minutos.

Saudação ao sol – 14ª postura

1. A partir da 13ª postura, expire e traga os braços ao seu lado, fazendo um círculo aberto.
2. Junte as palmas das mãos em posição de oração diante do peito. Agora você completou o ciclo da saudação ao sol.

Consulte um acupunturista

Sugiro que termine o programa com uma série de sessões da tradicional acupuntura chinesa. Para encontrar um acupunturista, veja a p. 174. A acupuntura regula o fluxo da energia ki no corpo e pode ajudar a estabilizar a pressão num nível mais baixo. Durante a consulta, o especialista anota o seu histórico médico, o examina e avalia a situação de sua língua, pulso e tan tien (área abaixo do umbigo). Ele insere agulhas finas, estéreis e descartáveis na pele, em acupontos previamente selecionados, a uma profundidade de 4-25 mm. Não é desconfortável. Em geral, são usadas de seis a 12 agulhas, com pontos nas mãos e nos pés sendo os mais comuns. Algumas agulhas precisam ser fixadas por alguns segundos, mas outras podem ficar 30-60 minutos. A retirada ao final da sessão não dói. Uma série de 12 sessões por um período de seis semanas pode baixar a pressão de forma significativa, e os efeitos podem durar nove meses ou mais após o fim do tratamento.

a sequência do programa força total

Muito bem – você terminou as duas semanas do programa força total! Aconselho-o a prosseguir o planejamento alimentar por mais duas semanas, até completar um mês de alimentação saudável e se familiarizar com os alimentos necessários para o consumo diário. Depois de um mês, pode-se voltar ao início para variar os pratos e incluir receitas novas. As informações a seguir ajudarão no planejamento do seu futuro no programa força total.

Dieta a longo prazo

A dieta seguida no programa força total se baseia em superalimentos que fazem bem ao coração (*veja pp. 56-59*). O consumo desses superalimentos de forma regular acarretará uma redução significativa do risco de doenças cardiovasculares (*veja p. 18*). Para prosseguir a dieta:

- Consuma no mínimo cinco (de preferência oito a dez) porções de frutas, legumes, saladas, alho, amêndoas, chocolate amargo, vinho tinto ou suco de uva.
- Coma peixe quatro vezes por semana (embora possa consumir menos que isso se continuar a tomar suplementos de alho e óleo de peixe ômega-3).
- Inclua o máximo de superalimentos das pp. 56-59 na alimentação diária. Por exemplo, mirtilos, grão-de-bico, uvas, espinafre e romã.
- Faça várias refeições vegetarianas e com peixe. Pesquisas sugerem que a hipertensão está associada ao alto consumo de carne vermelha e carne processada, enquanto grãos integrais, frutas, nozes, castanhas, peixe e leite (rico em cálcio benéfico) têm efeito protetor do sistema cardiovascular. Para mais detalhes sobre como escolher peixe e mariscos, veja a p. 130 do programa moderado.
- Ao comer carne vermelha, escolha aves ou cortes sem muita gordura, como a carne magra de porco.

Receitas Explore os pratos vegetarianos – variando a cada dia a seleção de legumes, verduras, raízes – e as receitas de peixe. Ao selecionar uma nova receita, observe os seguintes aspectos:

- Procure receitas que incluam os superalimentos, como o vinho tinto. O cozimento retira o excesso de álcool, retendo quantidades úteis de antioxidantes.
- Inclua alho nos pratos salgados, mesmo que a receita original não o utilize.
- Substitua o sal das receitas por pimenta moída e ervas frescas picadas.

Regularidade de exames de sangue

Se suas taxas de colesterol, triglicérides e homocisteína estão em níveis excelentes, verifique-os uma vez ao ano. Se estão elevados, pouco acima do desejável (ou abaixo do desejável no caso do colesterol bom), seria melhor repetir os exames a cada três ou seis meses.

- Substitua o creme de leite por iogurte ou ricota. Para dicas de como usar o iogurte na culinária, veja a p. 98.

Regime de suplementos a longo prazo

Continue a tomar os suplementos recomendados para o programa força total. Inúmeros estudos apoiam seu uso neste nível adiantado devido aos efeitos significativos sobre a pressão e a saúde futura. No entanto, não aumente as doses sem aconselhamento específico, individual, de um terapeuta nutricional qualificado, naturopata ou médico. Se até o momento você apenas tomou suplementos da lista recomendada, pense em tomar um ou mais suplementos da lista opcional para maiores benefícios. Para detalhes sobre cada suplemento, inclusive atualização sobre as últimas descobertas, acesse www.naturalhealthguru.co.uk.

Sua rotina de exercícios

Continue com no mínimo 45 minutos de exercícios aeróbicos por dia: caminhada em ritmo acelerado, bicicleta ou natação são ideais. Se ainda não frequenta uma academia, pense nisso: um personal trainer oferecerá um programa ajustado a você, ajudará a motivá-lo e dará sugestões para melhorar suas condições musculares, além das aeróbicas.

Continue a fazer a saudação ao sol todas as manhãs ao acordar, e fique 15 minutos na posição do cadáver (*veja p. 97*) para relaxar ao fim do dia. Se gosta de ioga, inscreva-se em um curso, ou faça aulas particulares.

O programa de terapia

O programa força total apresenta várias práticas de meditação adiantada. Continue a meditar durante 20 minutos pelo menos, ao dia, de preferência duas vezes, uma de manhã e outra à noite, usando quaisquer técnicas de meditação que achar úteis. Também é bom ter aulas de meditação para receber instrução formal de um professor (*leia sobre os vários tipos de meditação na p. 45*). Se achar que essas intervenções ajudam, continue a consultar os terapeutas – o naturopata e o acupunturista. Outras terapias complementares a serem consideradas são o biofeedback e o treinamento autogênico.

Monitoramento da pressão

Enquanto prossegue com o programa força total, monitore a pressão semanalmente, no mesmo horário, a menos que o médico tenha pedido pra verificá-la com mais frequência. Mantenha um registro das medidas da sua pressão numa tabela como a da p. 77. Assim, poderá ter uma indicação visual instantânea da queda da pressão (que espero aconteça durante o programa), da manutenção ou do aumento.

Se a sua pressão tende a permanecer abaixo de 130/80 mmHg, muito bem, o programa força total surtiu o efeito desejado e, para consolidar os benefícios, continue por um longo prazo. Se você toma anti-hipertensivos, o médico pode considerar diminuir a dose ou o número de remédios. No entanto, não faça isso sozinho, e sim sob supervisão médica, para evitar o efeito rebote.

Se a sua pressão tende a permanecer entre 130/80 mmHg e 140/90 mmHg, procure auxílio do médico ou naturopata para ver o que fazer para reduzi-la a menos de 130/80 mmmHg. Embora a pressão inferior a 140/90 mmHg seja uma meta aceitável, 130/80 mmHg é o ideal para a saúde a longo prazo, especialmente para os portadores de diabetes ou problemas renais. Se a sua pressão fica constantemente acima de 140/90 mmHg, procure o médico para aconselhamento particular.

café-da-manhã receitas

anchova com aveia

rendimento: 4 porções

4 anchovas pequenas sem cabeça e sem espinhas
4 colheres (sopa) de leite semidesnatado (ou de soja)
4 colheres (sopa) de aveia em flocos
2 colheres (sopa) de azeite
suco de 1 limão
um punhado grande de agrião
pimenta-do-reino moída na hora

1. Passe os peixes no leite e depois na aveia. Tempere com pimenta-do-reino.
2. Aqueça o azeite numa panela. Frite os peixes em fogo baixo, por 10 minutos de cada lado. Espalhe um pouco de suco de limão e sirva com agrião.

tainha à moda das ilhas Windward

rendimento: 4 porções

4 filés de tainha (150 g cada)
2 bananas pequenas cortadas no sentido do comprimento
suco de 1 laranja
raspas e suco de 1 limão-siciliano
um punhado de agrião
um punhado de salsa picada grosseiramente
pimenta-do-reino moída na hora

1. Preaqueça o forno a 180°C.
2. Disponha as trutas em camada única numa assadeira. Coloque meia banana ao lado de cada filé e despeje os sucos e as raspas de limão. Asse por 20 minutos, até o peixe cozinhar.
3. Tempere com a pimenta e a salsa. Sirva com o agrião.

musse de mirtilos

rendimento: 4 porções

400 g de mirtilos ou amoras
300 g de tofu silken
100 g de amêndoas picadas

1. Reserve alguns mirtilos para decorar, coloque o restante no liquidificador com o tofu e bata até formar um creme.
2. Distribua o creme em 4 taças de sobremesa. Salpique as amêndoas, enfeite com os mirtilos inteiros e sirva.

abaixo: tainha à moda das ilhas

café-da-manhã de domingo

rendimento: 4 porções

4 cogumelos cortados ao meio
4 tomates cortados ao meio
4 abobrinhas cortadas no sentido do comprimento
1 pimentão vermelho e 1 amarelo sem sementes cortados em 8 pedaços
4 colheres (sopa) de azeite
4 punhados de espinafre
pimenta-do-reino moída na hora
4 torradas de trigo integral para servir

1. Preaqueça o forno em médio/quente.
2. Coloque os cogumelos, os tomates, as abobrinhas e os pimentões em uma assadeira e regue com o azeite. Leve ao forno e asse até os legumes começarem a amolecer. Cozinhe o espinafre numa panela a vapor até murchar.
3. Distribua os legumes grelhados e o espinafre em quatro pratos aquecidos. Tempere com a pimenta e sirva com a torrada.

à direita: tomates recheados

tomates recheados

rendimento: 4 porções

4 tomates grandes
1 cebola roxa bem picada
2 dentes de alho amassados
12 folhas de manjericão rasgadas
um punhado de salsa picada
175 g de cogumelos fatiados
um punhado de mussarela ralada (opcional)
pimenta-do-reino moída na hora
4 torradas de trigo integral ou de centeio para servir

1. Preaqueça o forno a 180° C.
2. Corte a parte superior dos tomates, formando uma tampa. Retire a polpa do interior e misture com a cebola, o alho, as ervas e os cogumelos. Tempere com a pimenta. Recheie os tomates com a mistura. Coloque a mussarela por cima (se for usar) e tampe o tomate. Asse por 15 minutos. Sirva com torradas.

almoço receitas

minestrone verde

rendimento: 4 porções

1 colher (sopa) de azeite
1 cebola picada
1 alho-poró picado
4 dentes de alho amassados
1 litro de caldo de legumes (*veja p. 109*) ou água
100 g de macarrão verde
100 g de brócolis em raminhos
100 g de ervilhas frescas ou congeladas
100 g de verduras (espinafre, couve, repolho ou couve-chinesa)
1 abobrinha bem picada
um punhado de manjericão rasgado
pimenta-do-reino moída na hora

1. Aqueça o azeite numa frigideira grande. Junte a cebola, o alho-poró e o alho e refogue em fogo médio até amolecerem. Despeje o caldo de legumes e deixe ferver. Acrescente o macarrão e cozinhe por 5 minutos.
2. Adicione os brócolis, as ervilhas, as verduras e a abobrinha e apure por mais 3 minutos. Junte o manjericão e a pimenta-do-reino e sirva.

salada de brócolis com amêndoas

rendimento: 4 porções

450 g de brócolis em floretes
4 colheres (sopa) de azeite extravirgem ou óleo de nozes
3 colheres (sopa) de suco de limão
1 dente de alho amassado
folhas de 2 ramos de orégano ou de tomilho picadas
pimenta-do-reino moída na hora
4 talos de cebolinha picada grosseiramente
100 g de lascas de amêndoas levemente tostadas

1. Mergulhe o brócolis numa panela com água fervente. Deixe ferver de novo e cozinhe por 1 minuto. Escorra e mergulhe em água fria.
2. Coloque o azeite, o suco de limão, o alho e o orégano em uma vasilha pequena e misture bem. Tempere com pimenta-do-reino.
3. Misture o brócolis, a cebolinha e as amêndoas em uma saladeira. Regue com o azeite e a mistura de limão e sirva.

salada de beterraba e tofu

rendimento: 4 porções

250 g de tofu firme em cubos
250 g de beterrabas cozidas em cubos
1 cebola roxa em rodelas finas
1 abacate maduro picado
suco de 1 limão
2 colheres (sopa) de óleo de nozes ou de azeite
2 colheres (chá) de mostarda em grão
250 g de verduras tenras mistas
pimenta-do-reino moída na hora

1. Misture o tofu, a beterraba, a cebola e o abacate numa vasilha e reserve.
2. Coloque o suco de limão, o azeite e a mostarda em um pote com tampa e agite até misturar bem. Despeje sobre a mistura de tofu e beterraba e misture bem.
3. Coloque as verduras numa saladeira e cubra com a mistura de tofu e beterraba. Tempere com a pimenta e sirva.

truta com amêndoas

rendimento: 4 porções

4 filés de truta (200 g cada)
4 colheres (sopa) de leite desnatado (ou de soja)
4 colheres (sopa) de amêndoas moídas
2 colheres (sopa) de azeite
4 tomates cortados ao meio
4 colheres (sopa) de lascas de amêndoas levemente tostadas
pimenta-do-reino moída na hora

1. Deixe as trutas de molho no leite e passe nas amêndoas moídas até cobrir bem. Reserve.
2. Aqueça o azeite numa frigideira grande. Junte os tomates e a truta e cozinhe em fogo brando por 4 minutos de cada lado até cozinhar o peixe.
3. Distribua as trutas e os tomates em 4 pratos. Tempere com pimenta, salpique as amêndoas e sirva.

travessa de queijo, frutas, nozes e castanhas

travessa de queijo, frutas, nozes e castanhas

rendimento: 4 porções

250 g de verduras mistas
2 punhados de agrião
2 laranjas sem casca em fatias
1 abacaxi pequeno em fatias finas
1 kiwi em rodelas finas
250 g de queijo cottage
100 g de nozes
100 g de sementes mistas (linhaça, girassol, abóbora e gergelim)

1. Coloque todas as verduras numa travessa grande e disponha as frutas em cima.
2. Misture o queijo cottage, as nozes e as sementes em uma tigela. Coloque essa mistura sobre as frutas e sirva.

receitas do programa força total

jantar receitas

taça cremosa de cogumelos

rendimento: 4 porções

1 cebola roxa bem picada
um punhado de salsa picada grosseiramente
150 g de tofu silken
raspas e suco de 1 limão
pimenta-do-reino moída na hora
12 cogumelos pequenos sem os talos
1 colher (chá) de páprica
um punhado de verduras mistas para servir

1. Coloque a cebola, a salsa e o tofu numa vasilha e amasse bem até formar uma pasta. Junte o suco e as raspas de limão e tempere com pimenta-do-reino.
2. Disponha os cogumelos com a parte oca para cima numa saladeira. Recheie-os com a mistura de tofu, salpique um pouco de páprica por cima e sirva com as verduras.

azeite mediterrâneo de ervas

rendimento: 4 porções

600 ml de azeite extravirgem
12 grãos de pimenta-do-reino
12 grãos de pimenta verde
12 sementes de erva-doce
12 sementes de coentro
2 ramos de alecrim
2 ramos de tomilho
2 ramos de estragão
2 ramos de orégano
2 folhas de louro
2 pimentas vermelhas cortadas longitudinalmente

1. Coloque todos os ingredientes numa garrafa de vinho branco. Tampe com uma rolha vedando bem. Agite.
2. Deixe em um lugar quente, como um peitoril ensolarado, por 2 semanas, agite e vire a garrafa todos os dias.

refogado oriental com tofu

rendimento: 4 porções

1 colher (sopa) de azeite
4 dentes de alho amassados
5 cm de gengibre descascado e ralado
400 g de tofu firme em cubos de 2 cm
200 g de brócolis em floretes
200 g de ervilha-torta
200 g de couve-chinesa ou acelga rasgada grosseiramente
200 g de brotos de feijão
1 litro de caldo de legumes (*veja p. 109*)
pimenta-do-reino moída na hora
2 colheres (sopa) de lascas de amêndoas
um punhado de folhas de coentro picadas grosseiramente

1. Espalhe o azeite numa frigideira ou wok quente. Junte o alho e o gengibre e refogue em fogo alto por 1 minuto. Junte o tofu, o brócolis, a ervilha-torta, a couve-chinesa e os brotos de feijão e refogue por mais 3 minutos.
2. Despeje o caldo, deixe ferver e apure por 2 minutos. Tempere com a pimenta, salpique as lascas de amêndoas e o coentro e sirva.

à direita: refogado oriental com tofu

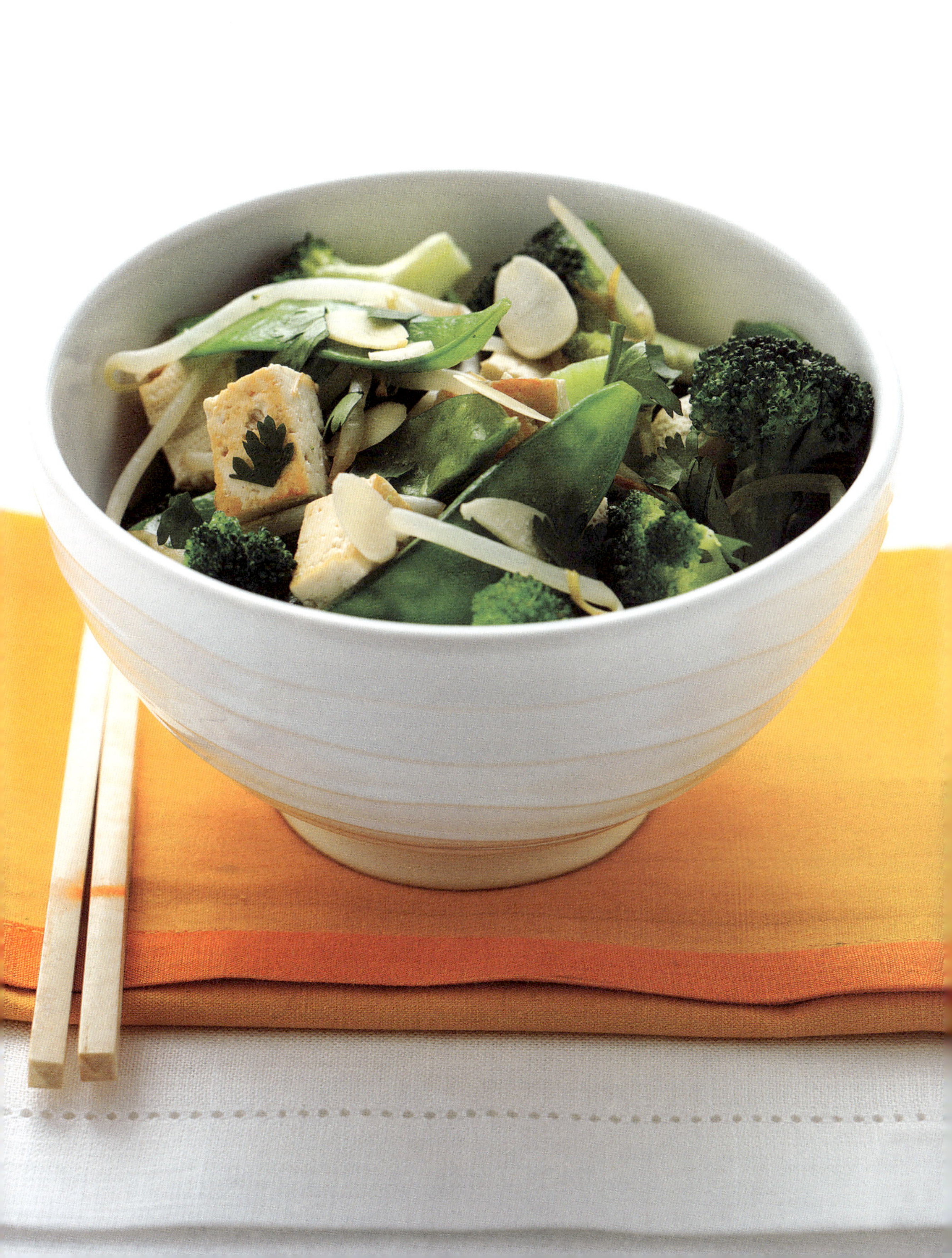

arroz com amêndoas

rendimento: 4 porções

½ colher (sopa) de azeite
1 cebola picada
2 dentes de alho amassados
200 g de arroz integral de grão longo
um punhado de uvas-passas
600 ml de caldo de legumes (*veja p. 109*)
um punhado de lascas de amêndoas
um punhado de salsa fresca picada grosseiramente

1. Aqueça o azeite numa panela. Junte a cebola e refogue em fogo médio até amolecer. Adicione o arroz e refogue por 1 minuto. Enquanto isso, aqueça o caldo em outra panela.
2. Coloque as passas no arroz, despeje o caldo quente e deixe ferver. Diminua o fogo, tampe e apure por 30 minutos, até o arroz ficar tenro e todo o líquido for absorvido. Se o arroz precisar de mais cozimento, adicione um pouco mais de caldo ou água e deixe até ficar no ponto.
3. Retire a panela do fogo. Junte as amêndoas, a salsa e sirva quente ou frio.

grão-de-bico ao curry

rendimento: 4 porções

1 colher (sopa) de azeite extravirgem
1 cebola picada
4 dentes de alho amassados
5 cm de gengibre descascado e ralado
6 colheres (chá) de coentro em grão amassado
3 colheres (chá) de sementes de cominho moídas
1-2 pimentas vermelhas sem sementes picadas
1 tomate sem pele nem sementes picado
125 g de cogumelos em fatias
400 g de grão-de-bico cozido e escorrido
200 ml de leite de coco
suco de 1 limão
um ou dois punhados de coentro picado
um punhado de lascas de amêndoas levemente tostadas
pimenta-do-reino moída na hora

1. Aqueça o azeite numa panela. Junte a cebola e refogue em fogo médio por 3 minutos, até amolecer. Junte o alho, o gengibre, o coentro, o cominho e as pimentas vermelhas, e refogue por mais 3 minutos. Acrescente o tomate e os cogumelos e cozinhe por mais 5 minutos.
2. Adicione o grão-de-bico, o leite de coco, o limão e um punhado de coentro. Apure por 10 minutos. Tempere com a pimenta-do-reino e salpique as amêndoas e o coentro restante.

guisado de legumes ao alecrim

rendimento: 4 porções

1 abóbora-moranga pequena sem casca picada
1 litro de caldo de legumes (*veja p. 109*) ou água
1 cebola picada
1 folha de louro
alguns ramos de alecrim
1 colher (sopa) de azeite extravirgem
2 alhos-porós picados
4 dentes de alho amassados
1 nabo redondo picado
2 batatas-doces picadas
200 g de feijão-manteiga cozido e escorrido
pimenta-do-reino moída na hora

1. Coloque metade da abóbora numa panela com o caldo, a cebola, o louro e a maior parte do alecrim (separe alguns ramos para enfeitar). Deixe ferver, diminua o fogo e apure por 30 minutos. Retire o louro, deixe esfriar um pouco e bata no liquidificador até virar um purê. Reserve.
2. Aqueça o azeite numa panela limpa. Junte o alho-poró e o alho e refogue até ficarem tenros. Adicione a abóbora restante, o nabo e a batata-doce e refogue por mais 5 minutos.
3. Coloque o feijão-manteiga e o purê de abóbora. Deixe apurar por 30 minutos. Tempere com pimenta-do-reino e sirva com os ramos de alecrim.

carne de porco ao limão

rendimento: 4 porções

1 cebola roxa picada
4 dentes de alho
1 colher (sopa) de azeite
4 filés de porco magro (175 g cada) em cubos
3 colheres (chá) de sementes de cominho moídas
3 colheres (chá) de coentro em grão moído
300 ml de vinho tinto leve
1 limão em fatias finas
pimenta-do-reino moída na hora

1. Refogue a cebola e o alho no azeite. Junte a carne de porco, o cominho e o coentro e mexa levemente para dourar a carne.
2. Adicione metade do vinho e apure em fogo brando por 25 minutos. Junte o limão e o vinho restante. Tempere com a pimenta e sirva.

cavala com pepino ao vinho

rendimento: 4 porções

½ pepino pequeno em fatias
4 filés de cavala (150 g cada)
um punhado de dill ou salsa picados grosseiramente
100 ml de vinho branco seco
pimenta-do-reino moída na hora

1. Preaqueça o forno a 180ºC.
2. Forre uma travessa com o pepino. Disponha os outros ingredientes e asse por 30 minutos.

cavala à mediterrânea

rendimento: 4 porções

½ colher (sopa) de azeite
1 cebola picada
2 dentes de alho picados
350 g de tomates sem a pele nem sementes picados
raspas e suco de 1 limão-siciliano
1 folha de louro
4 filés de cavala (150 g cada)
pimenta-do-reino moída na hora
um punhado de salsa picada grosseiramente

1. Preaqueça o forno até ficar quente.
2. Aqueça o azeite numa panela. Junte a cebola e o alho e refogue em fogo médio por 5 minutos até amolecerem. Junte os tomates, as raspas e o suco de limão, o louro e tampe, deixando apurar, por 15 minutos.
3. Enquanto isso, disponha os filés de cavala em camada única numa assadeira, tempere com a pimenta e asse por 5 minutos de cada lado.
4. Coloque a cavala grelhada em quatro pratos aquecidos. Em cima, arremate com o molho de tomate quente, salpique a salsa e sirva.

trouxinhas de peixe à tailandesa

rendimento: 4 porções

1 talo de capim-cidreira descascado e picado
4 dentes de alho amassados
2 cebolas roxas picadas
raspas e suco de 1 limão
1 ½ colher (sopa) de azeite extravirgem ou comum
1 pimenta verde sem sementes picada
1 pimenta vermelha sem sementes picada
um punhado de coentro picado grosseiramente
4 filés de corvina (uns 200 g cada)

1. Preaqueça o forno a 180ºC.
2. Coloque o capim-cidreira, o alho, as cebolas, as raspas e o suco de limão, o azeite, as pimentas e o coentro no liquidificador e bata até formar uma pasta.
3. Coloque cada filé de peixe no centro de um pedaço de papel-alumínio grande o suficiente para envolvê-lo, formando uma trouxinha. Espalhe um quarto da mistura picante sobre cada filé e dobre o papel-alumínio, vedando bem. Coloque os pacotes numa assadeira e asse em forno quente por 15 minutos.

sobremesa receitas

creme de arroz com amêndoas

rendimento: 4 porções

200 g de arroz integral de grão longo
1 litro de leite de amêndoas
1 canela em pau
um punhado de lascas de amêndoas
um punhado de tâmaras secas picadas (opcional)

1. Coloque o arroz, o leite de amêndoas e a canela em pau numa panela e leve para ferver. Diminua o fogo, tampe e deixe apurar em fogo brando por 40 minutos, mexendo de vez em quando, até o arroz amolecer e todo o líquido ser absorvido.
2. Sirva com as lascas de amêndoas e as tâmaras salpicadas por cima.

copinhos de chocolate com amêndoas

rendimento: 4 porções

100 g de chocolate amargo e um pouco para decorar
250 g de tofu silken
um punhado de amêndoas moídas
um punhado de lascas de amêndoas

1. Derreta o chocolate. Com um pincel, passe uma camada espessa de chocolate na lateral e fundo de quatro forminhas de papel grandes para empadas. Leve à geladeira. Quando endurecer, retire a forminha.
2. Bata o tofu e as amêndoas moídas no liquidificador. Encha as fôrmas de chocolate com essa mistura e leve à geladeira. Sirva com as lascas de amêndoas e o chocolate ralado salpicados por cima.

peras ao vinho tinto

rendimento: 4 porções

4 peras firmes
1 canela em pau
300 ml de vinho tinto frutado
3 colheres (chá) de mel claro (opcional)
iogurte bio desnatado para servir

1. Preaqueça o forno a 180ºC.
2. Corte as peras ao meio e retire o miolo. Tire a casca com cuidado. Coloque as peras num refratário com a canela em pau. Despeje o vinho tinto e, com cuidado, adicione o mel, se for usar.
3. Cubra o refratário com papel-alumínio e asse por 20 minutos. Retire do fogo, vire as frutas, devolva ao forno e cozinhe por mais 20 minutos, até as peras amolecerem. Sirva quentes ou frias com o iogurte.

copinhos de chocolate com amêndoas

petiscos, lanches e bebidas

maçãs ao forno

rendimento: 4 porções

4 maçãs ácidas
um punhado de lascas de amêndoas
um punhado de nozes picadas
um punhado pequeno de uvas-passas
raspas e suco de 1 limão-siciliano
60 ml de vinho branco
iogurte bio desnatado para servir

1. Preaqueça o forno a 180ºC.
2. Retire o miolo das maçãs, deixando-as inteiras. Com uma faca afiada, risque a casca até o meio da fruta.
3. Misture as amêndoas, as nozes, as uvas-passas, as raspas e o suco de limão. Recheie as maçãs e regue-as com vinho.
4. Asse por 30 minutos, molhando-as de vez em quando com o próprio caldo formado. Sirva quente com o iogurte.

amêndoas tostadas com sementes

rendimento: 4 porções

um punhado de amêndoas branqueadas
um punhado de sementes de abóbora
um punhado de sementes de girassol
um punhado de sementes de linhaça
um punhado de uvas-passas (opcional)

1. Toste as amêndoas e as sementes em uma panela seca.
2. Deixe as nozes e sementes esfriarem numa travessa rasa. Misture as uvas-passas e sirva.

vitamina de framboesa

rendimento: 4 porções

600 ml de leite de amêndoas
4 punhados de framboesas frescas
2 punhados de gelo picado
folhas de hortelã para decorar

1. Bata todos os ingredientes, exceto a hortelã, no liquidificador até ficar uniforme.
2. Despeje em quatro taças altas. Enfeite com as folhas de hortelã. Sirva imediatamente.

petit-fours de chocolate

rendimento: 4 porções

100 g de uvas-pretas sem caroços
100 g de castanhas-do-pará
100 g de chocolate amargo derretido

1. Mergulhe cada uva e castanha no chocolate. Leve à geladeira até endurecerem.

florentinas de chocolate

rendimento: 4 porções

200 g de chocolate amargo derretido
um punhado de lascas de amêndoas
um punhado de uvas-passas
raspas de 1 limão-siciliano

1. Espalhe pequenas colheradas de chocolate em papel impermeável. Coloque amêndoas, uvas-passas e raspas de limão sobre cada círculo. Leve à geladeira até endurecerem.

suco poderoso de beterraba

rendimento: 4 porções

450 g de beterraba picada
4 cenouras picadas
4 laranjas picadas
gelo picado

1. Passe a beterraba, as cenouras e as laranjas no processador. Misture. Sirva com o gelo.

receitas do programa força total

endereços úteis

Pressão arterial

- Abeso
  Associação Brasileira para o Estudo da Obesidade e da Síndrome Metabólica
  www.abeso.org.br

- Incor
  Instituto do Coração do Hospital das Clínicas
  Tel.: (11) 3069-5000
  www.incor.usp.br

- Saúde e Vida on line
  Site direcionado para leigos, editado pela Unicamp, com a consultoria de médicos e profissionais da saúde.
  www.saudevidaonline.com.br

- SBC
  Sociedade Brasileira de Cardiologia
  www.cardiol.org.br
  Departamento de Hipertensão Arterial
  http://departamentos.cardiol.br/dha/

- Sociedade Brasileira de Hipertensão
  www.sbh.org.br

Nutrição

- Abran (Associação Brasileira de Nutrologia)
  www.abran.org.br

Acupuntura

- ABA (Associação Brasileira de Acupuntura)
  www.abapuntura.com.br

- Associação Médica Brasileira de Acupuntura
  www.amba.org.br

- Ceata
  Centro de Estudos de Acupuntura e Terapias Alternativas
  Rua Lisboa, 424
  05413-0000 São Paulo – SP
  www.acupuntura.org.br

- IBMTC (Instituto Brasileiro de Medicina Tradicional Chinesa)
  www.abarj.com.br

- Sociedade Médica de Acupuntura – RJ
  www.acupuntura.org/somarj/

Aromaterapia

- ABMC
  Associação Brasileira de Medicina Complementar
  www.medicinacomplementar.com.br

- Abraroma
  Associação Brasileira de Aromaterapia
  www.aromaterapia.org.br

Fitoterapia

- Fitoterapia e terapias complementares
  www.fitoterapia.com.br

- Sobrafito
  Associação Médica Brasileira de Fitomedicina
  www.sobrafito.com.br

Homeopatia

- AMHB
  Associação Médica Homeopática Brasileira
  www.amhb.org.br

- Associação Paulista de Homeopatia
  www.aph.org.br

- Homeopatiaonline.com
  www.homeopatiaonline.com

Terapias holísticas

- Abrath
  Associação Brasileira dos Terapeutas Holísticos
  www.abrath.org

Reflexologia

- Associação Brasileira de Reflexologia e afins
  www.reflexoterapia.com.br

Ioga

- Associação de Estudos de Yoga
  www.aeyoga.com

- Associação de Yoga do Estado de São Paulo
  www.ayesp.org.br

Meditação chinesa

- Associação Taichi Pailin – Espaço Luz
  Rua Fradique Coutinho, 1434 – Vila Madalena
  São Paulo – SP
  Tel.: (11) 3031-1324
  www.taichipailin.com.br

índice

abacate
    grão-de-bico com homus de abacate 141
    guacamole 109
    salada de pera, abacate e nozes 102
ácido alfalipoico 61
ácido fólico 63
ácidos graxos ômega-3 52
açúcar, corte o 54
acupressão 41, 124, 160
acupuntura 40-1, 161
aditivos 48
agachamento a partir da posição sentada 115
agrião
    creme de agrião 133
agripalma 35
água 48
alcachofra 34
álcool, limite o 67, 87
aldosterona 13
alho 32, 57, 63, 88
    cogumelos picantes ao alho 132
    frango ao alho 103
alimentos com baixo teor glicêmico 48, 54-5
alimentos crus 46-7
alimentos orgânicos 48
alimentos vivos 46-7
alongamento de cabeça e pescoço 82
alongamento de coxas 89
alongamento de pernas 90
alongamento frontal dos braços 86
alongamento lateral 84
amêndoas 56
    amêndoas com sementes tostadas 173
    arroz com amêndoas 170
    cogumelos grelhados com amêndoas e manjericão 140
    copinhos de chocolate com amêndoas 172
    creme de arroz com amêndoas 172
    musse de mirtilos 164
    salada de brócolis com amêndoas 166
    salada de pera, abacate e nozes 102
    truta com amêndoas 167
    truta com amêndoas e batata-doce 106
    vitamina de framboesa 173
anchova
    anchova com aveia 164
antagonistas de angiotensina II 25
antioxidantes 49, 79
aromaterapia 29-30, 97
    programa suave 82-8, 97, 99
arroz
    arroz com amêndoas 170
    creme de arroz com amêndoas 172
artérias, espessamento das 15
ataque cardíaco 19
aterosclerose 15
atum, feijão e pimentão, salada de 102
aveia 56
    manjar de aveia 140
azeite 56
    azeite mediterrâneo de ervas 168

badejo ao estragão 104
banana
    banana assada ao limão com sementes de abóbora 107
    mingau de banana com canela 100
barorreceptores 12, 13
berinjela
    berinjela com canela 136
    falso caviar 141
betabloqueadores 24
beterraba
    salada de beterraba e tofu 166
    suco poderoso de beterraba 173
bicicleta 124
biofeedback 45
bloqueadores dos canais de cálcio 24
brócolis 57
    salada de brócolis com amêndoas 166
brotos de feijão
    brotos de feijão e de sementes 111
    peru refogado com brotos de feijão 138
    salada morna de grão-de-bico 134
    trigo com pimentão e brotos de feijão 106
busca da tensão 126

cachorro, postura do 92
cadáver, postura do 97
café-da-manhã de domingo 165
cafeína, corte a 65
cálcio 62
caldo de legumes 109
carboidratos refinados 79
carga glicêmica 54-5
carne de porco ao limão 171
carne vermelha 80
carotenoides 61
cavala
    cavala à mediterrânea 171
    cavala com pepino ao vinho 171
    sardinha com manga 134
cebola
    sopa de cebola à francesa 135
cenoura
    sopa de cenoura e coentro 101
    suco de laranja com cenoura 109
cerejas 57
chá branco 57

chá verde 57
chacras 43
chi kung 44
    abertura do coração 123
    dirigindo o ki internamente 124
    dirigindo o ki para as pernas 126
    equilíbrio da pressão arterial 127
    exercício final 129
    posição de abertura 122
    remoção do ki estagnado 128
chocolate 57, 143-4
    copinhos de chocolate com amêndoas 172
    florentinas de chocolate 173
    pera ao chocolate 107
    petit-fours de chocolate 173
cicatriz, formação de tecido em 14
cobra, postura da 96
coco 57
coentro
    corvina ao limão e coentro 135
    feijão-preto com cominho e coentro 132
    sopa de cenoura e coentro 101
coenzima Q10 62
cogumelos 57
    cogumelos grelhados com amêndoas e manjericão 140
    cogumelos picantes ao alho 132
    lasanha de cogumelos e nozes 138
    reishi 63
    taça cremosa de cogumelos 168
colesterol 71, 79
coração
    câmaras do 11
    raios X do tórax 21
corvina
    corvina ao limão e coentro 135
    trouxinhas de peixe à tailandesa 171
creme de nozes 52
crisântemo 35

dente-de-leão 33
derrame 6, 19
dieta
    abordagem nutricional para o tratamento 46-63
    alimentação saudável 46-8
    importância da 31
dieta DASH 46, 74, 79, 98
dieta saudável, introdução à 7
diuréticos tiazídicos 23-4
doença vascular periférica 19
doenças cardiovasculares 6, 18-9

eletrocardiograma 21
elevação das pernas sentado 114
elevação de pernas 120
espinafre 58
    fritada 101
    tomate grelhado com espinafre 101
espinheiro 33
estresse, supere o 68, 123
exercício para o tríceps 118
exercícios
    programa força total 144-5, 163
    programa moderado 113, 131
    programa suave 80-1
    regulares 69
extensão de pernas ajoelhado 119

feijão
    feijão-preto com cominho e coentro 133
salada de atum, feijão e pimentão 102
fibras 79
figos 58
    delícia turca 140
    figos com romã 132
fitoestrógenos 49
fitoterapeuta, consulte um 121
fitoterápicos 32-5

flexão à frente 88
flexão em prancha 121
folhas de uva recheadas com tzatziki 136
framboesas
    creme de framboesas com castanha-do-pará 133
    pêssegos assados com framboesa 108
    vitamina de framboesa 173
frango
    frango à cubana 104
    frango ao alho 103
fritada 101
frutas 47
    antioxidantes 49
    compota de frutas e nozes 140
    compota de frutas perfumada com baunilha 132
    efeitos protetores 49
    número de porções 50
    pudim de verão 108
    salada de frutas condimentada cozida 140
    travessa de queijo, frutas, nozes e castanhas 167
    vitamina de frutas vermelhas 141

goiaba 58
gorduras
    ácidos graxos ômega-3 52
    dieta dia-a-dia 52
    boas 51-2
    monoinsaturadas 52
    poli-insaturadas 51-2
    prejudiciais 51
    saturadas 51
    saudáveis 48, 51-2
    trans 51
grão-de-bico 58
    grão-de-bico com homus de abacate 141
    grão-de-bico ao curry 170
    salada morna de grão-de-bico 134

grãos 112
grapefruit 58, 83
gravidez, hipertensão secundária na 16

hataioga 42
hipertensão
  adaptação da rotina 22
  complicações da 17-9
  efeito do desenvolvimento da 9
  essencial 14
  de jaleco 20-1
  diagnóstico 20
  fatores do desenvolvimento da 14-5
  fatores do estilo de vida 15
  fatores hereditários 14
  formação de cicatriz e 14
  não diagnosticada 6
  número de adultos com 6
  rastreamento 21
  secundária 16
  significado 14-6
  sintomas da 16
  tratamento 6, 22-5
  tratamento com medicamentos 22-5
hipotensão 13
homeopatia 36-7
  programa suave 89
hormônio antidiurético 13

índice de massa corporal 70
índice glicêmico 54
inibidores de ECA 24-5
ioga 42-3
  programa moderado 114-20
  respiração 114-20
  respiração por narinas alternadas 120
  saudação ao sol 146-61
  viloma pranayama 118-9
ioga ashtanga 43
ioga brikam 43
ioga iyengar 42

ioga kripalu 43
ioga kundalini 43
ioga sivananda 43
iogurte 58

jaleco, hipertensão de 20-1
kiwi 58
kudzu 34, 87

l-carnitina 62
legumes 47
  antioxidantes 49
  efeitos protetores 49
  excesso de cozimento 47
  guisado de legumes ao alecrim 170
  número de porções 50
lícopo 34
líquidos 48
linguado
  rolinhos de linguado 134

má circulação 6
maçãs 58
  maçãs ao forno 173
  salada waldorf com pimentão vermelho 102
magnésio 62
manga 58
  sardinha com manga 134
  vitamina de manga e papaia 109
medicamentos
  efeitos colaterais que provocam a hipertensão 16
  prescrição de 25
medida da cintura 70
meditação 45
  com cristal 96
  com mantra 151
  da pressão 159
  da respiração 147, 155
  da temperatura do corpo 156
  do programa força total 146-8, 150-2, 154-9
  do programa moderado 122

  do programa suave 90-2, 94-6
  dos chacras 152
  dos chacras com cristal 154
  frequência cardíaca 158
  posturas 150
  sitkari pranayama 148
  yantra 150
meditação de resposta ao relaxamento 45
meditação em movimento 45
meditação reflexiva 45
meditação transcendental 45
melissa 33
mingau de aveia com banana e canela 100
mirtilos 34, 59, 62
  musse de mirtilos 164
mudanças no estilo de vida 64-73
müsli
  caseiro 100
  silvestre 100

naturopatia 31, 163
níveis de homocisteína 21
nozes 59
  travessa de queijo, frutas, nozes e castanhas 167
  nozes e castanhas mistas tostadas 141
  compota de frutas e nozes 140
  lasanha de cogumelos e nozes 138
  salada de pera, abacate e nozes 102
  salada waldorf com pimentão vermelho 102

óleo de peixe 88
óleo de peixe ômega-3 63
óleos essenciais 29-30
olhos
  doenças nos 18
  exame dos 21

papaia
  vitamina de manga e papaia 109
pare de fumar 66

peixe
  gordo 59
  escolha do pescado 130-1
peras
  pera ao chocolate 107
  peras ao vinho tinto 172
  salada de pera, abacate e nozes 102
perna de cordeiro ao vinho tinto 107
pernas, suprimento de sangue nas 19
peru
  peru picante à mexicana 104
  peru refogado com brotos de feijão 138
  salada imperial de peru com cranberries ou amoras 102

peso
  avaliação 70
  excesso, perda do 71
  fumo, efeito ao deixar o 66
  mantenha-se saudável 70
  programa suave 80
pêssegos assados com framboesa 108
pimentão
  fritada 101
  pimentão assado e trigo com ervas 138
  salada de atum, feijão e pimentão 102
  salada waldorf com pimentão vermelho 102
  salmão com pimentão vermelho salteado 103
  sopa de pimentão vermelho e tomate assado 135
  trigo com pimentão e brotos de feijão 106
postura da montanha 90
postura da ponte sentada 116
postura do bastão 95
potássio 49
prancha, postura da 94
pré-eclâmpsia 16
pressão
  aparelho de medição 77

  alta *veja* hipertensão
  baixa 13
  compreensão da leitura 11, 20
  controle normal 12-3
  diastólica 11
  elevação e queda 10-1
  limites 6
  mudanças na alimentação e rotina 6-7
  significado 10
  sistólica 11
probióticos 63
programa força total
  dieta 143-4, 162
  lista de compras 144
  monitoramento da pressão 163
  1º ao 14º dia 146-61
  receitas 164-73
  rotina de exercícios 144-5, 163
  sequência 162-3
  suplementos 145, 163
  terapias 145, 163
programa moderado
  acupressão 124
  dieta 111-3
  lista de compras 112
  monitoramento da pressão 131
  1º ao 14º dia 114-29
  receitas 132-41
  rotina de exercícios 113, 131
  sequência 130-1
  suplementos 113, 131
  terapias 113, 131
programa suave
  dieta 79
  lista de compras 80
  monitoramento da pressão 99
  perda de peso 80
  1º ao 14º dia 82-97
  receitas 100-9
  rotina de exercícios 80-1
  sequência 98-9
  suplementos 81, 99
  terapias 81
programas da guru da saúde natural 73

início 77
quadro de progresso 77
questionário 74-6
seleção 74
pudim de verão sem açúcar 108

queijo, frutas, nozes e castanhas, travessa de 167

reflexologia 38-9, 129
relaxamento 127
relaxamento dos ombros 83
relaxamento muscular 126-7
respiração lenta 153
retenção de líquidos 53
rins
  complicações da hipertensão nos 17
  danos aos 17
  doenças dos 16
  papel dos 17
  problemas 6
  teste de urina 21
romã 59
  figos com romã 132

sais bioquímicos de tecido 31
sal 48, 53, 80
saladas
  salada de atum, feijão e pimentão 102
  salada de brócolis com amêndoas 166
  salada de pera, abacate e nozes 102
  salada imperial de peru com cranberries ou amoras102
  salada mediterrânea ao molho balsâmico 106
  salada morna de grão-de-bico 134
  salada waldorf com pimentão vermelho 102
salmão
  salmão com pimentão vermelho salteado 103
  salmão oriental ao forno 103

selênio 61
sementes de abóbora 59, 160
    banana assada ao limão com sementes de abóbora 107
síndrome de Gaisbock 68
sistema angiotensina-renina 13
sistema cardiovascular 10
soja 59
sono, importância do 31
sopa
    creme de agrião 133
    minestrone verde 166
    sopa de cenoura e coentro 101
    sopa de pimentão vermelho e tomate assado 135
    sopa de cebola à francesa 135
suco de laranja com cenoura 109
sucos, preparo de 111-2
superalimentos 7, 48, 56-9
suplementos 48, 60-3
    lembre-se de tomar 82
    programa força total 145, 163
    programa moderado 113, 131
    programa suave 81, 99

tainha
tainha à moda das ilhas Windward 164
tan tien 44
terapia da flutuação 128
testes sanguíneos 21
tofu
    refogado oriental de tofu 168
    salada de beterraba e tofu 166
tomates
    fritada 101
    sopa de pimentão e tomate assado 135
    tomate grelhado com espinafre 101
    tomates recheados 165
torção da cintura 87
tratamento com medicamentos 22-5
tratamentos complementares 27-45
treinamento autogênico 45
trigo integral
    pimentão assado e trigo com ervas 138

trigo com pimentão e brotos de feijão 106
truta
    patê de truta defumada ao limão 109
    truta com amêndoas 167
    truta com amêndoas e batata-doce 106
    truta rosé 139

urina, exame de 21
uvas 59

valeriana 35
compota de frutas perfumada com baunilha 132
vegetariana, dieta 92
vinho tinto 59, 79, 143-4
vinioga 43
visão prejudicada 6
visco 35
visualização 123
vitamina C 60
vitamina E 61

agradecimentos

A editora agradece aos bancos de imagens mencionados abaixo pela autorização da reprodução de seu material. Todo o cuidado foi tomado para buscar os detentores dos direitos autorais. No entanto, se omitimos alguém, nos desculpamos e, assim que formos informados, faremos as correções nas edições futuras.

Páginas 34 Noah Clayton / The Image Bank / Getty Images; **83** Jutta Klee / Corbis; **117** John Kelly / The Image Bank / Getty Images; **125** Noah Clayton / The Image Bank / Getty Images; **149** Caroline von Tuempling / Iconica / Getty Images; **157** Ron Levine / Riser / Getty Images

Agradecimentos da autora
Gostaria de agradecer ao meu marido Richard, que se dispôs a me ajudar e apoiar durante as longas horas de pesquisa e escrita. Também quero agradecer a todos que me ajudaram a tornar este livro realidade, inclusive a Grace Cheetham, da Duncan Baird, a Judy Barratt e a Kesta Desmond – que asseguraram a consistência do trabalho o tempo todo – e claro, à minha inigualável agente Mandy Little.